高等学校公司管理专业系列教材

公司人力资源开发与管理

主　编　甄志勇
副主编　李焕然　梁丽萍　肖春丹

哈尔滨工程大学出版社

内 容 简 介

本书共分八章。其内容主要包括人力资源开发与管理概述、工作分析、人力资源战略与规划、员工招聘、员工培训、职业生涯设计、绩效管理和薪酬管理与员工福利。

本书深入浅出，内容翔实，对公司人力资源开发与管理的各个概念的描述详细，各章配以范例、模拟练习及思考题，便于学生对知识融会贯通，本书可作为高等学校管理专业及人力资源开发与管理专业的教材，也可作为公司人力资源管理部门的员工培训教材以及相关专业人员学习的参考用书。

图书在版编目（CIP）数据

公司人力资源开发与管理 / 甄志勇主编. —哈尔滨：
哈尔滨工程大学出版社，2011.10（2013.1 重印）
ISBN 978-7-5661-0267-6

Ⅰ. ①公… Ⅱ. ①甄… Ⅲ. ①公司-人力资源开发-
高等学校-教材②公司-人力资源管理-高等学校-教材
Ⅳ. ①F276.6

中国版本图书馆 CIP 数据核字（2011）第 203844 号

出版发行　哈尔滨工程大学出版社
社　　址　哈尔滨市南岗区东大直街 124 号
邮政编码　150001
发行电话　0451-82519328
传　　真　0451-82519699
经　　销　新华书店
印　　刷　哈尔滨工业大学印刷厂
开　　本　787mm×960mm　1/16
印　　张　15.5
字　　数　333 千字
版　　次　2011 年 10 月第 1 版
印　　次　2013 年 1 月第 2 次印刷
定　　价　38.00 元
http://www.hrbeupress.com
E-mail:heupress@hrbeu.edu.cn

教材编写指导小组

前　言

本书根据高等学校培养公司应用型人才的要求和特点编写。本书系统地论述了公司人力资源开发与管理内容，既立足于学习必要的基础理论知识，又考虑到原理性和实践性问题，重点强调了有关公司人力资源开发与管理的技能和应用，能够满足高等学校管理专业人才培养目标的需要。

公司人力资源开发与管理是管理类相关专业的一门重要的专业基础课，对学生后续专业课的学习将起到至关重要的作用。因此全书在体系结构上体现创新性、新颖性、系统性，在内容上增加其可读性和实用性，力求使学生通过学习，提高其知识水平和个人能力。本书遵循“以应用为目的，以够用为度，以实用为主”的原则，系统地讲解和分析了公司人力资源开发与管理各个环节的问题。

本书共分八章。其内容主要包括人力资源开发与管理概述、工作分析、人力资源战略与规划、员工招聘、员工培训、职业生涯设计、绩效管理和薪酬管理与员工福利。各章提出学习目的与要求、基本概念与定义、本章知识点，便于学生有目的地系统学习教材，便于教师更全面地有针对性地分层次进行教学与辅导。各章均配有模拟练习和思考题，便于学生更好地理解相关的理论知识。本书可作为高等学校相关专业的教材，也可作为公司人力资源管理培训教材使用。

本书第一章、第三章、第四章由甄志勇（哈尔滨理工大学）编写；第二章、第六章由李焕然（黑龙江工商职业技术学院）编写；第五章、第七章由梁丽萍（内蒙古一机集团培训中心）编写；第八章由肖春丹（黑龙江省经济管理干部学院）编写。全书由甄志勇统稿。

本书在编写过程中参考或引用了国内一些专家、学者的论著，借此表示真挚的感谢。由于时间仓促，书中可能尚存不妥之处，敬请专家和广大读者批评指正。

编　者

2011 年 7 月

目　录

第一章　人力资源开发与管理概述

【学习目的与要求】

通过本章学习，应着重了解人力资源开发与管理的产生和发展，人力资源开发与管理的发展历程、现状和展望。要求掌握人力资源的概念、人力资源的特征、人力资源的数量、人力资源的质量、人力资源与人力资本、人力资源的性质。

【基本概念与定义】

人力资源的概念，人力资源的性质，人口资源、劳动力资源、人力资源和人力资本。人力资源管理的特点，人力资源管理与传统人事管理的区别。人力资源开发与管理的主要功能，人力资源管理的内容。人力资源开发与管理发展的六个阶段。

【案例】

选人用人之道

得人才者得天下！在市场经济中发生的一切竞争，实际上就是人才竞争。选人用人的优劣，关系到公司的成败。公司如何根据德、才、勤、绩慧眼识人，如何量才而用，因材施用，如何用感情、待遇、制度、文化选人留人。如何选对人、用好人，决定公司的前途。当今世界上通行的识别人才的标准，考核人才分为两个尺度，即是否尊重遵守企业文化，是否工作热情高、责任感强和工作能力强。根据这两个尺度将人才分为四类：高的自然留用；低的自然淘汰；对尊重遵守企业文化，工作热情高，责任感强但工作能力偏低，通行的做法是给他们指出公司对他们的期望和要求，帮助他们提高能力，给以使用；对不尊重不遵守企业文化，工作热情低，工作责任感差但工作能力高的员工，通常的做法是给他们以激励和鞭策，加强沟通。实在不行，只能忍痛割爱。

吸引和使用优秀人才是所有公司的重点战略，如何用人是大事。“用”字意义深远，包括选人、用人、留人。虽然世界上各大公司用人目的明确，但是他们在用人的过程中仍各有特色。

这正如美国一位很成功的钢铁企业家所说：“你把我公司全部资产都拿走吧，可是得把我的人才留下。那么,只要五年,我就准能把所失去的一切完全恢复。”

第一节　人力资源与人力资源管理

一、公司人力资源的含义与特点

(一)人力资源的概念

人力资源(Human Resource ,简称 HR),是指一定时期内公司中的人所拥有的能够被公司所用,且对价值创造起贡献作用的教育、能力、技能、经验、体力等的总称。在人类社会,人力资源有广义和狭义之分。广义的人力资源指以人的生命为载体的社会资源。狭义的人力资源是智力和体力能力的总称,可以理解为社会创造财富的人,包括数量和质量两个指标。

人类社会的生产模式是以资源的供给为基础,经济要增长,必须要有充足的资源作为保障。因此说,资源是社会财富的源泉。经济学家把资源分为四大类:自然资源、资本资源、信息资源和人力资源。在这里,人力资源与生命中的智力相关,人可以依靠智力来利用其他的三项资源。因此,人力资源是最为活跃、涉及面最广、影响最为深远的资源,也是一切资源中最为重要的资源。出于人力资源的特殊性和重要性,经济学家称其为第一资源。

人力资源,又称为劳动力资源或劳动力,是指能够推动整个经济和社会发展、具有劳动能力的人口总和。

1954 年,管理学大师彼得·德鲁克(Peter·F. Drucker)在《管理的实践》中指出了管理更为广泛的三个职能:管理企业、管理经理人员和管理员工及他们的工作。他首次提出了“人力资源”的概念。这一概念,表达了传统人事工作没有表达出来的意思。他认为,人力资源拥有独特的“协调能力、融合能力、判断力和想象力”,通过有效的激励机制可以对其更好地开发和利用,在市场发展中可以为公司带来可观的经济价值。德鲁克指出,企业家们在提高效率过程中必须考虑到人力资源这一“特殊资产”。

虽然德鲁克提出了人力资源的概念并指出了其重要性,但由于历史发展的原因,没能对人力资源作出详细的定义。20 世纪 60 年代以后,西奥多·W·舒尔茨(Theodore W. Schultz)提出人力资本理论以后,企业家和管理学家对人力资源的概念更感兴趣,学术界对人力资源的研究也越来越多。到目前为止,对人力资源的定义,学者们给出了不同的解释。他们根据研究的角度不同,可以将这些定义分为两大类:一类是从能力的角度,另一类是从人的角度来解释人力资源的含义,如表 1-1 所示。

表 1-1　常见的人力资源定义

从能力的角度	·人力资源是指劳动者推动整个经济和社会发展的能力，也就是在劳动年龄阶段直接投入建设和尚未投入建设的人口的能力 ·人力资源是指在人体的一种生产能力，它表现在劳动者身上，是一种以劳动者数量和质量表示的资源，对社会经济起着生产性的作用，是公司经营中最活跃、最积极的生产要素 ·人力资源是指公司内部，全部员工中蕴涵劳动能力的总和 ·人力资源是指劳动过程中，员工直接投入的体力、智力、心力的总和，包括知识、技能、经验、品性与态度等素质
从人的角度	·人力资源是指一定社会区域内所有具有劳动能力适龄劳动人口和超过劳动年龄内还具有生产能力人口的总和 ·人力资源是指能够推动社会和经济发展的、具有智力和体力劳动能力的人的总称

从表 1-1 可以看出：在国内、外管理学界对人力资源这一概念的定义很多，至今探讨还在继续，也没有一致的看法。本书认为，人力资源是一个国家或地区能够作为生产要素投入到社会经济活动中，为社会创造物质财富和精神、文化财富的劳动人口。它包括数量和质量两方面的因素，其总量是用人力资源的数量和质量的乘积表示。

（二）人力资源的数量和质量

人力资源作为一种资源，同样也具有量的规定和质的规定。由于人力资源强调的是依附于个人身体上的劳动能力，这是和劳动者自身条件密不可分的，因而我们可以用劳动者的数量和质量来反映人力资源的数量和质量。

1. 人力资源的数量

人力资源的数量又分为绝对数量和相对数量。人力资源绝对数量的构成，从宏观上看，指的是一个国家或地区中具有劳动能力、从事社会劳动的人口总数，它是一个国家或地区劳动适龄人口减去其中丧失劳动能力的人口，加上非劳动适龄人口之中具有劳动能力的人口。它包括以下几个方面：① 适龄劳动人口。在劳动年龄阶段，具有劳动能力的人口。这部分人口可分为就业人口和再就业人口。就业人口是指处在劳动年龄阶段内，正在从事社会劳动的那部分人口，它占据人力资源的大部分，可称为适龄就业人口。再就业人口是指处在劳动年龄阶段内，但是没有从事社会劳动的那部分人口。再就业人口包括再就业人口、就学人口、家务人口和其他人口。② 尚未达到劳动年龄，已经从事社会劳动的人口，即“未成年劳动者”或“未成年就业人口”。③ 已经超过劳动年龄、继续从事社会劳动的人口，即“老年劳动者”或“老年就业人口”。以上三个部分构成了就业人口的总体。④ 处于劳动年龄阶段、具有劳动能力并要求参加社会劳动的人口。这部分可以称作“再就业人口”，它与前三个部分一起构成经济活动人口。⑤ 处于劳动年龄阶段、正在从事学习的人口，即“求学人口”。⑥ 处于劳动年龄阶段、正在从事家务劳动的人口。⑦ 处于劳动年龄阶段、正在军队服役的人口。⑧ 处于劳动年龄之内的其他人口。

前四部分是现实的社会劳动力供给,这是直接的、已经开发的人力资源;后四部分并未构成现实的社会劳动力供给,它们是间接的、尚待开发的、处于潜在形态的人力资源,如图 1－1 所示。

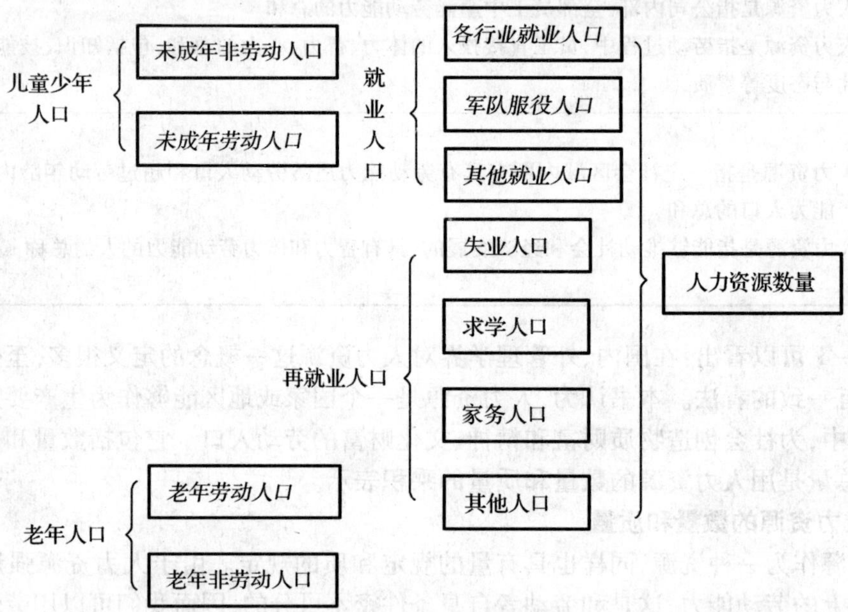

图 1－1 人力资源的数量构成

说明:斜体字为现有人力资源、正体字为潜在人力资源

人力资源的相对数量即人力资源率,是指人力资源绝对量占总人口的比例,它是反映经济实力更重要的指标。一个国家或地区的人力资源率越高,就表明该国家的经济实力越有某种优势。因为,在劳动生产率和就业状况既定的条件下,人力资源率越高,表明可投入生产过程中的劳动数量越多,从而创造的国民财富也就会越多。对我国来说,影响人力资源数量的因素主要有四个方面。

(1) 人口总量及人口增长状况。由于人力资源的数量体现在劳动人口的数量,而劳动人口只是人口总体中的一部分,因此,人力资源的数量首先取决于人口总量。如果人口总量在一定时期内大体不变,那么人力资源的数量就可能大体不变。但是,近三十多年来,由于我国独生子女政策的实施,已经出现人力资源在数量上的递减现状。

同时,人口的增长状况会影响当前和未来的人口数量,即影响人力资源数量的变化。从这个意义上说,人口的状况就决定了人力资源的数量。我国在 1979 年实行独生子女政策之后,三十多年来人口增长速度明显下降，因此未来人力资源的增长指标不能放在人口数量的增加上，而应该将人力资源的增长指标放在人力资源的质量方面。

（2）人口的年龄结构。人口的年龄构成是影响人力资源数量的一个重要因素。在人口总量一定的情况下，适龄劳动人口占总人口的比例直接决定了人力资源数量在总人口中的比例，而未成年的人口数量就是未来人力资源的潜在数量。

（3）人口迁移。人口迁移可以使某一个地区的人口数量发生变化，继而使这一地区的人力资源的数量发生变化。人口迁移包括永久性迁移和暂时性迁移。永久性迁移包括移民、异地移居等。例如，我国三峡工程建设使沿江区域人口分布发生了重大变化，导致相关区域的人力资源发生重大变化。暂时性迁移的人力资源指的是异地务工、求学、入伍等。这些都能使人口在一定时期内、一定范围内发生变化，导致人力资源在数量上发生变化。再如，改革开放以来，我国内地省份的青、壮年到沿海地区打工，使沿海地区的人力资源短期内迅速增加，但内地省份的人力资源确在短期迅速减少，许多乡镇只有老人和儿童留守。

（4）社会和经济发展状况。在特定的社会和经济发展时期，由于经济结构的失衡，人力资源相对过剩或短缺，这就需要对劳动人口年龄规定进行调整。例如，为了应对人口老龄化带来的养老金支付危机，世界上一些国家选择了提高退休年龄的做法，也就是将原本 60 岁的退休年龄，逐渐推迟到 65 岁或 67 岁。

2. 人力资源的质量

人力资源的质量是指劳动者所具有的体质、智力、态度和价值观等方面的状况。体质是指劳动者的体力和健康状况，它与劳动者的遗传、接受教育条件及其他先天条件、营养条件、卫生状况等因素密切相关。劳动者的体质水平往往可以用平均寿命、婴儿死亡率、每万人拥有的医务人员数量、人均日摄入热量等健康卫生指标来衡量。智力、知识和技能与劳动者的教育状况相关。人力资源的质量既取决于国家科技发展水平，也取决于国家对教育的投入和父母对子女教育及个人对自身教育的投入。智力虽然受一定的先天因素影响，但更重要的是后天的教育开发。劳动者的智力水平、取决于劳动者的知识水平，它可以用人均受教育年限、每万人中大学生的拥有量、大中小学入学比例等来进行衡量。劳动者的技能水平可以用劳动者技术职称等级的现实比例、每万人中高级职称人员所占的比例等来衡量。态度是指劳动者对所从事工作的认知程度、努力程度、负责程度和合作程度。这取决于劳动者的需求层次和强度，劳动者接受激励的强度和对工作的满意程度，可以用对工作的满意程度、工作的努力程度、工作的负责程度、与他人的合作态度等劳动态度指标来评价。而员工的价值观则是在态度之上形成的理念，它受教育背景、文化背景等因素的影响。例如，公司往往通过建立企业文化来影响员工的思想和行为，使员工形成与公司战略目标一致的价值观。

显然，在一定的历史时期，我国人力资源质量与人力资源的数量相比，人力资源的质量显得更为重要。随着社会生产力的发展，现代的科学技术对人力资源的质量提出了更高的要求。人力资源质量的重要性还体现在其内部的替代性方面。一般来说，人力资源的质量对数量的替代性较强,而其数量对质量的替代性较弱,有时根本不能替代。因此,人力资源开发的目的在于提高人力资源的质量,他将对社会经济的发展起着更大的作用。

二、人力资源的性质

任何公司的管理活动必须具备人力资源、财力资源、物力资源、技术资源和信息资源,其中人力资源是最活跃的、最具有能动性的核心因素,作为一种特殊的资源形式,人力资源具有不同于自然资源的特殊性质,主要表现在以下几个方面。

(一)人力资源生命周期性

人具有生命周期,其中具有劳动能力的时间只是生命周期的一部分,因此,人力资源的形成、开发、使用必然会受到时间条件的制约和限制。人力资源的时限性主要表现为以下两点。

(1) 在人生命的不同阶段,具有不同的生理和心理特征,对于人力资源的形成、作用的发挥也各有不同的最佳时期。

(2) 人力资源的主要内涵是知识和技术,这是人们实践经验的产物,具有时限性。在一定的时间里,这些知识和技术具有先进性,可以利用它得到最佳的效益,如果超过最佳的时限,就可能由于陈旧、老化而变得没有价值。

在人生命周期的不同阶段,劳动能力是不同的。对于个体而言,一个人的劳动能力经历了从产生、发展、壮大到衰亡的过程;从整个社会看,社会人口各年龄段的比例由于政策不同也在不断变化,这必然引起人力资源的变化。同时,在公司中人力资源也表现出生命周期性,所以作为公司管理者需要不断调整公司结构,不断对员工进行培训,优化人力资源的配置,只有这样才能使公司中的人力资源状态总是保持在旺盛状态。

(二)人力资源能动性

人具有主观能动性,对自身和外界有清晰的看法,具有对自身行动作出抉择、调解自身与外部关系的社会意识。自然资源在开发过程中,完全处于被动的地位。而人力资源是由劳动者的劳动能力构成的,且劳动者具有自主的意识能力,因而在各种活动中主观意识发挥着主导作用,总是操纵、控制其他资源,根据外部环境的可能性、自身的条件和愿望,有目的地确定活动的方向,创造性地选择自己的行为。

(三)人力资源的再生性

自然资源可分为可再生资源和不可再生资源,人力资源在劳动过程中虽然可以被消耗,但他还能再生产出来。例如,劳动者的体力和精神状态因为一段时间的工作而被消耗,但可以通过休息和补充营养恢复到原有的状态。对整个社会而言,随着时间的推移,一部分人力资源必然走向衰亡,而另一部分人力资源正在形成,其再生性可以通过人力资源总体内个体间不断的替换和更新得以实现。

(四)人力资源的增值性

人力资源不仅具有再生性的特点,而且其再生过程也是一种增值的过程。人力资源在开发和使用过程中，一方面可以创造财富；另一方面通过知识经验的积累、更新，提升自身的价值，从而使其实现价值增值。与自然资源相比，人力资源在一定阶段具有明显的增值性。一般来说，自然资源是不会增值的，它只会因为不断地消耗而逐渐贬值。人力资源则不同，在使用过程中其体质虽然有下降的趋势，但是其知识和技能却在不断地提高，而体质的下降在得到一定时间的休息后就可以恢复，所以，劳动者个体的人力资源价值在劳动过程中会不断增值。更为重要的是，由于知识的积累和传承，人们的生产活动经验会越来越丰富，因而要提高生产技术，必须改进公司的管理模式，使人力资源的总体价值逐步提高。

（五）人力资源的社会性

自然资源具有完全的自然属性，它不会因为所处的时代、社会的不同而有所变化，而人力资源则不同。人力资源在其形成过程中明显地会受到时代和社会因素的影响。人从生命的开始就置身于既定的生产力和生产关系之中，社会发展水平从整体上会制约着人力资源的素质。与此同时，人力资源所创造的财富提供给全社会共同享用，必然提高了全社会人力资源的价值。

三、人口资源、劳动力资源、人力资源和人力资本

人口资源是指一个国家或地区所拥有的人口总量。人口的数量是一个国家或地区人口资源的基本底数。

劳动力资源是一个国家或地区具有的劳动力人口的总称，是人口资源中拥有劳动能力的那一部分人，世界各国都根据其国情对人口进行劳动年龄的划分，我国现行对劳动年龄规定：男性 16 ~60 岁，女性 16 ~55 岁。这一人口群体具备了从事体力劳动或脑力劳动的能力。显然，劳动力资源偏重的是数量概念。

人力资源是与自然资源或物质资源相对应的概念。有广义人力资源和狭义人力资源之分。人力资源是一个国家或地区能够作为生产要素投入到社会经济活动中，为社会创造物质财富和精神文化财富的劳动人口。它包含了数量和质量两个概念，其总量是由人力资源数量与质量的乘积表示。

对于人力资本的含义，被称为“人力资本之父”的西奥多 · W · 舒尔茨（Theodore W. schultz）认为，人力资本是体现在每个人身上的技能和生产知识的存量。我们之所以称这种资本是人力的，是由于它已经成为人的一部分，又因为它可以带给未来的满足或者收入，所以称其为资本。人力资本是劳动者身上所具备的两种能力：一种能力是通过先天遗传获得的，是由个人的基因所决定的；另一种能力是后天获得的，由个人经过努力学习而获得的。对于人力资本来说，后者比前者更能发挥作用。

人力资本由于人具有主观能动性，对自身和外界有清晰的认识和独立的选择，调解自身与外部关系的社会意识。敬业、爱业、积极工作、创新的劳动，这是人力资本潜在的能量，人类适应环境是一种本能，重要的是能够积极改造环境，人力资本的能动性表现在知识和技术的创

新,在低碳经济、绿色创新、和谐环境的发展过程中,需要强调的是以人为本,更应该将人力资本视为人力资源的核心。任何公司的活动都基于人力资源、财力资源、物力资源、技术资源和信息资源。其中人力资源管理又是具有最活跃、最有能动性的核心资源管理,通过人力资源管理可以发挥其他资源不能比拟的作用,并且其他资源要发挥作用必须通过人力资源这一因素才能得到发挥。

应当说,上述讨论的这四个概念其关注重点是不一样的。人口资源、劳动力资源偏重的是数量概念;人力资源包含数量和质量;而公司的人力资本更关注的是对人力资源的投资;表现为投入到教育培训、迁移和健康等方面的资本在人身上的凝结。

第二节 人力资源开发与管理的产生和发展

一、人力资源开发与管理的内涵

(一)人力资源开发与管理的概念

人力资源开发与管理是从公司发展战略、公司内外环境和人性特征出发,以充分发挥人力资源在公司资源系统中的特殊作用为目标,进行人力资源管理方面的政策制定及实践。它是通过研究公司中人与人之间的关系调整、事与事之间的关系协调以及人与事之间的匹配适应,才能使人尽其才,事得其人,人事相宜,最终实现公司的目标。

公司人力资源开发和管理包括人力资源、工作分析、人力资源战略与规划、员工招聘、员工培训、职业生涯设计、绩效管理、薪酬管理与员工福利等方面的工作。

(二)人力资源开发与管理的特点

人力资源开发与管理在我国成为一门学科是近三十年的事,这是我国社会化生产、高科技发展、市场竞争全球化的产物。其主要理论诞生在美国等发达国家。其理论对我国人力资源开发与管理的发展起到积极的推动作用,我国应该根据有中国特色社会主义建设的需要,借鉴西方国家人力资源开发与管理的研究成果,解决中国人力资源开发与管理中的实际问题。公司人力资源开发与管理作为一门学科具有以下特点。

1. 人力资源的综合性

公司人力资源开发与管理是一门相当复杂综合性很强的学科,需要考虑种种因素,如经济因素、政治因素、文化因素、组织因素、心理因素、生理因素、民族因素、地域因素等。由于开发与管理的对象是人,而人的行为又必然受到政治、文化、经济、心理、生理等诸多因素的影响,所以人力资源开发与管理也会涉及多门学科的知识,因此说,公司人力资源开发与管理是多学科的融合。

2. 人力资源的实践性

公司人力资源开发与管理又是一门实践性很强的学科。它的理论来源于公司实际管理工作中的经验总结和概括,它的产生也是现代工业社会化发展和市场竞争的需要。它来自实际生活中对人力资源管理经验,通过对这些经验的概括和总结产生的理论,再反过来指导实践,接受实践的检验。如今,公司人力资源开发与管理强调的是公司和员工双方的"共同利益",并注重发掘员工更大的主动性和责任感。

3. 人力资源的整体性

公司人力资源开发与管理在运作过程中具有整体性,这种整体性主要体现在两个方面:一方面,公司人力资源开发与管理的顺利进行,必须依赖公司中各个部门的共同支持;另一方面,公司人力资源开发与管理的各项职能,在实施过程中应当保持一致性。

4. 人力资源的发展性

人们对客观规律的认识总要受一系列主客观因素的制约,因此不可能一次完成,总需要一个认识、理解的过程。在社会发展中,每个学科都不是封闭的、停滞的体系,而是一个开放的、发展的认识体系。作为一个新兴学科,公司人力资源开发与管理更是如此。

5. 人力资源的民族性

人不是静止的物体,人的行为要受时间、空间和其思想观念、周围环境及感情的影响,而人的思想感情总会受到民族文化传统的制约。因此,公司人力资源开发与管理必然带有鲜明的民族特色。不顾民族特点对他国经验的盲目搬用,会对公司人力资源开发与管理带来有害的影响。

6. 人力资源的社会性

公司人力资源开发与管理有其特殊的社会性,它受社会文化、历史、制度、民族等社会因素的影响。因为人的行为会受到社会系统中各种因素的制约,所以,对公司人力资源进行开发与管理,必须考虑到公司人力资源所处的社会环境。

(三)人力资源开发与管理和传统人事管理的区别

传统的公司人事管理只限于人员招聘、选拔、委派、工资发放、档案保管之类较为琐细的具体工作。在公司中,传统的人事管理基本上属于行政管理事务,活动范围有限,很少涉及公司的高层战略决策,往往被视为普通的、技术含量一般的、无需特殊专长的工作。有时甚至可能是为安置其他部门不能胜任的人员的部门,因此,人事功能本身也理所当然没有放在重要的地位。

近三十年来,西方人本主义管理理念与模式逐步显示出来,传统的公司人事管理模式,已经明显地不能适应高科技时代公司生产管理的需要,人力资源作为公司的首要资源已得到普遍的认同,公司人力资源开发与管理的职能已经远远超过传统人事管理的职能,它们的主要区如表 1-2 所示。

表1-2 人力资源开发与管理和传统人事管理的区别

	人力资源开发与管理	传统人事管理
观念	视员工为资本	视员工为成本负担
目的	满足员工自我发展的需要,保障公司长远利益的实现	保障公司短期目标的实现
模式	以人为中心	以事为中心
视野	广阔、前瞻性	狭窄、短期性
性质	战略、策略性	战术、业务性
深度	主动、注重开发	被动、注重管好
功能	系统、整合	单一、分散
内容	丰富	简单
地位	决策层	执行层
工作方式	参与、透明	控制
与其他部门的关系	和谐、合作	对立、抵触
对待员工的关系	帮助、服务	管理、控制
对待员工的态度	尊重、民主	命令式
角色	挑战、变化	例行、记载
部门属性	生产与效益部门	例行

1. 人力资源开发与管理的内容

传统的人事管理只从事雇佣关系层面的管理工作,主要工作内容是人员招聘、选拔、录用、考核、工资福利、档案管理等具体工作。

人力资源开发与管理不仅包括雇佣关系层面的工作内容,还要从公司目标的角度,对公司人力资源进行规划和全方位的开发与管理。其工作内容涉及公司目标进行人力资源预测,制定人力资源战略和规划,进行工作分析,对员工进行培训和绩效考核,确定职务升降。在工作中建立沟通渠道,为员工进行职业生涯设计等。

2. 人力资源开发与管理的性质

传统的人事管理属于行政事务性工作,主要是作为一个普通部门行使职能,不能涉及到公司高层的战略决策。公司人事部门只能搜集整理员工的信息,提供给高层管理部门作为决策的参考。

公司人力资源开发与管理则以人为中心,重视对人的能力、智慧和创造力的开发,把人力资源开发与管理工作作为一个综合的整体。公司人力资源开发与管理工作既要有战略的高度，又要有进入员工感情世界和心理活动领域的深度。管理的理念是把员工看成社会人，有自我实现的愿望，并且对公司内的员工抱以帮助、服务的态度。

3. 人力资源开发与管理在公司中的地位

公司的传统人事管理被看作技术含量低、无需专长、无足轻重的工作。人事管理部门属于执行层，并没有决策权。而公司人力资源开发与管理则既有高层工作，也在中层和低层发挥作用。在高层次方面要参与到公司的高层决策中，并根据公司的战略目标制定人力资源开发与规划；在中层次方面要对各部门的工作予以协调和指导；在低层次方面则要完成许许多多与员工有关的事务，在这一层面上主要是传统人事管理的工作。

综上所述，公司人力资源开发与管理与传统的人事管理工作比较，更具有战略性和主动性，更适合当今公司人力资源的管理模式和发展趋势。

二、人力资源开发与管理的功能

公司目标的完成以及公司战略的实现，是公司人力资源开发与管理活动的最终目标，人力资源开发与管理的各项功能都必须围绕着这个目标展开。公司人力资源开发与管理的主要功能可以概括为吸收、保持、发展、评价和调整五个方面。

（一）吸收功能

吸收功能即运用科学的方法引入最适合的岗位人选，是通过对职位和人员进行测评，选拔出与公司中职位最为匹配的任职人员的过程。

（二）保持功能

公司要创造适合员工发挥积极性、主动性、创造性的工作条件，通过培训教育、实现员工个体的再社会化，使广大员工具有与公司一致的战略观点，以企业文化为中心，以公司理念为奋斗目标，以公司荣为荣，以公司衰为耻的理念。

（三）发展功能

发展功能就是要通过教育、培训、训练，促进员工知识、技能及综合素质的提高，保持员工的竞争力，也是通过提高员工在知识、技能以及能力等各方面的素质，实现公司人力资本保值增值发展的过程。

（四）评价功能

评价功能是人力资源管理部门对员工的工作成果、劳动态度、技能水平等作出全面考核和鉴定，对公司的文化氛围、员工的士气等进行调整、分析与评价，对于员工的工作行为表现以及工作完成结果情况作出评价和鉴定。

（五）调整功能

调整功能是指人力资源管理部门通过奖罚、解聘、晋升、调动等方法，使公司员工的技能水平和工作效率达到岗位的要求。

三、人力资源开发与管理的内容

公司的人力资源开发与管理者,采取怎样的工作措施去达到管理目标,都需要在"选人、育人、用人、留人"这八个字上面下工夫。这是公司人力资源开发与管理的核心内容。

(一)选人原则

选人原则是公司人力资源开发与管理的重要环节,这个环节将决定公司可以获得什么样的人力资源,进一步说,在公司人力资源开发与管理过程中,选人原则环节工作效果的好坏将直接影响公司生存与发展的能力。

第一,选择合适的选人者。要为公司选拔到合适的人才,人力资源管理者首先要具备慧眼识珠的能力,要具备公正、公平、无私的水平,要能够鉴别应聘者的真实能力,因此要选择具有较高的职业素质和专业知识的人充当人力资源管理者。

第二,选人需要遵循一定的程序。公司通常的招聘程序是:发布招聘广告,收集应聘资料,对应聘资料初选,约见面试,填写公司要求的履历表,参加招聘单位主持的笔试(专业知识、外语的笔试)、性向心理测试题以及技能测试,人力资源部和用人单位的面试,背景调查,录取试用。公司人力资源部门要通过一定的程序,可以全面了解应聘者的实际能力,减少选人失误。例如,2011 年黑龙江省人力资源和社会保障厅《关于印发 <省、市(地)行政机关公开遴选公务员工作管理暂行办法 >的通知》(黑人社发[2011]65 号)的精神,为优化厅机关公务员队伍结构,将具有基层工作经历的文字综合发展潜力较强的公务员充实到机关中,组织实施公开遴选主任科员以下非领导职务公务员工作。坚持"民主、公开、竞争、择优"原则,采取考试与考查相结合的办法,通过面向全省遴选干部,为基层优秀公务员创造良好的发展机会。

第三,能岗匹配。人力资源是具备一定能力的人,公司获取人力资源时需要付出相应的成本,公司选人是为了获得人力资本创造的公司需要的价值,因此并非越优秀就越需要,这样只会造成人力资源浪费和增加公司用人成本,只有能力与岗位需要相匹配的人才是公司真正需要的人。

(二)育人方法

育人是对公司成员能力的培养和开发,通过提升员工个人知识与技能,提高整个公司的竞争力。

第一,公司要有育人意识。对员工进行培养和开发的直接效果,是提高员工的个人能力,这会使一些公司忽视育人结果带来公司整体绩效的提高,这种意识是狭隘的,公司应抛弃这种观念。事实上公司通过对员工的培育和开发,可以使员工与公司一起成长,就算员工跳槽了,对整个社会也是有益的。要树立公司的育人意识,不仅可以促进公司的发展,还可以推动整个社会的进步。现在,对员工的培养和开发已逐渐被大多数公司所重视,尤其是短期培训,可以对提高公司员工的素质起到立竿见影的效果。

第二,要建立有效的员工培育系统。一个有效的培育系统包括以下几个方面。①了解育人需求:对部门人力资源培育和开发申请（需求)进行调查,也要主动对整个公司各职系进行需求评估。②实施:针对公司发展和员工个人提升的需要,来实施对员工的培育与开发。③考核:要分别对理论知识和回任后表现两部分进行考核,考核要体现出公开、公平、透明。考核成绩应当公布,考核结果要颁发证书。④应用:根据考核成绩作出岗位资格和任职资格的确认,作为今后晋升的必须具备资格。

第三,公司育人要有针对性。公司的培训一要针对具体的人,即什么人需要培养和开发,他们需要提升和完善怎样的知识与技能,如何对他们进行培育和开发。二要针对具体的事。公司对员工的培育目的是要通过员工能力的提升来促进公司整体绩效的提高,因此,要与员工的实际工作联系起来,有针对性地开展育人工作。

(三)用人方法

用人要用其所长,量才录用,还要知人善任,把员工放到最适合于发挥自身优势的岗位上,才能充分实现员工的价值,最终实现公司的目标。

第一,知人善任。每个人都是优点与缺点并存,长处与短处并存,公司在用人时,要用其所长,避其所短,根据岗位需要与员工能力相匹配的原则进行人员分配,使其在合适的岗位上最大限度地发挥才能,公司在用人方面,要尽量避免乱点“鸳鸯谱”。

第二,充分授权。公司对员工的充分信任,是对员工的最好奖赏。公司既然要用人,就要对他完全信任,古语说:“疑人不用,用人不疑”。当然,公司可以通过完善的规范和制度来考核其工作业绩,而不是主观地评价员工的行为,对员工应采取总体信任的态度,要给予员工自主工作的空间。现代公司要注重对员工的柔性管理,对员工的授权要逐渐增多,因此公司在用人的过程中,只有做到充分尊重员工,才能发挥员工的积极性和创造力。

第三,科学激励。激励就是要对公司员工采取激发和鼓励的方式,调动公司员工工作的积极性。使企业绩效与员工的积极性密切联系。用科学的方法激励员工,可以提高员工的工作热情,从而提高员工的工作绩效。

(四)留人措施

公司的核心员工的流失不仅会造成公司增加选人、育人和用人成本,而且会影响公司工作的连续性,对企业绩效产生严重影响,因此,留住公司的核心员工是公司良好发展和保持竞争力的根本。

第一,待遇留人。俗语说:“军无财,士不来;军无赏,士不往。”给予员工必要的报酬和物质奖励是留住人才的基础,待遇是公司为员工工作支付的劳动报酬的一种形式,也是满足员工物质生活追求的基础,良好的薪酬和福利待遇可以使员工发自内心地愿意留在公司中工作。有竞争力的薪资福利体系包括薪金、员工持股、医疗保健、保险、公积金、劳动保护、带薪休假等。

第二,感情留人。优厚的待遇固然重要,但企业文化和人性化的管理以及强烈的归属感也是公司留住人才的关键要素。公司要形成对员工充分尊重、信任和关怀的氛围,使其逐渐增强对公司的认同,从而使公司员工产生强烈的归属感和与公司荣辱与共、共同成长的感情。

第三,事业留人。事业留人就是以公司发展和满足人才的不断成长及发展来稳定人才。员工的工作过程也是自我实现的过程,事业留人的关键在于创造条件使公司员工充分发挥才能,以公司发展来促进和实现员工的职业生涯规划,满足员工的成就感。

上述公司人力资源资源管理的几项功能不是孤立无关的,它们密切联系,相辅相成,彼此配合。公司在某一方面的决策常常会影响到其他方面。

第三节　人力资源开发与管理的发展历程、现状和展望

公司人力资源管理是随着企业管理理论的发展而逐步形成的。它的发展经历了产业革命阶段、科学管理阶段、人际关系阶段、行为科学阶段、人力资本管理阶段和现代人力资源开发与管理六个阶段。

一、产业革命阶段(18 世纪末至 19 世纪末)

产业革命阶段是公司人力资源管理的萌芽时期。该时期的公司人力资源管理称为人事管理,其特点是一切以工作或生产为中心,把人看成机器,忽视人性的存在,绝大多数的劳动者都是为了生存,在强权的逼迫下被迫接受恶劣的工作条件与低廉的劳动报酬,对人的管理方式是以强权管理为主。这一管理方式在这个阶段的后期才有所松动。

二、科学管理阶段(19 世纪末至 1920 年)

科学管理的最根本假设是认为存在着一种最合理的方式来完成一项工作,这种最好的工作方式最有效率,速度最快,成本最低。在这一时期,被称为“科学管理之父”的泰勒(Frederick W. Taylor)倡导科学管理;他运用“时间 - 动作分析”的方法进行了大量的试验,提出了“劳动定额”“工时定额”“工作流程图”“计件工资制”等一系列科学管理制度和方法,使劳动工具、操作方法、工作环境、原材料等实现标准化。他主张人事相宜,根据工作挑选工人,并对挑选出来的工人进行培训,凡是达到定额的工人按高工资率计算工资。由于“泰勒制”的推行,使美国当时的劳动生产率提高了三倍。以泰勒等人为代表的科学管理学派的兴起,也使管理学开始走向科学。随着对人在提高生产率方面的重要作用的研究,客观上促进了劳动关系的改善和劳资矛盾的缓和。为了改善劳资关系,一些工厂主开始认识到人的作用可以提高更大的利润,就给工人增加福利待遇,如在工厂设置洗澡堂和食堂,提供医疗保健服务,修建娱乐健身设施,甚至派福利代表到工人家中问寒问暖,提供生活中营养和卫生方面的咨询。于是,工厂里出现了专门管理工人的工资、医疗保健、工作关系的部门,这就是现代的人事管理部门。

这个阶段的另外两个代表人物是法约尔(H. Fayol)和韦伯(M. Weber)。被称为“管理过程理论之父”的法约尔提出了管理的基本职能,即对人、财、物的计划、指挥、协调、控制等,并提出了管理的“十四项原则”;被称为“组织理论之父”的韦伯则提出了理想的行政管理体制,

它具有熟练的专业活动、明确的权责划分、严格的规章制度以及金字塔式的等级服从关系等特征,是一种系统的管理技术体系。

尽管泰勒、法约尔、韦伯等人的侧重点不同,但在以下几个方面却是一致的:都认为员工是理性人,是有经济需求的“经济人”;公司是一个封闭的系统,个人也是一个独立封闭的系统;由于员工是一个理性人,公司应该用“理性的”规章制度来严格约束员工,使员工心甘情愿地接收约束;公司的机构要层次化,公司的制度与公司中的时间及作业内容都必须要科学化;员工必须要接受培训;由于员工的“经济性”与“独立性”(封闭性),员工无社会心理的需求;员工要与工作匹配;对员工一定要实行奖惩措施,才会更好激发员工的潜能。

三、人际关系阶段(1920 年至第二次世界大战)

在 1927 年至 1932 年间,美国心理学家和管理学家、哈佛大学教授梅奥(Elton Mayo)和他的助手在美国西屋电器公司的霍桑工厂进行了一系列的试验,结果发现人际关系的重要性,即人性的相互尊重、人与人之间的相互作用及其归属意识比原来人们想象的要重要得多。这就是著名的霍桑试验(Hawthorne Experiment)。通过霍桑试验,梅奥等人发现,在企业这样一个社会性系统内,员工除了有经济利益的需求外,还存在对社交与友谊、信任与尊重等高层次的社会情感需要,员工不再是单纯的“经济人”,而是有更多社会需求的“社会人”,满足员工这些需要则可大大提高劳动生产率。泰勒等人认为企业是一个技术经济系统,而梅奥认为企业是一个社会系统,公司除了要提供员工满意的工作环境和条件外,还应当加强员工间、领导者与被领导者间的合作与交流,应当给予员工更多的关怀、尊重和温暖,这样才能提高员工的工作积极性。梅奥等人尤为强调的是,公司中的“非正式组织”的存在有利于员工间的合作与沟通,而公司领导者的领导能力则表现在通过提高员工的满意度,激励员工的士气,从而达到提高劳动生产率的目的。

四、行为科学阶段(第二次世界大战至 20 世纪 70 年代)

20 世纪 50 年代初,美国管理学界产生了一种新的学科——组织行为学。它是一门由社会心理学、工业心理学、社会学、文化人类学、经济学等综合而成的交叉学科,主要用来研究公司中人的行为规律,以激励员工,增强公司的竞争力。组织行为学是人际关系学派的延伸,它将人际关系学派的研究内容更加丰富化,研究了人的本性的复杂性,研究了在群体层面上的群内与群际的行为规律,进一步探讨了公司结构与文化、公司变革与发展等问题,逐渐形成行为科学学派。

行为科学阶段是公司人力资源管理思想得到长足发展的阶段。在这个阶段,人力资源管理理论不断深化和发展。其主要代表人物与理论成果有马斯洛(Abraham H. Maslow)及其“人类需求层次论”、赫茨伯格(Frederick Herzberg)及其“激励因素 - 保健因素理论”、麦格雷戈(Douglas M. McGregor)及其“X 理论 - Y 理论”、威廉·大内(William Ouchi)及其“Z 理论”等。

行为科学主张运用事实验证的科学方法来研究人的行为、社会现象和心理现象等。其主要有:① 公司内外环境因素对人类行为的影响;② 从开放系统的角度来考虑公司的人事管理;③ 从公司的整体行为来探索公司的人事管理;④ 重视薪资报酬制度的合理化;⑤ 强调工会的地位与作用;⑥ 激励公司员工参与管理;⑦ 强调公司对员工的培训与开发教育;⑧ 重视劳资之间或劳动者与管理者之间关系的协调与和谐。

行为科学时期以人际关系为出发点,对公司的人事管理进行全方位的开放式管理,全面创新传统的人事管理方式,使公司中的人事管理由对员工的监督制裁转到对员工的人性激发;由消极的惩罚到积极的激励;由独裁式的指挥到民主式的管理与领导;由唯我一家之言的独裁到意见、信息的沟通;由权力控制到以德服人;由只重视对员工的索取性使用到对人力资源的培训、开发和使用相结合;由劳资或劳动者与管理者之间的对立关系到协调、和谐、共赢,以求人与事之间和人与人之间的理想达到协调和发展,使公司创造更大的利润。

五、人力资本管理阶段(20 世纪 70 年代以来)

20 世纪 70 年代以来,伴随着第三次技术革命的迅猛发展,公司人力资源管理的思想和方法也出现了新的飞跃。其一,公司人力资源管理中心不断转移,由以物为中心转向以人为中心;其二,公司人力资本理论成为人力资源开发与管理的基础理论,并开始被全面应用到企业管理当中。这种飞跃的背景有:① 20 世纪 50 年代末期由西奥多 · W · 舒尔茨创立的人力资本理论,越来越多地被人们所认识和接受;② 以计算机技术、现代通信革命为代表的信息科学,使世界经济全球化进入了前所未有的时代,企业实力的竞争就是科学技术的竞争、人才的竞争;③ 系统科学与管理学的结合,使人力资本经营战略在企业整体发展战略和公司管理中处于核心位置。所有这些变化,标志着人力资源管理从传统的人事管理阶段进入到人力资本管理阶段。这个阶段的主要特征有三个。

(一)企业文化成为重要的公司行为理念

企业文化是指一个企业在长期的生存发展中所形成的,为企业多数成员共同遵守的、具有本企业特色的价值观念、团体意识、工作作风、行为规范和思维方式的总和。

企业文化以行为科学为基础。它认为,人既是自然人,又是社会人,要把每一个个体的行为变成一个企业的整体行为,就必须依据一定的企业方式,使每个人的行为限制在一定的企业范围内,以发挥其拥有的人力资本的积极作用。这样的企业方式就成为一个企业的文化。

(二)人力资本管理

知识经济是以知识为基础的经济,知识经济的主导因素是人才,而人才是进行了大量投资积累的人力资本。舒尔茨认为,人力资本的投资收益率远远高于物质资本的投资收益率,是一种高增值性资本。而人力资本经营就是为了实现人力资本价值增值而进行的市场投资和运作的活动,它可以使物质资本和人力资本得到最佳匹配,最大限度地释放人力资本的价值,挖掘人力资源的潜能。

(三)公司系统建设与人力资源管理结合

人力资本管理理论认为,人力资本的运营是一个系统工程,它具有两大体系:一是把人力作为资本进行运作的体系,二是把人力资源作为生产要素进行管理的体系。两大体系下面又有相关的若干子系统,如公司结构系统、指标控制系统、计划配置系统、职位分析系统、评价与考核系统、培训教育系统等。各个系统之间都存在着相互联系、相互影响、相互作用,从而构成一个整合的人力资本运营体系。

六、现代人力资源开发与管理

(一)现代人力资源开发与管理所面临的挑战

21 世纪经济的发展超越了国界,跨国公司如雨后春笋般的出现,公司的经营范围扩展到全球,其雇员也跨民族、跨文化,散布在全世界,经济全球化的趋势呼唤全球化管理人才和技术人才。

2001 年 12 月 11 日中国正式成为世贸组织成员。尽管有一定的缓冲保护期,但随着贸易壁垒的逐渐消除,中国的各行各业都将面对全球市场的竞争。而公司人力资源开发与管理所面临的挑战也越来越多。

1. 全球化

全球化使世界市场经济的发展融为一个整体,公司需要面对更大范围的竞争,对人力资源的争夺也呈现全球化的特征,如何在全球化背景下获得和留住优秀人才,是公司保持竞争力的重要课题。

2. 提倡技术创新

计算机技术的发展和利用使公司从信息量的激增中获得优势。在计算机网络的作用下,大量的信息数据可以不受限制地储存、恢复,并广泛地使用在各个领域,从简单地记录、保存到控制复杂的设备。现在,很多公司都采用人力资源开发与管理信息系统来进行相关的操作与管理。历史证明,谁掌握了创新技术,谁就可以取得人力资源开发与管理的优势,谁就吸引和留住人力资源,提升公司的竞争力。

3. 变化管理

现在公司面临着巨大的竞争压力,同时也处于一个经济复杂多变的环境中,公司要想在竞争中生存与发展,就必须有应对内外部环境变化的能力。诚如 GE 总裁杰克·韦尔奇所指出的:“你站在变化的风口浪尖,不可能无动于衷。因为有些人总是带着其他产品从其他国家来,或者消费者的偏好发生变化,或者成本结构发生变比,或者它们的技术有突破性的重大发展。如果你不能很快地适应种种变化,你就容易被淘汰。这对世界上的每一个国家的每一项事业的每一部分都是真理。”作为公司战略的核心部分,人力资源开发与管理同样也面临着应对变化的挑战,需要让公司员工意识到这种变化的存在,并参与到应对变化的活动中来。

4. 开发人力资本

对一个公司来说，人力资本就是有经济价值的个人的知识、技巧和能力。公司的“人才竞争”概念强调这样一个事实，即成功越来越取决于该公司管理人力资本的能力。人力资本是一个概括性术语，用于描绘知识、技巧和能力的总价值，这虽然并没有在公司的资产负债表上反映出来，但是对于一个公司的绩效而言，人力资源确实对公司的发展是十分重要的因素。

5. 成本控制

成本控制对于投资与再造、全面质量管理、智力资本、技术、全球化的企业竞争来说都是非常重要的，但这也给企业在降低成本以及改进生产率最大限度地提高效率（效率最大化）方面增加了压力。对任何公司来说，人力资源并不仅仅是创造新价值的源泉，需要付出大量的成本，因此，如何尽可能抑制人力成本是公司面对的巨大挑战。在现代服务型和知识密集型公司中，企业可能采取的包括裁员、外包、员工租赁以及提高生产率等成本抵制政策，都直接影响着人力资源政策和实践。

（二）现代人力资源开发与管理的发展趋势

人力资源开发与管理的重要性在不断地提高。在公司人力资源开发与管理的发展演进过程中，既有成功的经验，也有不少失败的教训。按照公司未来发展的规律，人力资源开发与管理将呈现下列一些趋势。

1. 由资源型管理向主体型管理演变

在管理者把管理的对象当作管理中的一种资源进行研究的过程中，发现人不是一种简单的资源，根植于人性中的人的主体性将以各种各样的方式表明自己的存在。人力资源的管理模式，也将会在管理者的不断觉悟中和传统管理对象的不断反弹中，从资源型向着主体型演变，管理者的角色也将从控制型逐渐转向引导和帮助型，主体性将成为21世纪人力资源管理者的工作责任心、积极性和创造性的基本动力保证。

2. 由雇佣型向合作型转变

公司中的每一个人，都是以自己独特的资源加入到公司中的资本，传统的资本已经不再是公司唯一具有的优势，这是高科技时代的新特征。在这样一种情况下，公司不再是某一个人的投资实体，而变成许多人力资源共同积聚在一起的一个实体。既然公司资本已经发生了如此巨大的变化，那么，公司中人与人之间的关系也将成为一种新型的合作关系，而不是雇佣型关系。新的人力资源开发与管理也必将受到这一变化的影响而作出创新。

3. 由静态的管理向动态的管理转变

公司的动态性将在未来的公司中表现得更为突出，公司应主动适应这种运动形态，而不能再一味地奢谈人员的稳定性。要在承认公司的动态性基础上，设计公司合理运动的渠道和方式，并在运动中发展和提高新的公司效益。

4. 由传统督导型管理向科学督导型管理转变

高科技发展的今天，公司管理模式已经发生了巨大变化。传统的督导型管理是在对人性不信任的基础上展开的，因此，传统的督导型管理是以对人的监督与控制作为主要手段，而人的主体性在被监督与控制中又在不断地对管理者作出反弹，这就启示了管理者们：督导必须适应人的主体性特点，并在人的主体性被压抑时唤醒人的主体性，以人的主体性作为科学督导的基本原则。科学督导将以唤醒人的主体性和促进人的主体性的发挥作为基本的工作方针。

5. 由传统策略型激励向战略型激励转变

在传统的策略型激励在人的主体性不断发展的今天，已经显得越来越勉强。新的战略型激励将取代策略型激励而成为激励理论新的基础。战略型激励，将以人的主体性作为激励的出发点，以加强人的主体性作用和实现自我激励作为新型管理的目标。这是出现、发展和演变了几十年的激励理论所必将进入的一个新的阶段。

范例：人力资源部职权范本

人力资源部受人力资源总监领导，直接向人力资源总监报告工作。

（一）部门职责

1. 人力资源规划管理

① 制定人力资源规划，并经批准后实行；② 组织拟定公司机构人员编制，并经批准后实施该编制；③ 增编、缩编等申请的受理、调查、执行；④ 人力资源支出预算编制，成本控制；⑤ 其他相关职责。

2. 人力资源规章制度管理

① 人力资源管理制度的制定、修订、更正和废止；② 执行经批准的人力资源管理制度；③ 人力资源管理制度的发放、管理；④ 人力资源管理制度的解释和运用；⑤ 各单位职责、权限划分原则和方法的拟定；⑥ 各单位职责、权限划分的草拟，并经批准后执行；⑦ 各单位职责权限化分的更改、修正草案报审，并经批准后实施；⑧ 其他相关职责。

3. 人事管理

① 新进、在职、临时、兼职人员人事管理办法的拟定；② 人事管理办法的分析研究；③ 人事管理办法的修正、实施、废止；④ 人事管理办法的解释；⑤ 人事问题的解决处理；⑥ 人事关系的协调；⑦ 其他相关职责。

4. 人事档案管理

① 人事档案的汇集、整理、存档；② 人事档案的调查、分析和研究；③ 人事资料及报表的检查、督办；④ 人事报表的汇编、转呈和保管；⑤ 岗位说明书的编写、报批、签办；⑥ 岗位说明书的编号、核发、存档；⑦ 人事统计资料的汇编和管理；⑧ 人事变动的调查、分析、研究、纪录；⑨ 劳动合同的管理；⑩ 对外提供人事资料；⑪其他相关职责。

5. 任免迁调管理

① 新进人员的录用；② 新进人员聘用手续的办理；③ 在职人员迁调计划的编制，并经批准后实施；④ 在职人员迁调的办理，迁调事项通知的下发、登记；⑤ 迁调人员赴任工作情况的

查核、跟踪；⑥ 人员停职、复职及停薪留职的办理；⑦ 人员解聘、解雇等事项办理；⑧ 其他相关职责。

6. 薪酬管理

① 薪酬制度的拟定，并经批准后执行；② 薪酬管理制度和方法的研究、改进；③ 薪酬调整事项的办理；④其他相关职责。

7. 勤务管理

① 人员请假、勤务事件登记办理；② 人员请假、勤务资料汇编事项；③ 员工动态管理；④ 人员辞职手续的转办；⑤ 各种例假、办公时间的通知、变更等事项办理；⑥ 其他相关职责。

8. 劳务管理

① 劳动合同的签订；② 劳动公共关系的建立和维护；③ 劳动安全方针、制度的拟定、修订、研究和改进；④ 其他相关职责。

9. 考评奖惩管理

① 考评制度的拟定，并经批准后实施；② 考评工作的开展；③ 考评结果的审核、签办；④ 奖惩制度的研究、修订、改进；⑤ 奖惩分析、报告；⑥ 其他相关职责。

10. 教育培训管理

① 培训制度的拟定，并经批准后实施；② 培训计划的编制与实施；③ 职前培训、进修等开展；④ 培训考试的开展；⑤ 培训效果评估；⑥ 帮助员工进行职业生涯设计并督促落实；⑦ 其他相关职责。

11. 职务职称管理

① 管理人员职务任免及薪酬调整、归档；② 专业技术人员职称申报、送审、评定；③ 职称晋升后聘任、薪酬调正、归档；④ 职务、职称的业绩考核、归档；⑤ 其他相关职责。

（二）部门权利

（1）有权参与公司人力资源战略规划。

（2）对违反人力资源管理制度的单位和个人，有提请处罚的权利。

（3）对各单位员工工作绩效实施考核及奖励的权利。

（4）对各级管理人员有任免建议权。

（5）对部门内部员工有聘任、解聘的建议权。

（6）对部门内部工作有开展的自主权。

（7）有要求相关部门配合相关工作的权力。

（8）其他相关权力。

案例分析

美国西南航空公司——通过人进行竞争

对于一些公司来说,“关注顾客”仅仅只是一个口号,而在美国西南航空公司,它是全体员工共同的目标。美国西南航空公司是一个提供高质量管理和服务的公司,并以此建设自己公司的核心文化,其中包括对消费者的关心、员工参与管理、公司不断向上的精神。

1998 年 4 月 20 日,公司继前两次之后,第三次在航空公司质量等级评比中夺得冠军。最使公司骄傲的是自 1973 年以来它在两次大的工业滑坡中仍然保持年年获利,公司从 1972 年的 3 架飞机,发展到 1999 年已经拥有 280 多架飞机。

Herb Kellocher 是美国西南航空公司的 CEO,他强有力的领导是公司的灵魂。1999 年 Kellocher 被 CIER Executive 杂志提名为年度模范总裁,他显著的业绩来源于他以人为中心的管理,它是通过人来进行竞争的。

美国西南航空公司如何保持它独特的优势地位呢?在一个劳资关系普遍对立的行业中,美国西南航空公司如何与 85% 受工会管辖的劳动者建立起合作关系呢?在 Kellocher 的领导下,公司形成了对待员工就像对待乘客一样的文化,通过倾听、答复,让员工参与决策,西南航空公司形成了整个行业中最好的劳资关系。公司的哲学是:人应该在工作中寻找乐趣,工作本身应该使人获得快乐。1998 年美国西南航空公司收到了 141 710 份的求职申请,但只雇用了 4 115 名新员工。这些精挑细选的新员工与公司文化非常匹配,他们不负公司的期望作出了最好的工作业绩。

Kellocher 的“工作就是乐趣”哲学还体现在以人为本和对员工无微不至的关怀上,Kellocher 曾专程送某一班级的小学生做一次从 Dallas 到 Austin 的假日旅行,因为这些小学生从未乘过飞机,并渴望能到蓝天中去看看美丽的天空。

还有一次他的机械师因工作原因无法参加公司举办的活动,Kellocher 就特地为他和他的同伴们举办了一次烤肉活动,几位飞行员亲自掌厨烤肉,Kellocher 永远把与员工同乐作为自己工作的快乐。

Colleen Barrett 作为公司的客户执行副总裁在公司的地位处于第二位。她和 Kellocher 经历了西南航空公司大部分的历史,协助 Kellocher 将他的管理思想渗入到整个公司。例如,在雇用新飞行员方面,她说,我们并不在乎你是否是美国最好的飞行员,但我们希望你能够融入公司的文化,如果你屈尊来应聘一个秘书职务,那么你不但不会被雇用,同时也浪费了你自己的才能,公司的理念是珍惜人才,而不是珍惜机器。所有 27 000 名美国西南航空公司的雇员在一年中均会有几次收到 CEO 的信,Kellocher 坚持认为,只要你关心员工,提升员工的自信,帮助他们做一个出色的人,那么,员工对公司的关心就是发自内心的。

讨论题

美国西南航空公司制胜的法宝是什么？

模拟训练

从事人力资源管理工作需要怎样的素质和人力

在这个练习中，参与者要根据对人力资源管理工作的了解，详细描述一下人力资源经理助理应该具有哪些特征，并利用这些特征来确定人力资源经理助理应具备的素质，特别是能够将之运用于人力资源管理实践。

参与者可分组进行练习，一般以每组5～7人为宜。

首先，各小组成员分别列出自己认为一位人力资源经理助理应该完成的工作及其应具备的特征，并按照重要程度（最高分5分，最低分1分）顺序排列。

其次，各小组就小组成员提出的人力资源经理助理应具备的特征进行讨论，找出小组共同认可的特征，加权平均后，确定最重要的5～8项特征。

再次，各小组派出1名代表组成人力资源经理助理评价委员会，评价委员会综合各组提出的人力资源经理助理应具备的5～8项特征，进行赋值，在加权平均后达成一致，按照重要程度将最重要的10个特征排序，并据此设计人力资源经理助理面试评价量表。

最后，评价委员会选派代表向老师及全班同学说明人力资源经理助理应具备的素质和能力及评价量表，为后续模拟招聘人力资源经理助理做好准备。

通过本练习参与者可以了解和掌握人力资源管理岗位职责。本练习答案并不固定，指导者只是引导参与者对本章的内容进行深入的思考，而不是直接作答及说明问题。

本章知识点

1. 人力资源的概念和性质；2. 人力资源管理的概念、内容和功能；3. 人力资源管理与传统人事管理的区别；4. 现代人力资源管理的发展阶段；5. 现代人力资源管理所面临的挑战；6. 现代人力资源管理的发展趋势。

思考题

1. 名词解释：人力资源，人力资源管理。
2. 人力资源有哪些特点？
3. 人力资源管理的目标与任务是什么？

4. 企业从科学管理到文化管理的演进主要原因是什么？

5. 根据一个具体公司的人力资源管理现状，请你对其人力资源管理方面提出合理化的建议与意见。

第二章　工 作 分 析

【学习目的与要求】

通过本章的学习，了解工作分析的相关概念、内容、目的、作用与原则，掌握工作分析的方法与程序，熟练制作工作说明书，了解工作评价的方法。

【基本概念与定义】

工作分析的概念和基本术语，工作分析的方法，如资料分析法、现场观察法、问卷调查法、关键事件法等。工作分析的意义，工作分析的作用，工作分析的五大原则，工作分析的方法与程序，了解工作分析说明书，掌握岗位评价。

【案例】

公司需要什么样的员工

D公司是我国北方某城市的一家民营房地产公司，经过多年的精心经营，现在已投资控股十六家项目公司。主营房地产开发，兼营建材、金融、酒店、贸易、物流、超市、物业等。但随着公司规模的扩大，现有员工数量大幅增加，公司的管理组织功能和人力资源管理问题已经凸显出重要的作用。

公司目前的管理组织机构，还是基于当初创业时的公司规划，随着公司业务的扩大，公司逐渐扩充了自己的管理队伍，但是在公司的运行中，组织和业务上的矛盾已经开始显现出来。部门之间、职位之间的职责与权限缺乏明确的界定，扯皮推诿的现象时有发生，严重干扰了公司正常业务的开展。

就是在公司中盈利水平保持较高的部门，总经理也注意到一部分员工非常忙碌，而同部门的一部分员工却显得悠闲，导致员工攀比和不满情绪的增长。有些员工反映他们总是去做一些临时性工作，员工虽然付出了很大的努力，但效果却不能令主管满意。有的员工还反映主管对人不对事，只要是和主管关系好的员工，无论业绩如何，总是受到表扬，因此，有的员工就善于拉关系，导致公司大部分员工积极性不高，处于被动状态，影响了公司项目的开发。这些问题的出现暴露了一个基本问题:工作分析不明确,员工不明确自己应该做的工作,不清楚自己应该掌握的技能,所以要搞好公司的业绩就必须从工作分析入手。

第一节　工作分析概述

一、工作分析的概念及基本术语

(一)工作分析的概念

工作分析又叫岗位分析、职务分析,它是指人力资源管理部门在短时间内,对某一特定的工作岗位作出岗位调查、岗位信息的收集与分析、岗位评价和分级,是了解有关工作信息与情况的一种科学手段,是确定该工作岗位的职责、权限和任职资格条件等活动的总称。具体来说,工作分析就是分析者采用科学手段与方法,直接收集、比较、综合有关工作的信息,为公司特定的发展战略、公司规划,为人力资源开发与管理以及其他管理行为服务的一种管理活动。工作分析的最终产出表现为职位说明书。理解工作分析的定义可以从三个方面进行。

第一,工作分析是一个过程。通过选用合适的方法,全面收集与工作相关的信息。

第二,这里的信息围绕两个方面:一是关于工作本身的描述(工作说明书),包括职位名称、直属上级、工作职责、工作联系等方面的内容;二是关于任职资格方面的内容(工作规范),包括承担该项工作需要的学历、经验、知识、技能等方面的内容。

第三,工作分析的最终产出为职位说明书,采用书面的方式系统地表达出工作描述和工作规范的内容。

具体来说,工作分析需要从八个要素方面着手,对这八个要素方面的讨论,表述如下。

Who:谁从事此项工作,责任人是谁,对人员的学历及文化程度、专业知识与技能、经验以及职业素质等资格要求。

What:做什么,即该项工作的具体工作内容是什么,需要承担哪些责任。

For who:在为谁做,这些工作的客户是谁。这里的客户包括外部客户和内部客户。内部客户指公司内与从事该工作的人有直接关系的人员,如上级、下属、同事、客户等。

Why:为什么做,即从事该项工作的目的是什么。

When:该项工作的时间要求,需要怎样的时间安排。

Where:该项工作在哪里进行,具体的地点和环境要求等。

How:如何进行这项工作,也就是进行这项工作的程序和具体内容。

How much:为该项工作需支付的费用、报酬等。

(二)工作分析的基本术语

进行工作分析涉及的具体术语包括工作要素、任务、职责、职位、职类、职务和职业等。下面分别对这些术语进行解释。

1. 工作要素

工作要素是指工作中不能再继续分解的最小活动单位,工作要素是形成职责的信息来源和分析基础,并不直接体现在职位说明书之中。例如,接听电话、签收信件时的签字动作等。

2. 任务

任务是指围绕一个具体目的而需要完成的工作。如打字员打印文件是一项任务,工人生产零件也是一项任务,营销人员出售产品的数量也是任务。

3. 职责

职责是指个体在工作岗位上需要完成的一项或多项相互联系的任务的集合。例如,办公室秘书的职责,包括收发资料和信件、接电话、接待来访者等。

4. 职位

职位有时也称岗位,是指某个工作周期内个人承担的一项或数项相互联系的职责的集合。例如,零件加工工人在其工作岗位上可以有数项职责,加工零件,维护机器设备,配合临时工作,等等。需要指出的是,职位与从事该项工作的人员是一一对应的,有多少职位就有多少工作人员。

5. 职类

在公司内部根据工作内容、任职资格相对公司贡献的相似性而划分为同一组的职位。如公司通常会出现管理类、研发类、生产类、营销类等职位划分方式。

6. 职务

职务是指公司内一系列在重要职责上具有相似性的职位的总称,相同职务完成工作所需要的条件也具有高度相似性。如经理这个职务,可以有财务经理、销售经理、人力资源经理等一系列的职位构成。职位与个人是一一对应的,但职务可以由一个和一个以上的职位组成。

7. 职业

职业是指不同时间、不同公司中工作性质类似或职责相当的职位的集合。例如,会计、教师、工程师等就是不同的职业。有时,职业会与行业混用。

二、工作分析的战略价值

(一)工作分析的意义

总的来说,工作分析的意义主要体现在以下五个方面。

第一,为人力资源开发与管理各项功能决策提供依据。

第二,通过对人员能力、个性等条件的分析,达到“人尽其才”的效果。运用工作分析的结果可以在“合适的时候将合适的人放在合适的职位上”,避免“大材小用”或“小材大用”的现象发生。

第三,通过对工作职责、工作流程的分析,达到“才尽其责”的效果。个人在岗位上能够发挥最大的作用,避免人力资源的浪费,提高工作效率。

第四,通过对工作环境、工作设备的分析,使人与物相互配合、相互协调。个人能够得到完成工作必需的支持条件,而公司提供的条件也正好适合个人的工作要求。

第五,通过科学评估员工的绩效,有效地激励员工。

(二)工作分析的作用

工作分析是人力资源开发与管理活动中一项重要的基础性工作。工作分析的结果可以运用到人力资源规划、招聘与甄选、员工的任用与配置、员工培训、绩效考核、薪酬设计、职业生涯设计等各个环节上并具有重要的作用。

1. 人力资源规划

人力资源规划是指合理地分析和预测公司对人力资源的需求和供给情况,并据此制订出相应的计划和方案,以保证公司在适当的时候获得适当数量、质量和种类的人员补充,满足公司和个人的需求。在市场和社会环境不断变化的情况下,一个公司究竟需要多少职位,这些职位目前的人员配备能否达到工作的要求,今后几年内将发生哪些变化,人员增减的趋势如何,单位的人员结构应做哪些相应的调整,后备人员的素质应达到什么水平等问题,都可以依据工作分析的结果作出适当的处理和安排。

2. 员工招聘与甄选

通过工作分析,能够明确地规定工作职务的近期和长期目标,掌握工作任务的静态和动态特点,明确职位承担者所需的知识、能力等任职资格要求,在此基础上,确定选人用人的标准。

3. 员工的任用与配置

人力资源部门在聘用现有员工时,需要在工作分析指导下去了解某个职位需要哪些知识或技术,哪些人具备哪些技能,辅以心理测评和工作考核,选拔并任用符合工作需要和职位要求的合格人员,从而完成把最合适的人安排到适当的职位上的任务。

4. 员工培训

通过工作分析,可以明确从事某项工作应具备的技能、知识和各种心理条件。这些条件和要求并非人人都能够满足,需要不断培训,不断开发。因此,通过工作分析,根据实际工作要求和聘用人员的不同情况,有区别、有针对性地安排培训内容和方案,可以有效地促进员工改善工作技能,提高工作效率。

5. 绩效考核

绩效考核是将每个员工实际的工作业绩与业绩标准进行比较,根据工作分析的结果,可以制订各项工作职责的客观标准和考核依据,使得绩效评估和工作有章可依。通过工作分析,可以为各种类型的各种任务确定合理的工作定额,有利于客观地评价员工个人的工作表现。

6. 薪酬设计

工作分析信息在评估某项工作的价值以及支付合适的报酬方面具有重要意义。这是因为薪酬(比如薪金或奖金)通常是按照工作所需要的技能、教育水平、安全性、责任大小等因素来决定的,而所有这些因素都可以通过工作分析获得。通过工作分析,可使薪酬的制定更加合理。

7. 职业生涯设计

职业生涯设计的内容就是把个人的技能和愿望与公司内已经存在的，或者将来会出现的机会匹配起来。这种匹配过程要求负责职业生涯规划的人，要了解每一种工作的技能要求，这样才能保证去帮助员工从事各种他们能够获得成功，得到满足的工作。工作分析能够提供人力资源部门所需要的信息。

三、工作分析的原则

为了提高工作分析的科学性、合理性和可靠性，在公司实施工作分析的过程中应注意遵循以下原则。

（一）目的原则

在工作分析中，要明确工作分析的目的。不同的目的决定工作分析的侧重点不同。如果工作分析是为了明确工作职责，则分析的重点在于工作范围、工作职能、工作任务的划分；如果其目的是选聘人才，则分析的重点在于任职资料的界定；如果目的是确立薪酬标准，则分析的重点在于工作责任、工作量、工作环境、工作条件等因素的界定。

（二）职位原则

工作分析应以职位为出发点，分析职位本身的内容、性质、关系、环境及人员胜任特征，而不是分析承接该职位的人员如何，这样才不会因为人员更替导致职责等内容的变化，影响公司目标的实现。

（三）参与原则

工作分析尽管由人力资源部门主持开展，但它需要各级管理人员与员工的积极参与，尤其需要高层管理者的重视，以及其他相关部门大力参与、配合才能得以成功。

（四）经济原则

工作分析是一项非常费心、费力、费钱的事，它涉及公司的各个方面。因此应当根据进行工作分析的目的，依据经济的原则选择工作分析的方法。

（五）系统原则

每一个公司都是一个系统。因此在对公司某一岗位进行分析时，要注意一个岗位与其他岗位的关系，从总体上把握岗位的特征及对人员的要求。

工作分析的结果不是一成不变的，要根据公司的战略意图的变化、业务的调整，经常性地对工作分析的结果进行调整。

第二节 工作分析的方法与程序

一、工作分析的方法

工作分析的方法主要是指对工作信息收集的方法。工作分析的内容取决于工作分析的目的与用途,不同的公司所进行的工作分析的侧重点会有所不同。因此,需要在工作分析的内容确定之后选择适当的分析方法去收集与工作相关的所有信息。一般来说,收集信息的基本方法包括资料分析法、现场观察法、面谈法、问卷调查法、关键事件法等。每一种方法都各有它的优缺点,因此要根据工作分析的目的与内容,遵循经济的原则选择一种或几种适用的方法。

(一)资料分析法

资料分析法主要是为了降低工作分析的成本,应当尽量利用现有的各类资料,以便对每个工作的任务、责任、权利、工作负荷、任职资格等有一个大致的了解,为进一步调查奠定基础。资料分析法分析成本低,工作效率较高,不失为一种经济有效的工作分析方法,但这种方法一般不能单独使用,最好与其他方法一起使用。

(二)现场观察法

观察法是指分析人员通过对员工正常工作状态进行观察,把有关工作各部分的内容、原因、方法、目的等信息如实记录下来,并通过对各项信息的对比、分析、归纳等方式得出工作分析成果的方法。由于不同观察对象的周期和工作突发性有所不同,又有不同的观察方法,例如,现场观察法。

所谓现场观察法一般是由有经验的人,通过直接观察的方法,记录某一时期内的工作内容、形式和方法,并在此基础上分析有关的工作因素,达到分析目的的一种活动。这是工作分析中最简单的一种方法。通过现场观察,观察人可以对人员的工作过程进行观察,记录工作行为各方面的特点;了解工作中所使用的工具设备;了解工作程序、工作环境和体力消耗等内容。

观察的形式,有公开观察与隐蔽观察、他人观察与自我观察等形式。为了提高观察分析的效率,所有重要的工作内容与形式都要记录下来,而且应该选择不同的工作者在不同的时间内进行观察。

一般来说,现场观察法主要适用于工作过程和工作结果比较简单又容易观察的工作。在实际应用中,一般适用于标准化、周期短,并且以体力活动为主的工作。在运用现场观察法时,观察者需要一份详细的观察提纲,这样观察才会更全面、准确,如表 2-1 所示。

表 2－1 工作分析观察提纲(部分)

被观察者姓名:	日期: 年 月 日
观察者姓名:	观察时间: 日 时至 时
工作类型:	工作部分:
观察内容:	
1. 什么时候开始正式工作:	时
2. 上午工作多长时间:	小时
3. 上午休息几次:	次
4. 第一次休息时间从	时 分到 时 分
5. 上午完成产品多少件:	件
6. 平均多长时间完成一件产品:	小时
7. 与同事交谈约多长时间:	小时
8. 室内温度:	℃
9. 上午喝了几次水:	次
10. 什么时候开始午休:	时 分
11. 搬了多少次原材料:	次
12. 工作地点噪音分贝是多少:	分贝

现场观察法也有一些固有的不足之处:它不适用于以智力为主的工作,不适用于周期长、非标准化的工作,不适用于各种户外工作,也不适用于高、中级管理人员的工作等,因为这些工作的过程与结果都不是容易被观察到的。

此外,运用现场观察法需要注意一个现象,即“霍桑效应”。这个理论阐述了这样一个道理:一旦观察对象得知他们正处于被观察地位的时候,他们的工作表现会比平常要好,也就是说,当人们在感受到关注时就会提高自身的产率。一般来说,在运用观察法时需要注意以下几个原则。

(1) 稳定原则:被观察者的工作应该相对稳定,即在一定的周期内,工作内容、程序、对工作人员的要求不会发生明显的变化。

(2) 信任原则:尽量获得被观察者的信任。

(3) 隐蔽原则:一般情况下观察者应尽可能不要引起被观察者的注意,有特定目的的情况除外。

(4) 详尽原则:根据预先确定的目的和观察的内容,详细地记录所有观察到的资料。

(5) 代表性原则:选择样本时注意样本的代表性。

(6) 沟通原则:现场观察完毕之后与被观察者的直接主管沟通观察的结果。

(三)面谈法

对于许多工作,分析者不可能实际去做观察(如驾驶员的工作),或者不可能去现场观察,或难以观察(如建筑师的工作)。在这种情况下,就必须访问工作者,了解他们的工作内容,了解为什么这样做和怎样做,由此来获得工作分析的资料。

面谈法也称为访谈法,就是通过分析人员与任职人员面对面的谈话来收集工作信息的方法,可以采用一对一的面谈形式,也可以用集体访谈的形式。

面谈法是工作分析中经常要用到的一种方法。从理论上来讲,任职者最清楚本职工作,通过面对面地交换信息,除了了解有关工作的一般信息外,分析人员还可以比较详细地了解有关任职者的工作态度、工作动机等深层次的内容,以运用到具体的管理实践中去。

面谈的主要内容涉及工作设置的目的、工作内容、工作性质与范围以及任职者所负的责任等方面。了解公司为什么要设置这样一项工作,根据什么来确定对这一工作的报酬;了解该职位对公司目标的贡献程度有多大;了解工作性质与范围,以及该工作在公司中的地位;了解工作所需的技术知识、管理知识、人际知识、需要解决的问题以及任职者的自主权等内容,这些都是面谈中的内容。

在面谈进行之前,需要确定面谈对象,面谈对象应该是熟悉该职位工作的人员。在实际操作中,可以查问与整理有关工作职责的现有资料,在大致了解职位情况的基础上,访问这些职位的任职者,一起讨论工作的特点和要求。同时,也可以访问有关的管理者和从事相应培训工作的人员。

面谈法的优点在于对生理特征的分析非常有效,可以相对容易地直接从员工那里获得较为详细的信息,可以与任职者进行双向交流,对任职者的了解较为深入。面谈法还可以发现新的、未预料到的重要工作信息。

面谈法需要注意的问题是员工在回答问题时有可能会出现信息失真,对这种状况需要调查者认真分析,正确处理。这可能是被访者在无意中造成的后果,也可能是因为被访谈者有意制造失真的信息,要避免这个问题的出现,需要人力资源人员在面谈实践中加以区别。其次,面谈法耗时较多,成本较高。最后,面谈法对分析人员的要求较高,需要有一定经验和能力的人才能担当,分析人员的素质高低将会对面谈结果产生重大影响。

由于访谈涉及的问题较多,为了避免遗漏,保证质量,人力资源调查人员最好事先拟定一份详细的访谈问题或访谈提纲,这样便于在面谈过程中记录、归纳与比较。

面谈分析法对资料的收集或多或少依赖于调查问题的设计。因此,设计问题便成为人力资源人员必须具备的一项技能。下面提供一些针对面谈问题设计的建议:

(1) 你对保持设计问题的热情,直到你认为问题已经足够为止;

(2) 根据有关的资料和经验检测所设计的问题;

(3) 只选择那些与所调查资料直接相关的问题;

(4) 把需要调查的问题按一定的逻辑顺序排列,把那些容易解决的但又必要的问题放在前面;

(5) 修改不清楚及容易使被访问者产生偏向的问题;

(6) 把复杂的问题尽量的分解成简单、具体的问题。

在进行面谈过程中,请注意以下一些基本技巧。

(1) 事先清晰地说明面谈的目标和方法,即在面谈前,人力资源调查人员应该对面谈什么、为什么要面谈和怎样面谈有一个很明晰的计划。

(2) 在面谈前,确认面谈的问题会不会让受访者感到难堪、威胁或不舒服。

(3) 控制面谈,使面谈指向一定的目标。下面是一些使面谈定向的准则:① 帮助受访者根据问题的逻辑顺序去思考和交谈;② 给受访者足够的时间回答问题;③ 提供阶段性总结,这样有利于保持谈话的主题。

(4) 控制个人举止、行为等其他会影响面谈结果的因素。下面是与此有关的一些准则:① 用简洁、清楚易懂的语言进行访谈;② 不要出现与受访者发生争辩的现象;③ 在所讨论的问题上不要显示出调查者的任何偏好;④ 在整个面谈过程中要保持良好的礼貌和谦恭态度。

(5) 在面谈实践中,请记下意外的重要信息,尤其是那些在正式面谈计划中没有想到的或出现的新信息。

(四)问卷调查法

问卷调查法是工作分析中最常用的一种方法,它是根据工作分析的目的、内容等编写结构性调查表,它的内容可简可繁,但这张问卷的设计一定要让被调查者一目了然,由公司人力资源管理人员分发给被调查人员,被调查人员填写后由人力资源管理人员回收整理,提取工作信息。这是一种适用范围很广,通常被认为是最快捷、最省时间的方法。

问卷调查法是公司人力资源相关人员,利用书面的形式得到有关职位问题的调查方法。通常问卷的内容是公司人力资源管理工作分析人员编制的一些问题或陈述,这些问题或陈述涉及到被调查者实际的行为和心理素质,要求被调查者对这些行为和心理素质在实际工作中的重要性和频次(经常性)按被调查者自己的认识程度给予实事求是的作答。

从内容上划分,公司设计调查问卷可以从职位和人员两个角度考虑,其中职位定向问卷比较强调工作本身的内容、条件和产出,如表 2-2 所示。

人员定向问卷集中了解工作人员的工作行为和任职资格等方面的内容,调查问卷的设计有开放式和封闭式两种。封闭式问卷也称结构性问卷。在开放式问卷中,员工可以自由回答所提的问题,比如“请简要叙述你的主要工作任务”。而在结构性的问卷中,员工要从所列答案中选择其中最合适的答案。

在工作分析的实践中,人力资源部门最好要根据不同的调查目的,设计出介于这两种极端情形之间的问卷,既有结构性问题也有开放性问题。一般来说,如果工作分析的目的是用于薪酬设计,则可考虑多设计结构化程度高的问题,这会便于给予定量评分。

表 2－2　某公司人力资源部门对某部门的工作分析描述表格

<table>
<tr><td colspan="2">职位描述</td></tr>
<tr><td colspan="2">1. 雇员姓名：　　2. 职位编号：　　3. 现行工资水平：</td></tr>
<tr><td colspan="2">4. 职位描述的原因：口新职位　口例行公事
口现职位发生变化　口检查</td></tr>
<tr><td>5. 工作地点：</td><td>6. 部门名称：
职务名称：</td></tr>
<tr><td colspan="2">7. 在何部门、接受谁的指导：
姓名：　　职务：</td></tr>
<tr><td colspan="2">8. 具体描述本岗位的工作有哪些，按所需时间的多少进行排列。要说明干什么，怎么干，使用哪些设备。用百分比说明每项任务花费的时间。如果本岗位的工作发生了变化，要注明何时、怎么发生变化的</td></tr>
<tr><td>时间</td><td>任务</td></tr>
<tr><td></td><td></td></tr>
<tr><td></td><td></td></tr>
<tr><td></td><td></td></tr>
<tr><td></td><td></td></tr>
<tr><td></td><td></td></tr>
<tr><td></td><td></td></tr>
<tr><td></td><td></td></tr>
<tr><td></td><td></td></tr>
<tr><td></td><td></td></tr>
<tr><td></td><td></td></tr>
<tr><td></td><td></td></tr>
<tr><td></td><td></td></tr>
<tr><td colspan="2">9. 上述各项任务持续了多长时间：　　小时
10. 列出所使用的机器和设备以及工作环境：
11. 进行管理所花费的时间百分比（培训员工、分配和检查工作）：
12. 下级人员数目：
13. 我保证上述岗位描述是我本人所写，并尽可能地详尽和准确
签名：　　日期：</td></tr>
</table>

人力资源部门在进行调查问卷设计时,应注意如下问题:第一,明确要收集哪些信息,然后将这些信息设计成问题或项目,请被调查者回答;第二,每个问题的目的要明确,语言应简洁易懂,必要时可附加说明;第三,问卷的问题应根据工作分析的目的加以调整。

问卷调查法的优点在于可以面面俱到,在短时间内收集尽可能多的工作信息;比较规范化、数量化,适合于用计算机对结果进行统计分析;可以收集到准确规范、含义清晰的工作信息;成本低,工作人员比较容易接受,可以随时安排调查。

问卷调查法的不足之处在于问题事先已经设定,调查难以深入;设计质量难以保证,工作信息的采集程度受问卷设计水平的影响较大;对人力资源任职人员的知识水平要求较高;人力资源调查人员又不能面对面地与被调查者交流信息,难以了解到被调查对象的态度和动机等较深层次的信息;不易唤起被调查对象的兴趣;所以这种方法适宜和面谈法结合进行。

(五)关键事件法

关键事件法是要求调查人员、本岗位员工或与本岗位有关的员工将劳动过程中的“关键事件”详细加以记录,在大量收集信息之后,对岗位的特征和要求进行分析研究的方法。所谓关键事件是指在劳动过程中,给岗位工作任务造成显著影响(如成功或失败、盈利或亏损等)的事件。关键事件的记录应包括:

(1) 导致该事件发生的背景、原因,包括主观和客观原因;

(2) 职工有效的或多余的行为,这两种行为各自的影响;

(3) 关键行为的后果;

(4) 职工控制上述后果的能力。

将上述各项详细记录以后,可以对这些数据资料作出分类,并要归纳总结出该岗位的主要特征、具体要求和解决的方案。

采用关键事件法时,应注意:① 调查的期限不宜过短;② 关键事件的数量应足够说明问题,事件数目不能太少;③ 正反两方面的事件都要兼顾,不得偏颇。

关键事件法的优点:关键事件法被广泛用于人力资源开发与管理的许多方面,例如,甄选标准与培训需求的确定,尤其应用于绩效评估的行为描述与行为观察中;由于对行为进行观察和测量,故而使描述工作行为、建立行为标准更加准确,能更好地确定每一行为的作用。其缺点在于收集与整理关键事件要花费大量的时间和精力,另外对中等绩效的员工关注不够。

二、工作分析的流程

工作分析是一项技术性很强的工作,需要做周密的准备。同时,还需要具有与公司人力资源管理活动相匹配的科学、合理的操作程序。一般来说,整个工作分成以下几个阶段:工作分析准备阶段、工作分析实施阶段、工作分析运用阶段、工作分析反馈与调整阶段,如图 2-1 所示。

(一)工作分析准备阶段

由于工作分析人员在进行分析时,要与各个工作现场及其员工接触。所以,分析人员要注意协调好公司主管人员之间的关系，以免引起公司内部不必要的摩擦或误解。

在工作分析正式实施之前，有很多准备工作要做。其主要包括确定工作分析目的、组建工作分析小组等相关工作。

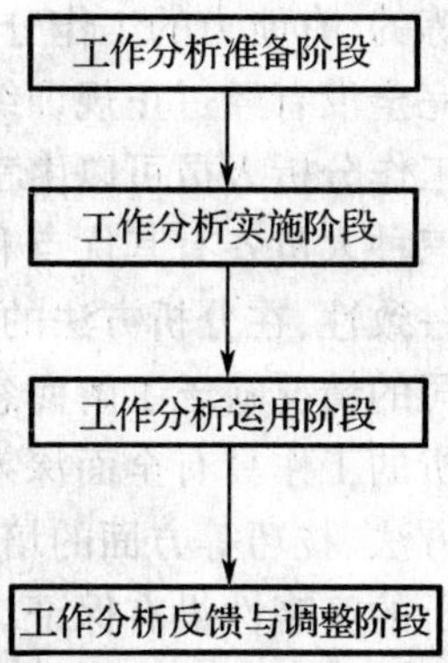

图 2－1 工作分析的流程图

1. 确定工作分析目的

工作分析的价值对于不同需求对象是不一样的。在公司管理过程中，解决不同的管理问题（如员工缺席率高、事故多、劳动生产率低、培训效果甚微、太多的牢骚等）所需要的信息及其组合各不相同。因此，人力资源管理人员在进行工作分析时，首先要明确目的，要做到有的放矢。工作分析的目的就是为了通过“人与财”“才与职”“职与用”三者相结合发挥人力资源的有效利用。工作分析要获得的信息，直接决定了需要收集何种类型的信息，以及使用何种方法来收集这些信息。

工作分析一般是为了得到以下内容：① 对各种特定工作进行如实的描述，正确认识这些工作；② 对工作进行设计或再设计，编制或修订工作说明书；③ 明确对工作的岗位任职者资格、素质的要求，制定招聘标准，制订招聘测试方案；④ 制订有关工作任职者的培训计划，提高培训的针对性和培训的效果；⑤ 明确工作任务、职责、权力及其相关工作的关系，杜绝争权和相互间推诿责任，实现协调合作、促进发展；⑥ 进行工作比较，平衡薪资待遇，实现公平、公正；⑦ 工作绩效评价，提高评价的客观性、公正性等。

由于工作分析的目的不同，所需要采集、处理的工作信息内容和工作分析的工作量不同，工作分析人员的选择不同，所需费用也不同。所以进行工作分析首先需要明确工作分析的目的。

2. 确定并培训工作分析小组

工作分析的顺利进行需要工作分析人员有较高的专业知识和技能，而工作分析人员的数量和专业知识、经验结构则视工作分析的目的、任务、工作量而定。公司在进行人力资源的工作分析时，经常要选择工作分析人员并成立工作分析小组来对整个工作分析的过程和结果负责。工作分析是一个复杂的系统工程，它不是人力资源部门单独就可以完成的，工作分析必须获得公司高层及各级管理人员的认可和支持。因此工作分析小组的构成，除了工作分析人员之外，一般都要有公司高层领导任组长，而且部分核心部门的负责人也应该参与进来，这样就可以使工作分析在公司内获得最大限度的支持。

工作分析人员是那些接受专门培训，可以系统地收集和分析工作信息的个体。工作分析人员通常都接受过一种或多种工作分析方法的正式培训。工作分析人员既可能是公司的内部成员，也可能是从公司外部聘来的工作分析专家。当使用内部工作分析者时，他们通常来自于人力资源部门或者其他相关部门，而外部工作分析者则往往是专业的咨询顾问。使用经过专门训练的、有能力的工作分析人员最主要的优点，就是他们经受的专业训练，可以使他们比起那些完全没有经过正规训练的工作分析人员的分析结果更客观、有效和可信。

工作分析人员可以由三种类型的人员组成：工作分析专家（咨询专家）、业务主管和任职者。三种人员各有其优点和缺点。工作分析专家在分析过程中的优点是最客观公正，保持信息的一致性，在分析方法的选择上具有专长。缺点是付出的代价比较昂贵，而且他们可能会因对公司的情况缺乏了解而忽略工作中某些无形的内容。业务主管人员参加分析的优点是对所要分析的工作具有全面深入的了解，收集信息的速度也比较快；缺点是需要对他们进行工作分析的方法、技巧等方面的培训，而且工作分析需要占用他们大量的时间，会影响他们的积极性，使分析的客观性没有保证。由任职者分析的优点是他们对工作最为熟悉，收集信息的速度也最快；缺点是所收集到的信息的标准化程度和职责的完整性较差，而且如果不是承担该类工作的所有员工都承担分析任务，那么就可能会使那些被要求进行工作分析的员工在思想上产生抵触。

在正常情况下，工作分析小组中应该至少需要一名工作分析专家，他应该具备良好的专业知识和技能，并具有相当丰富的工作分析实践经验，这是承担工作分析有效的基本保证。在工作分析小组组成之后，需要对他们（尤其是在工作分析过程中承担实际操作任务的成员）就如何进行工作分析进行培训。培训时，主要由专家对工作分析的意义、使用工具的特点进行讲解，对项目用语的标准含义、施测指导语、施测过程的引导和控制进行统一规定，回答成员的质疑，并对有歧义的地方进行讨论和确定。在培训过程中，应提供给每位分析人员有关操作的书面材料，此外还要他们实际分析一份他们熟悉的、与正式分析无关的工作，如足球运动员、舞蹈演员等，这样能够帮助工作分析人员更好地使用工作分析工具，进行处理分析过程中出现的各种问题。

（二）工作分析实施阶段

1. 收集信息

完成工作分析准备阶段之后，就可以开始进行信息的收集工作。收集工作有以下几方面。

（1）选择信息来源。一般包括从员工、主管、顾客、分析专家、文献汇编、网络等。在选择信息来源时应该注意：① 不同层次的信息提供者所提供的信息可能会存在不同程度的差别；② 分析人员应站在公正的角度收集不同的信息，不要存有偏见；③ 在使用各种职业信息文件时，要结合实际，要全面分析，不应该只是照搬照抄。

（2）选择收集信息的方法。这需要分析人员根据公司的实际需要灵活运用。收集信息的方法主要有观察法、访谈法和问卷调查法等，要针对不同的工作内容，工作人员应该选取不同的方法。

（3）确定收集信息的原则。需要任职人员就调查项目作出如实的填写或回答，收集的信息要齐全、准确，不能残缺、模糊，当采取某一调查方法不能将需要的工作信息全部收集齐全时，应及时利用其他的方法补充。

(4) 确定信息收集的内容。① 工作活动信息，即公司员工必须进行与工作有关的活动有哪些，他们是如何来执行工作小组的每一项活动，为什么要执行，怎样去执行。② 工作中的行为信息：主要指感知、沟通、决策、撰写等方面的信息，包括工作中对任职者的体力要求，如完成工作需要消耗多少能量，走多远路途等。③ 工作中所使用的机器、工具、设备以及其他辅助工具信息指工作生产加工的对象和材料、员工需要运用的知识、提供的服务等。④ 工作的绩效标准信息：包括工作的质量、数量或工作的每一方面所耗费的时间等，主要确定用什么标准对担任这一工作的人进行评价。⑤ 工作背景信息包括工作的物理环境、工作时间表、工作的组织形式和社会环境、经济激励和非经济激励等。⑥ 对工作人员的要求信息：指工作本身对任职者的知识或技能（包括教育水平、培训经历、工作经验等）和个人特征（包括才能、生理特征、人格品行、兴趣）等方面的要求。

2. 分析阶段

这个阶段是分析工作的核心。对这个阶段的分析主要包括以下四个方面的内容。

(1) 工作名称分析。包括对工作特征的分析与概括、名称的选择与表达。该名称必须明确，使员工一看到工作名称就可以了解大致的工作内容。

(2) 工作规范分析。是指对工作任务、工作责任、工作关系与工作强度等方面的分析。

(3) 工作环境分析。包括对物理环境、安全环境与社会环境的分析。物理环境包括室内、室外、湿度、温度、灰尘等，安全环境包括工作危险性、劳动安全和卫生条件、易患的职业病、患病率及其危害程度等，社会环境则包括与上下级之间的隶属关系以及相互间的协作关系等。

(4) 从事工作条件分析。是指对从事某项具体工作的员工需要必备的知识、经验、技能和心理素质的分析。一般包括工作知识、智力要求、熟练及精确度、经验、教育与训练、身体要求、工作胜任能力等方面。

工作分析阶段的内容很多，分析人员可以视不同的目的，选择其必要的项目进行分析。

3. 形成工作分析

工作分析完成以后，还必须将获得的信息予以整理并写出工作分析报告。通常工作分析报告的结果以工作描述、工作规范、业绩指标、薪酬标准等书面形式来表示。

4. 工作分析中应注意的问题

在进行工作分析及工作说明书编写活动时，必须很好地处理下列一些问题，来保证此项工作的顺利进行。

(1) 管理层的支持。没有管理层的认同和支持，就无法有效地完成工作分析及工作说明书的编写。公司的人力资源部门应协助管理层筹划建立相关政策和确定方向，并且将这个信息传递给公司领导，获得管理层一致的支持。有关的信息不需要包括详细的程序、表格或方法，但应包括① 此项活动的目的；② 负责带领及管理活动的人、部门或小组；③ 完成活动的时间表；④ 如果遇到争执的局面或疑难问题，谁会负责解释及作最终决定（通常是由总经理作出最后决定）。

(2) 管理层与下属的合作。公司不同层次主管与下属一起直接参与工作说明书的编写。因为公司主管需要策划及分配下属岗位职权和任务,并与人力资源部门合作完成各岗位的工作说明书。三者往往需要相互间的反复磋商,才能确定一份说明书。

公司主管具体工作就是将编写工作说明书的工作任务告之下属,要详细地向下属说明编写工作说明书的目的、方法、程序及说明书对个人、机构的影响。

公司应鼓励主管与下属进行沟通,达成彼此理解及愿意接受的说明书,因为以后个人工作表现的评估在很大程度上以工作说明书为依据,公司主管可选择以下途径完成编写职位说明书工作。

途径 A:给予下属指导后(必要时应由人力资源部门负责人一起给予下属指导)由下属自己编写工作说明书,其后由管理者收集,与下属讨论、分析、修订,再由人力资源部门确认,呈交公司高层领导审核。

途径 B:主管自己负责编写所有直接下属的岗位,完成后与下属讨论,经修订同意后再由人力资源部门确认并呈交高层领导审核。

通过途径 A 得到的说明书的优点是:可以让下属有被尊重的感觉,会产生较大的工作投入感及积极性。但主管则需要有极大的耐心,容忍他们出现的错误,并能够给予足够的时间多次沟通和指导,这种具有民主性及互相沟通的从属关系会令下属有完成自己所定工作目标的强烈责任感,会对工作的开展有意想不到的好处。途径 B 的好处是较省时,但主管必须充分了解下属的工作性质、范畴及应有的表现,还要获得下属对所分派工作的认同,才可以在日后顺利开展工作。

无论公司采取何种方法,人力资源部门主管都需要承担以下责任,以保证工作说明书对公司的贡献。

① 协助有关的主管及其下属了解如何编写工作说明书;② 跟进编写工作说明书的工作进度;③ 向最高管理层汇报编写工作说明书过程中遇到的困难,同时提供解决方法的建议;④ 工作说明书系统建立后,确保人力资源部门会妥善存放每份说明书,而且会随机构的发展或改变而更新换代。要注意一份工作说明书不会随任职者的去留而改变,因为有关职位的性质及要求并无变更。人力资源部门仍会按照标准聘用新员工。

(三)工作分析运用阶段

此阶段是对工作分析的验证,只有通过实际的检验,工作分析才具有可行性和有效性,才能不断适应外部环境的变化,此阶段的工作主要有两部分。

(1) 培训运用工作分析结果的人员。他们在很大程度上影响着工作分析结果运行的准确性、运行速度及相关费用,因此对他们进行培训可以增强管理活动的科学性和规范性。

(2) 根据分析的结果制订各种具体的应用文件,如职位说明书、薪酬制度、考核制度等。

(四)工作分析反馈与调整阶段

由于公司面临的情况总是在不断地变化,公司中的职位、职责也需要在适当的情况下进行调整，这势必会影响到先前所获得的各种工作分析成果的有效运用。因此，经过工作分析形成职位说明书等成果以后并非就一劳永逸了，对于职位说明书的管理，是一个动态的过程，应贯穿于工作分析的始终。

分析人员在平时也应当时刻关注工作内容的最新变化与调整，收集相关的工作信息，特别是在公司结构调整或公司变革的时期，更是需要不断获取各种反馈意见，修正或更新工作说明书以及其他工作分析的成果。

第三节 工作分析说明书

工作分析的结果是形成工作说明书。工作说明书应包括工作描述和工作规范。

一、工作描述

（一）工作描述的含义

工作描述表现为有关工作流程与行为的描述，反映该项工作区别于其他工作的信息，说明有关的工作是什么、为什么要做、应该怎样做、在哪里做等详细的描述。

工作描述的主要功能是让员工了解工作的概要，建立工作程序与工作标准，阐明工作任务、责任、职权，有助于员工的聘用、考核和培训等工作的实施。

（二）工作描述的主要内容

工作描述的主要内容包括工作识别、工作编号、工作概要、工作关系、工作职责、工作条件与工作环境等方面（如表 2－3 所示）。

表 2－3 工作描述所包括的内容

工作的基本资料	名称、别名称、代码、绩效工资等级、地点、报告关系
工作任务概要	对任务、工作目的、产品或服务简练而完整的陈述
工具	机器、工具、设备、工作求助
材料	原材料、货物、物质、数据以及工作者的其他材料
技术和方法	将投入转换为产出的方法
指导和控制	有关产出的数量和质量，运用的方式或方法，员工行为及结果的模式
任务/行为	对所做工作的描述，包括员工与数据，以及那些对他完成工作有指导作用的规定之间的关系
环境	工作中的物理、心理和情感因素，雇用条例和状况，与其他工作之间的联系
补充信息	没有包含在以上各项中，但对于实现操作目标、限定工作条件来说是必不可少的细节

1. 工作识别

工作识别又称工作标志，其作用是将该工作与公司中的其他工作区分开，主要包括工作名称、工作地点等方面的内容。

2. 工作编号

工作编号又称岗位编号、工作代码。进行工作编号的目的是便于对工作进行查找。公司中的每一种工作都应有一个相应的代码，这些代码代表了工作的一些重要特征，如工资级别。

3. 工作概要

工作概要就是用简练的语言文字阐述工作的总体性质、中心任务和要达到的工作目标。

4. 工作关系

工作关系是指任职者与公司内部其他人员之间的关系。工作关系主要包括所属工作部门、直接上级岗位、直接下级岗位、此工作可晋升与平调的岗位等。可见，工作关系不仅表示了公司中的权力关系，而且也是员工职业发展的重要方向，包括员工可能要走的晋升路线。

5. 工作职责

工作职责包括工作的职能与责任，是对工作描述的主体。与工作概要相比，它提供的是关于工作职责的描述，包括工作的所有主要职责及要求。一般来说，工作职责应逐条指明工作的主要职责、工作任务、工作权限等。

6. 工作条件与工作环境

对工作条件与工作环境的分析一般应包括工作场地、工作环境的危险性、职业病、工作时间、工作均衡度、工作环境的舒适度等内容。

二、工作规范

（一）工作规范的含义

工作规范，又称为任职资格说明书，它是工作分析结果的一个组成部分，主要说明从事某项特定工作的人员需要具备的基本素质和条件，它规定了完成工作所需要的最低要求。由于工作规范对任职者的个人特征作出了详细说明，因而对公司进行人员招聘和员工培训等方面的工作具有重要的指导作用。

（二）工作规范的主要内容

工作规范的内容主要包括四个方面：① 一般条件，如性别，年龄、学历、专业等；② 生理素质，如健康状况，运动的灵活性，感官的灵敏度等；③ 心理素质，如领导能力，公司计划能力，判断分析能力，团队精神，创造性，事业心等；④ 工作经验与必要技能，如工作经验，业务培训，外语要求等。表 2－4 是某汽车公司为招聘销售经理编写的工作规范。

表2-4 某汽车公司销售经理的工作规范

职位名称	销售经理	
任职条件	必备条件	理想条件
性别	男女不限	男性
年龄	25~35岁	35~40岁
学历与专业	大学本科以上学历 汽车经营/市场营销/工商管理	硕士研究生以上学历 汽车经营/市场营销/MBA
工作经验	3年以上汽车销售经验	5年以上汽车销售经验
基本素质	领导能力,公司计划能力,判断分析能力,团队精神,创造性,事业心,责任心	
其他要求	身体健康、英语六级以上	

三、工作说明书的科学编制

在编制工作说明书的时候,需要注意以下几个方面。

1. 要获得公司最高管理层的支持

公司最高管理层对工作分析和工作说明书的意义的认同和支持对于人力资源管理层有效的完成工作及编写工作说明书具有决定性作用。

2. 员工的参与和配合

人力资源部门在编写工作说明书时,公司其他各部门的主管以及员工应该积极参加人力资源部的相关工作,人力资源部也应做好充分的准备工作,向全公司员工宣传制订工作说明书的意义。

3. 工作说明书应该清楚明确、具体又简单

人力资源部门在界定工作时,应尽量使用简明的词语来描述工作目的和范围、责任权限的程度和类型、技能要求等。另外,文字措辞方式应保持一致,文字叙述应简明清晰。

4. 建立动态更新制度

人力资源管理者必须随公司机构的变化及时修订工作说明书。如果公司机构改变了,而工作说明书仍是原来的一套,其作用就不能发挥出来。随之而来就会出现工作重叠、职责混淆、管理分配不平衡等问题,相应的工作效率缺乏、员工丧失积极性、利润下降等现象也会相继产生。

四、工作设计

(一)工作设计的概念

通过工作分析形成的工作说明书,对公司岗位的工作要求和任职资格都进行了规定,可以

保证公司工作的职责分明和协调的配合,但过细过严的职责描述会限制员工在工作中的自主性和创造力,同时,公司面临的岗位职责变化、人员结构调整、外部环境变化等情况,使得原有的工作安排不一定继续成为一种有效的工作完成方式。因此,为了有效地完成公司目标与满足员工个人需要,公司应依据内、外环境的变化、公司发展的不同阶段、公司目标等因素要对工作任务进行重新组合,设计符合员工特点的职位,以提升公司绩效,这个过程就是工作设计。工作设计是工作分析的延续,工作设计要关注公司绩效和员工工作满意度的结合。良好的工作设计要兼顾公司效率、公司弹性、员工工作有效性、员工激励与职业发展的需要。

(二)工作设计的基本原则

工作设计是十分重要的科学管理技术,好的工作设计是做好工作的先决条件。现代工作设计十分强调工作环境质量的改进,力求做到员工与工作的完美配合,在提高工作效率的同时保证较高的工作满意度。为此,在工作设计中必须坚持以下原则。

1. 效率原则

工作设计应使工作活动具有更高的输出效率,有效地改进、提高工作效率,通过良好的工作设计,使公司员工更好地明确工作职责与分工范畴,形成良好的工作协调与合作关系,提高公司活动的有序性、均衡性与连续性,创建符合员工个体特性的工作活动模式,促进员工能力的充分发挥。工作的简单化与专业设计有助于员工较快地提高工作熟练程度,迅速掌握工作方法、积累工作经验,有助于发挥劳动特长。工作的简单化和专业化一度曾被视为提高工作效率最有效的法宝。但专业化程度如果太高也会导致工作单调乏味,令人生厌,反而会造成工作效率下降,专业化还有一个投资和社会发展问题。

2. 工作生活质量原则

工作设计应符合员工对工作生活质量的要求。工作生活质量体现了员工与工作各个方面之间的关系,反映了员工生理与心理需要在工作中得到满足的程度。工作生活质量的提高,可使员工对工作产生更为满意与向往的心情,增强归属感,并由此形成良好的公司气氛,提高公司的活动效能。工作生活质量要素包括:工作的挑战性和吸引力、工作的自主性与自由度、工作的多样化与丰富化、合理的工作负荷与节奏、安全舒适的工作环境、工作中个人需要与个性特点的满足、员工之间的良好工作关系等。

3. 系统化设计原则

工作设计是一项复杂的系统工程,工作设计应充分考虑工作中各个方面的影响,包括公司体系、工艺技术、管理方式、工作者、工作环境等。努力寻求各方面因素的最佳组合,使之在工作系统中构成良好的协调关系。

(三)工作设计的内容

工作设计涉及工作系统的各个方面,内容包括工作任务、工作职能、工作关系、工作结果、对工作结果的反馈、人员特征、工作环境等。

1. 工作任务

要考虑工作的性质是简单重复还是复杂多样的,工作要求的自主性程度怎样,以及工作的整体性如何。

2. 工作职能

工作职能指每项工作的基本要求和方法,包括工作责任权限、工作方法以及协作要求等。

3. 工作关系

工作关系指个人在工作中所发生的人与人之间的联系,谁是他的上级,谁是他的下级,他应与哪些人进行信息沟通等。

4. 工作结果

工作结果主要是指工作的成绩与效果,包括工作绩效与工作者的反应。工作绩效是指工作任务完成所达到的数量、质量和效率等各方面具体的指标;工作者的反应是指工作者对工作的满意程度、出勤率和离职率等。

5. 对工作结果的反馈

对工作结果的反馈主要是指工作本身的直接反馈(如能否在工作中体验到自己的工作成果)和来自别人对所做工作的间接反馈(如能否及时得到同级、上级、下属人员的反馈意见)。

6. 人员特征

人员特征主要包括公司对员工的需要、兴趣、能力、个性方面的了解,以及相应工作对人员特性的要求等。

7. 工作环境

工作环境主要包括工作活动所处的环境特点、最佳环境条件及环境的具体条件等。一个好的工作设计可以减少员工单调重复性工作的不良效应,充分调动员工的工作积极性,也有利于建立公司整体性的工作系统。

(四)工作设计的一般步骤

为了提高工作设计的效果,在进行工作设计时应遵循以下几个步骤进行。

1. 需求分析

工作设计的第一步就是对原有工作状况进行调查分析,以决定是否应进行工作设计,应着重在哪些方面进行改进。一般来说,出现员工工作满意度下降和积极性较低、工作情绪消沉等情况,都需要进行需求分析。

2. 可行性分析

在确定要进行工作设计后,还应进行可行性分析。首先应考虑该项工作是否能够通过工作设计改善工作特征;从经济效益、社会效益看,是否值得投资。其次应该考虑到员工是否具备从事新工作的心理和技能的准备,如果需要,就要进行相应的培训学习工作。

3. 评估工作特征

评估工作特征是在可行性分析基础之上,正式成立工作设计小组负责工作设计小组成员应包括工作设计专家、管理人员和一线员工，由工作设计小组负责调查、诊断和评估原有工作的基本特征，进行分析对比，提出合理的需要改进方面的建议。

4. 制订工作设计方案

根据工作调查和评估的结果，由工作设计小组提出可供选择的工作设计方案。工作设计方案包括工作特征的改进对策以及新工作体系的工作职责、工作规程与工作方式等方面的内容。在确定方案后，可选择适当部门与人员进行试点工作，检验结果。

5. 评价与推广

根据试点工作情况对工作设计的效果进行评价。评价主要集中在三个方面：(1) 员工的态度和反应；(2) 员工的工作绩效；(3) 公司的投资成本和效益。如果工作设计效果良好，应及时在同类工作中进行推广应用，并在更大范围内进行工作设计。

（五）工作设计的方法

1. 工作专业化

虽然工作过于专业化，可能会使员工们感到厌烦，导致工作效率下降，但工作专业化的原则，至今还在继续指导着许多公司的工作设计，如生产工人仍然在装配线上从事简单、重复的工作；办公室职员坐在计算机前执行标准化的任务；甚至护士、会计及其他职业人员也发现，他们的许多工作任务，都只是要求他们从事狭窄的专业化活动。

2. 工作轮换

工作轮换就是为减轻少工作的厌烦感，而把员工从一个岗位换到另一个岗位。工作轮换的优点在于：第一，通过丰富员工工作的内容，减少员工的枯燥感，来激发员工的工作积极性，提升员工的自身竞争力；第二，它可以为员工提供一个个体行为适应总体工作的适宜环境，增加员工对自己的最终成果的认识；第三，这种方法能够扩大员工的技能范围，这样，在公司需要重新安排工作、填补职位空缺时，具有很大的灵活性。

当然，工作轮换也存在一些不足之处：第一，工作轮换会使培训费用增加。因为要使员工改变不同于以前的岗位，还要他们继续保持同样甚至更好的效率，就需要对他们进行多方面培训和教育；第二，当员工在原先的岗位上工作效率已经很高时，如果这时将其轮换到另一个工作岗位，势必会影响到公司现有的生产效率；第三，当员工的工作环境改变以后，员工也需要适应环境，调整和适应自己与周围人的关系，这需要管理人员付出更多的精力来处理这些来自人际关系方面的问题。

3. 工作扩大化

增加员工工作任务的横向多样性的另一种早期努力是工作扩大化。这一方案使工作范围增大，也就是增加了一个岗位所完成的任务数目，减少了工作循环重复的频率。工作扩大化通过增加一个员工所执行的工作数目，在一定程度上也实现了工作的多样性。

工作扩大化导致高效率，是因为不必把产品从一个人手中传给另一个人手中而节约了时间，从而提高了员工的工作效率。

4. 工作丰富化

工作丰富化就是增加工作的深度。这意味着,工作丰富化允许员工参与对他们工作的指导和再设计,如他们被获准承担一些通常由他们的主管人员完成的任务。工作丰富化后应当允许工人们以更大的自主权、独立性和责任感从事一项完整的活动,而且还应该可以提供反馈,使员工自己评价和改进自己的工作绩效。

美国花旗银行在工作丰富化方面有一些成效。花旗银行发现,在后方办公室处理公司的所有金融交易的员工出现了严重的工作延误和难以接受的高失误率,问题的根源被认定为该领域的工作设计不合理。为使每个人能一再重复地完成一项单一的常规任务,工作被分割得很细。花旗银行的管理当局对这项工作所服务的客户类型进行了工作丰富化设计,任务被组合起来,给予每个员工一项完整地对特定产品领域的一小组顾客进行文件处理和客户服务的任务。

在新设计的工作中,员工直接与顾客接触并了解有关情况,并负责采取措施予以解决。结果这一工作丰富化方案不仅改善了工作质量,提高了工作效率,也使员工的积极性和满足感得到提高。

花旗银行的例子并不能作为证明工作丰富化具有各方面优点的证据,该证据只是说让工作丰富化有助于减少旷工,降低离职流动成本,但在工作效率这一关键问题上其证据并不具有说服力。在有些场合,工作丰富化提高了生产率;而在另一些场合,工作丰富化却使生产率下降了。还有一些其他的工作设计方法,如建立工作团队,压缩工作周期,实行弹性工作制、工作分享制等都可以影响到工作丰富化。

第四节 岗位评价

一、岗位评价的含义及假设

(一)岗位评价的含义

岗位评价又称为职位评估、工作评估或岗位测评等,它是基于工作分析对各岗位的责任大小、工作强度、工作复杂性、所需资格条件等特性进行的一种评价,来确定岗位相对价值的过程。岗位评价可采用以下四种方式进行。

(1) 由公司的专门委员会进行组织,委员会的构成与被评价岗位的类型和要求相关;

(2) 公司的人力资源部负责岗位评价项目的管理和具体实施;

(3) 由专门的人力资源顾问机构负责评价工作的进行;

(4) 聘用专门的外部顾问对公司的人力资源管理人员培训,指导人力资源管理人员完成岗位评价工作。

（二）岗位评价的假设

（1）如果岗位承担的责任和风险大，就会对公司的目标贡献和影响大，那么对岗位评价的等级就会很高；

（2）如果岗位所需要的知识和技能比较高深，那么岗位被评价的等级也会很高；

（3）如果岗位工作难度越大、越复杂、所需付出的努力越多，那么被评估的等级也会越来越大；

（4）如果岗位工作环境越严格，被评估的等级也会越来越高；

（5）如果岗位等级越高，那么薪酬水平也会越高。

二、岗位评价的基本方法

（一）排列法

排列法是在不对工作内容进行分解的情况下，由人力资源管理人员凭借工作的经验和判断，将各项工作岗位的相对价值按高低次序进行排列，确定某一工作岗位与其他工作岗位的关系。

排列法的工作步骤如下。

（1）工作分析。由人力资源管理人员组成评价小组，做好相应的基础准备工作，然后，对工作岗位展开全面调查，通过网络收集相关方面的资料、数据，在规定的时间内完成调查报告。

（2）选择标准工作岗位。在调查的基础上，征求员工选择标准工作岗位的意愿，确定选择的标准工作岗位，它必须广泛分布于现有的岗位结构之中，相互间的联系在员工中得到广泛认同；能代表岗位的职能特性和要求；对标准工作岗位选取的数量一般可确定在总岗位的10%～15%之间；建立一个用以排列其他岗位的结构框架。

（3）岗位排列。人力资源管理人员需要对有关工作进行全面了解。实际岗位排列过程中，岗位不仅需要与标准岗位相比，也要同以排列好的岗位相比。排列后岗位的等级应该呈现金字塔形状。

（4）岗位定级。按评定标准对不同岗位的重要性给出评定，将各岗位的评定结果进行汇总，用序号和除以评定人数得到每一个岗位的平均序数，按平均序数的大小，由小到大评定出岗位相对价值的次序。

例如，评价小组由甲、乙、丙三人组成，对公司的A，B，C，D，E，F，G七个岗位进行评价工作，评价结果如表2－5所示。

表 2-5 岗位定级表

岗位	A	B	C	D	E	F	G
甲评定结果	1	-3	4	2	5	6	7
乙评定结果	2	1	4	3	—	5	—
丙评定结果	1	—	2	3	6	4	5
评定序数和(Σ)	4	4	10	8	11	15	12
参加评定人数	3	2	3	3	2	3	2
平均序数	1.3	2	3.3	2.7	5.5	5	6
岗位相对价值的次序	1	2	4	3	6	5	7

排列法的优点是:① 简便易行,给人直观表现;② 对不同岗位做了一个整体的评价,避免了由于工作要素分解可能引起矛盾和不同观点。

排列法的缺点是:① 如果工作岗位数量多任务又不相近时,就不好找到所有工作内容都熟悉的评定人员;② 评价主观,缺乏严格的、科学评价标准,评价结果弹性大,容易受到其他因素的影响;③ 排列法本身并不能为等级划分提供依据,而且也无法衡量工作等级间的差异大小;④ 只适用于生产比较单一、岗位比较少的中小型公司。

(二)分类法

分类法也叫归级法,是排列法的一种改革。它是在工作分析的基础上制定的一套职位级别标准,然后将职务与标准进行比较,将他们一一归结到各个级别中去,其工作步骤为:① 工作分析;② 岗位分类;③ 建立等级结构和标准;④ 岗位测评排列。

分类法的优点是:① 应用比较简单,需要的经费、时间和人员比较少,在生产任务不太复杂的部门,可以在较短的时间得到满意的成绩;② 由于对等级标准的制定具有一定的依据,产生的结果必然比排列法客观准确;③ 当由于市场变化需要新产品时,容易按照等级标准迅速确定等级;④ 可以灵活应用,适应性比较强,可以在劳资双方出现矛盾时提供依据。

分类法的缺点是:① 岗位等级的划分和界定有一定难度,具有一定程度的主观性;② 区分比较粗糙,只是将岗位做了一个归级,却无法定量地来衡量职位间价值的量化关系,如果直接运用到薪酬体系中还需要进行探讨。

例如,某公司分类体系中使用的要素是 ① 所需要的判断力;② 需要具有创造性的思维;③ 接受和实施的监督;④ 任务的复杂性和灵活性;⑤ 人际关系;⑥责任和态度;⑦经验或熟悉程度;⑧需要掌握的知识。

(三)配对比较法

配对比较法也叫相互比较法,也就是将需要进行评价的所有岗位排列在一起,然后两两配对比较,对价值较高者加一分,最后将各岗位所得分数相加,分数最高者他的等级就被认为是最高的,然后按分数的大小排列,就可得到岗位等级的高低。通过计算平均序数,可得到岗位相对价值的次序,如表 2-6 所示。

表2-6 配对比较法的基本操作

比较职务	A	B	C	D	E	F	G	得分总计	排序
A	—	1	1	0	1	1	1	5	2
B	0	—	0	0	1	0	1	2	5
C	0	1	—	0	1	1	1	4	3
D	1	1	1	—	1	1	1	6	1
E	0	0	0	0	—	0	0	0	7
F	0	1	0	0	1	—	1	3	4
G	0	0	0	0	1	0	—	1	6

(四)要素计点法

要素计点法又称为点数加权法、点数法，是目前大多数国家最常用的方法。这种方法是先选定若干关键性评价要素，并确定各要素的权数，将每个要素分成不同的等级；并赋予一定的分值，称为点数；就可以按照各要素进行评估，计算每一个岗位的加权总点数，就可以得到每一种岗位的相对价值。

要素计点法实施的具体步骤为：

(1) 确定评价要素及权数；

(2) 定义评价要素，划定要素等级；

(3) 各要素等级点数配给；

(4) 岗位评价，计算点数，确定岗位相对的价值。

要素计点法的优点：① 可靠性强，主观随意性小；② 客观的评价使结果容易被员工接受；③ 通俗，易于推广。

要素计点法的缺点：① 时间较长，还需要投入大量的人力；② 评价要素定义和权重确定有技术难度，难于操作；③ 没有完全的反映出客观性和科学性，要素的选择、等级定义和要素权重确定都有一定的主观因素。某公司岗位评价的要素计点如表2-7所示。

表2-7 某公司岗位评价的要素及其权数、点数分配表

	工作知识		工作能力		工作压力		工作环境
	基础知识	实务知识	思考力	交涉力	约束力	工作量	
	20	25	20	15	10	5	5
1(总100点)	20	25	20	15	10	5	5
2(总200点)	40	50	40	30	20	10	10
3(总300点)	60	75	60	45	30	15	15
4(总400点)	80	100	80	60	40	20	20
5(总500点)	100	125	100	75	50	25	25
注：岗位评价要素总点数为500点							

案例分析

我们为什么只拿这么少的薪水？

“我们为什么只拿这么少的薪水？”这是伟业公司许多员工发出的疑问。伟业公司是一家从事各种文化活动策划、设计、组织等业务的公司，在同行业里属于经营效益较好的，因此，公司的平均薪酬水平高于市场水平。但大家仍然对自己的薪酬感到不满意。

原来，伟业公司实行的是一套比较简单的薪酬制度，这套制度将职位按照责任大小分成四个等级：员工级、主管级、经理级、高层管理。每个等级里又分两个档，本着向业务倾斜的原则，业务开发部和项目管理部这两个部门取其中的较高档，其他部门取其中的较低档。于是问题就出现了。

有些部门（如创意设计部）认为，职务高未必贡献大，薪酬应该和贡献相联系。公司大大小小的业务主要靠他们的工作才能成功，他们的贡献理应是很大的，与行政事务部这样的部门比较起来，他们的技术含量高、工作难度大、贡献大，但是就因为我们不是主管，就比他们拿得薪酬低，这样太不合理了。

其实部门主管、经理等管理人员也有意见。他们认为，每个部门的工作量、任务难度是不同的，不应该所有部门都一刀切，应有所差别。还有的部门主管人员认为，如果出了问题，主管所承担的责任要比员工大得多，所以，主管薪酬与员工的差距应拉得再大一些。

讨论题

怎样做才能对这些不同的意见给出大家都能满意的答复？

模拟训练

撰写华源电脑公司各种岗位的工作说明书

李涛是一个很有理想、有抱负的大学毕业生，大学期间他在一家电脑销售公司里兼职工作了两年，积累了许多工作经验和客户资源，毕业后他决定与几个好友一起创业。李涛在大学学的是工商企业管理专业，宋歌学的是市场营销专业，刘强学的是计算机应用专业，钱勇学的是财务会计专业。四个年轻人说干就干，他们坐在一起对电脑公司作了一下规划。公司的主业是从事电脑销售和服务工作，公司的名字叫华源电脑公司。结合各自的专业、经历和各自的特长等，他们四人做了分工：李涛负责公司的全面管理工作，职务是 CEO；宋歌负责公司的市场营销管理工作，职务是 CMO；刘强负责公司的业务及售后服务工作，职务是 CQO；钱勇负责公司的财务管理工作，职务是 CFO。四人心中充满了创业的激情，所以华源公司的筹备工作很快就完成了。

在他们父母亲的支持和资助下，四人各自出资 2.5 万元总共 10 万元，作为公司的注册资金，并在当地租好了办公室，因为国家政策鼓励大学生自主创业，所以他们顺利地在当地工商部门注册了华源电脑公司并在税务机关等部门办理了相关手续。当他们四人坐在公司办公室后，他们当务之急就是研究制定公司的各种管理制度，特别是管理机构与岗位职责。怎样设置机构与岗位和如何进行岗位分析，这项工作主要由 CEO 李涛负责。

在这个训练中，首先通过竞争推选四位同学分别扮演李涛、宋歌、刘强和钱勇。其他同学可分组进行，一般以每组 3 ~5 人为宜。老师可指导李涛等设置华源电脑公司的机构与岗位，然后由各个小组在调查研究的基础上，根据各岗位的职责、权力和责任、素质和资格要求，撰写公司各种岗位的工作说明书。调查在每周课余时间进行，工作说明书以小组名义并以书面材料呈交给指导老师，且各小组选择一人在课堂发言，时间控制在 2 分钟/陈述人，最后由老师作点评。

本章知识点

1. 工作分析的概念、作用、意义与原则；2. 工作分析的方法；3. 工作分析的流程；4. 工作描述的含义与内容；5. 工作规范的含义、内容；6. 工作说明书的编制方法；7. 工作设计的概念、原则、内容、步骤和方法。

思考题

1. 什么是工作分析？它有什么作用？
2. 工作分析的内容有哪些？
3. 工作分析的方法有哪些？
4. 请描述工作分析的程序。
5. 工作评价的方法有几种？

第三章 人力资源战略与规划

【学习目的与要求】

通过本章的学习，要了解人力资源战略和人力资源规划的概念和类型，人力资源战略的相关因素和人力资源战略的内容。着重掌握人力资源战略与公司战略的整合关系，人力资源战略的过程，人力资源战略的程序和人力资源的预测平衡。

【基本概念与定义】

人力资源战略的定义、特征、类型，人力资源战略的因素分析及人力资源战略的过程，人力资源战略的定义、种类、内容与程序，人力资源规划的概念，人力资源规划的内容，人力资源的预测与平衡。

【案例】

人力资源战略规划

华为公司曾经是一个名不见经传的民营企业，在短短的十几年间，发展成我国国内利润率最高、研发投入率最高百强企业之一。究其成功的原因，其中重要的因素之一是其按照战略目标制订了人力资源规划，并大规模的进行了相关的人才储备。

华为创业之初仅有10多人，逐步增加到100多人，20世纪90年代以后，在确定了“华为将长期专注于通信网络，从核心层到接入层整体解决方案的研究开发，同时以标准的中间件形式向用户提供开放的业务平台，并关注宽带化、分组化、个人化的网络发展方向”的战略方向之后，华为进行了人力资源的各项规划，开始了大规模的人才引进和储备。1998年到2000年，平均每年的员工增长人数在3 000～4 000人左右，居国内首位。以1998年为例，中国科技大学1998年毕业的研究生除继续在国内外求学的，有400人左右参加了工作，其中近90人到了华为；而原华中理工大学有近200人到了华为。到2001年华为已有员工15 000余人，其中85%的员工具有本科以上的学历，45%的员工具有硕士、博士、博士后学历，员工平均年龄27岁；从人员结构看，科研人员占40%，市场营销和服务人员占35%，生产人员占10%，管理及其他人员占15%。实力雄厚的人才储备为华为的可持续发展奠定了良好的基础,在市场激烈的竞争中处于优势地位。

在案例中值得关注的是,华为对人力资源的战略规划并非中规中矩,按照供给和需求的预测作出的,而是更多的从切断竞争对手补给线的战略高度出发制定实施的,正是基于人力资源规划的战略措施,才为华为的发展奠定了雄厚的基础,同时也对其他竞争对手产生了巨大的压力。从案例中可以看出,人力资源的战略规划有利于公司发展战略目标的制定和实现,有利于人力资源的合理配置和人力资源的动态平衡,可以提高人力资源管理的效率,提高公司的竞争力。因此,任何公司必须提高重视人力资源的战略规划工作。

第一节 人力资源战略概述

一、人力资源战略的概念

(一)人力资源战略的定义

人力资源战略(Human Resource Strategy,简称 HRS)是一项系统的战略工程,它以公司发展战略为指导,以全面核查现有人力资源、分析公司内外部条件为基础,以预测公司对人员的未来供需为切入点,内容包括晋升规划、补充规划、培训开发规划、人员调配规划、工资规划等,基本涵盖了人力资源的各项管理工作。19 世纪末期,出现了一系列的现代公司管理理论。人力资源管理正是随着这些管理理论的发展而发展。在西方国家,从人力资源管理在公司管理中的作用来看,人力资源管理及人力资源规划可以划分为四个重要发展阶段。

1. 人事管理阶段(1930 年之前)

19 世纪末至 20 世纪 30 年代,产生了人事管理学派,他以欧洲的法约尔古典功能理论、韦伯的古典组织理论和美国泰勒的科学管理理论为代表。在人事管理这个阶段,员工在公司的存在不被看作是资源,而只是简单地以人事档案的形式体现。在这段时间的早期并没有专门的人事管理人员,人事工作由主管人员兼任。

2. 人力资源管理阶段(1930 ~ 1960)

20 世纪 20 ~ 40 年代,梅奥作为行为科学早期代表人物提出了人是“社会人”而不是“经济人”的观点,生产效率在很大程度上取决于人的工作态度或士气,“非正式组织”影响着职工的积极性。20 世纪 50 年代,著名管理学家彼得·德鲁克在《管理的实践》一书中提出“人力资源”的概念后,人事管理理论和实践被推进到一个全新的发展阶段——人力资源管理阶段。

3. 人力资源管理发展阶段(1960 ~ 1980)

20 世纪 60 ~ 80 年代末,人力资源管理进入发展阶段,在这一阶段实现了人力资源的系统化管理,人力资源管理理论也有了较为成熟的框架。公司中开始出现人力资源部,负责公司的人事政策制定,根据需求进行人员招聘及管理,并参与公司战略规划的实施。

1977 年,人力资源规划协会(Human Resource Planning Society)的成立为这个正在脱颖而出的管理领域提供了一个教育和研究论坛。1980 年,公司充分精简,很多公司开始极力分散管理,降低管理费用争取变得更精干、更有效。人们对职业规划、灵活工作安排以及与工作绩效相应的奖励更加关心。由于公司愿意雇佣兼职和短期合同雇员来满足人员需求,同时便于减少长期正式雇员数量,因而临时劳动力迅速增加。公司尝试开展一些新的人力资源活动以保持和激励其所需要的雇员。人力资源规划强调管理接班计划、人员精简计划、重构与兼并的执行,以及进行企业文化变革以支持实现公司新的业务重点。

4. 战略人力资源管理阶段(1980 年至今)

在 20 世纪的最后 20 年,人力资源管理的一个最重要变化是把人力资源称为组织的战略贡献者,人力资源管理正在逐步向战略人力资源管理过渡,而对于人力资源"战略",一些学者认为战略人力资源管理的本质是一种"关系",即人力资源管理实践和系统与组织绩效之间的关系;还有一些学者认为战略人力资源管理的本质是一种"适应性",主要包括内部适应性(水平适应性)和外部适应性(垂直适应性),即人力资源管理实践和系统与组织竞争战略之间的适应性。查德威克和凯培利(Chadwick & Cappelli,1999 年)把战略人力资源管理中的战略定义为"人力资源管理实践和政策与组织输出之间的关系"。而 Delery 和 Doty(1996 年)认为战略人力资源管理实践包括七方面的内容:内部职业机会、正规培训体系、业绩测评、利润分享、就业安全、员工意见投诉机制和工作设计。

20 世纪 90 年代以来,制定人力资源规划的方法变得更加注重实效,采取了一些方法去测试公司需求、成本效益、对竞争优势的潜在影响等。研究人员发现,很少有公司运用十年前常见的长期战略。而且,对人才供求的详细定量预测也不大常见。公司开始使用多种工具和技术,导致了战略制定方法的无序而务实。将人力资源规划与战略计划结合起来的方法也被开发出来。在不同的时间和不同的环境下使用不同的战略。公司只注重有价值的战略活动。

2006 年对 500 家美国大公司调查的结果表明,在这些最大的公司中,有 1/2 的公司有正式的人力资源战略,且只有 1/3 的公司把它看成是公司战略的组成部分。形成这种结果的原因之一是缺乏操作性较强的战略模型及合格的战略人员。目前预测的技术和模型已经变得越来越复杂,甚至连大多数的人力资源专家和经理也很难看得懂,但这些模型和计算的结果是否真实反映公司的现实,反映出公司真正面临的问题,越来越多的人表示怀疑。如果单单强调建立这样或那样的模型,常常会不能了解真正的管理现实,损失与人互动的机会。西方发达国家组织的人力资源战略目前正朝着短期、实用、灵活和更为追求效益的方向发展。

美国人力资源管理学者舒勒和沃克(Schuler & Walker,1990 年)认为,人力资源战略是"程序和活动的集合,它通过人力资源部门和直线管理部门的努力来实现公司的战略目标,并以此来提高公司目前和未来的绩效及维持公司竞争优势"。

库克(Cook,1992 年)则认为,人力资源战略是指员工发展决策以及对员工具有重要的和长期影响的决策,它表明了公司人力资源开发与管理的指导思想和发展方向,而这些指导思想和发展方向又给公司的人力资源计划和发展提供了基础。公司人力资源战略是根据公司战略来制定的。

科迈斯·麦吉阿(Comez Mejia,1998年)等人则把人力资源规划定义为:企业慎重地使用人力资源,帮助公司获取和维持其竞争优势,它是公司所采用的一个计划或方法,并通过员工的有效活动来实现公司的目标。

国内学者李佑颐认为:"人力资源战略是根据公司战略来制定人力资源管理战略和方法,并通过人力资源开发与管理活动来实现公司的战略目标。"盖勇在《人力资源战略与组织结构设计》一书中指出:"所谓人力资源战略就是指公司根据内部、外部的环境分析,确立公司目标,来制定出公司的人力资源开发与管理目标。从而通过各种人力资源开发与管理职能活动来实现公司目标和人力资源目标以及维持和创造公司的可持续发展竞争优势的过程。"

虽然许多学者们对人力资源规划的定义有差异,但都认为人力资源战略是一种职能战略,通常情况下,它与营销战略、竞争战略等一样,从属于公司战略,并支持和服务于公司战略的实现。人力资源战略是指公司中一切与人有关问题的方向性的谋划,它是一种旨在充分合理地运用公司中的各种人力资源,使其发挥出最大竞争优势,以配合公司的战略需求,实现公司目标的各种人力资源使用模式和活动的综合。

(二)人力资源战略的特征

人力资源战略与一般性的人力资源开发与管理有着较大的不同,人力资源战略有以下一些特征。

(1) 总括性。人力资源战略提出总体方向,包括各种方案或者活动的战略,涉及多种职能,常常时限会超过一年。

(2) 指导性。人力资源战略提出实现公司战略的行动计划。行动计划包括多种必要的活动以及方案,而且每一种活动及方案都有具体的任务和时限。

(3) 民主性。人力资源规划与公司中其他部门的战略一样,通常也要经过自上而下或者自下而上的方式来制定。

二、人力资源战略的类型

人力资源战略是有关人力资源系统和措施的决策模式,指导公司的人力资源开发与管理活动的进行,它使人力资源开发与管理的各项活动之间能够有效配合,使效率达到最大。不同的人力资源战略的类型对人力资源开发与管理活动有着不同的影响。

(一)建立在雇主-员工交换关系基础上的人力资源战略

这种人力资源战略有两个假设:雇主把员工看成资产,还是把员工看作不变成本;员工关系是内部劳动力市场还是外部劳动力市场。根据这两个假设,舒尔将人力资源战略分为三种类型。

1. 积累型战略

积累型(accumulation)战略是用长远的观点来看待人力资源管理,注重对员工的培训,通过公司内部甄选来获取匹配的人才，制定制度，例如，采用终身雇佣制以公平原则对待员工。在这种制度下，员工的晋升速度慢，常采用以职务及年资标准，员工之间的落差不大。

2. 效用型战略

效用型(utilization)战略是用短期的观点来对待人力资源开发与管理，提供较少的培训。一般在公司不同的职位出现空缺的时候，可以立即进行填补，而不是终身雇佣制。在这种制度下的员工晋升速度快，常采用以个人为基础的薪酬制度。

3. 协助型战略

协助型(facilitation)战略介于积累型和效用型的规划之间，个人不仅需要具备技术性的能力，同时也要保持良好的人际关系。在培训方面，主要以员工个人的投入为主，公司只是提供协助。

当公司把人力资源作为一项资产的时候，就会给予他们更多的培训，如积累型战略；而当公司把人力资源作为公司成本的时候，则会提供较少的培训，使成本降低，如效用型战略。

(二)建立在雇主监督－控制员工绩效基础上的人力资源战略

美国康奈尔大学的戴尔和霍德从控制的角度提出三种人力资源战略。

1. 诱引战略

采取诱引战略的公司强调成本控制，管理人员较少，采取一定措施保证连续投入或导致连续产出。公司会通过丰厚的薪酬去吸引、诱惑和培养人才，从而形成一支数量少且基本稳定的精英员工队伍。公司强调目标承诺，同时需要工作职责明确，工作报酬主要参考个人努力程度。一般而言，处于激烈竞争环境的公司常常采用诱引战略。

2. 投资战略

投资战略常被差别化的公司所采用。它会聘用大量员工，建立人才储备库，注重员工的开发和培训，重视员工的发展，将员工作为投资的对象，鼓励员工积累内部知识，并以情感作为联系的纽带维持良好的劳动关系。

3. 参与战略

参与战略强调员工的参与，员工要有一定的自主权、较大的决策权和制度制定权。在规划实施的过程中十分重视团队建设、自我管理和授权管理。

戴尔和霍德认为人力资源战略主要实现四种目标：承诺、贡献、组合和能力。承诺指员工对公司的忠诚度；贡献指对员工绩效水平的期望，如效率、创造性和创新能力；组合指员工的构成，如性别结构、技能结构、年龄结构等；能力指员工的知识和技能水平，员工实现公司战略目标的能力。

因此对于公司不同层次的员工，可以对其采取不同的人力资源规划方式进行管理。总的说公司应该建立起以“参与战略为核心，诱引战略和投资战略为辅”的人力资源战略体系。然而这一人力资源战略体系能否发挥作用，还取决于人力资源战略与公司战略的整合程度。

三、人力资源战略与公司战略的整合

人力资源战略是公司战略的一项重要的职能战略,公司人力资源战略是以公司战略为依据,同时又影响着公司战略的制定和执行。

传统的人事管理工作注重的是对国家和上级主管部门有关政策、规定的贯彻、运用,强调的是政策性和原则性,不太关心公司业务的发展状况,而现代公司的人力资源管理则强调的是人才资源的战略,其主要包括开发、薪酬制度设计、绩效评价、人力资源管理制度创新。要准确把握时代特征,遵循其特点和规律,提高公司人力资源管理的科学性和整体水平,推进公司科学发展。人力资源战略的发展趋势如下。

(1) 战略化趋势。人力资源部门由事务性职能部门走向战略性部门。人力资源部门应当把一些非核心的、过于细节化的传统性人事管理业务、行政性和总务性事务分离出去,集中精力更多地从事人力资源政策的制定、执行,帮助中高层主管进行甄选员工的教育、培训、生涯规划等具有全局性、前瞻性、规划性的人力资源管理。

(2) 科学化趋势。由随意性大的经验管理走向科学管理。实现现代人力资源管理的科学化关键要夯实四项基础工作:精简优化公司结构、编写完善的职位说明书、开展职位评价建立职位薪酬体系、建立能力评价体系等。

(3) 专业化、职业化趋势。人力资源管理人员由事务型走向专家型。人力资源管理工作人员必须具备更多的人力资源管理专业知识,要求管理人员向职能专家转变,成为人力资源战略策划专家、开发专家、劳动关系专家以及企业文化专家。

(4) 制度化趋势。由人治走向法治。建立科学的人力资源管理制度,包括计划与招聘制度、绩效考核制度、薪酬福利制度以及用人和晋升制度。同时树立制度的权威性,制度不是拿来看的,而是要严格按照制度来执行,否则就会变成一堆废纸。

(5) 社会化、国际化趋势。人力资源管理由封闭式管理走向开放式管理。经济全球化、国际化的趋势要求人才的全球化和国际化,更要求人力资源开发管理的社会化、国际化。例如,近几年出现的工作外包、劳务外包、职能外包等,是人力资源管理社会化的必然趋势。

(6) 多元化趋势。人力资源激励由单一走向多元。随着社会经济的发展、教育的普及,员工队伍的文化层次迅速提高,员工的需求逐步趋向多元化,人力资源的激励从薪酬独木桥走向薪酬与文化并行,由单一走向多元,已成为现代人力资源管理的必由之路。而且,人力资源管理的重心已从单一的考核评价,转向多层次全方位的绩效管理,已从能力评价转向能力与业绩并重,德与能并重,以德为先,更加侧重于建立动态目标管理的绩效评估体系,体现出评价角度多元化、层次多元化、主体多元化。

(7) 资本化趋势。从单一的金融资本走向金融资本与人力资本并重。人才不仅是再生资源、可持续资源,而且是资本性资源。在现代企业和经济发展中,人才是一种无法估量的资本,一种能给公司带来巨大效益的资本。

(8) 人本化趋势。由以物为中心转向以人为中心。以人为中心,从尊重员工的权利入手,包括尊重他们的人格、自尊,尊重他们的劳动权、休息权、自主择业权、民主参与权、投诉权、培训权等。在此基础上,不断增加人力资源开发的投入,促进员工岗位成才,是实现以人为中心的首要工作。

(9) 信息化、网络化趋势。人才管理实现信息化。信息化、网络化一个最重要的标志就是人力资源管理的电子化。一个公司要想成功实施人力资源管理的电子化,必须具备三个条件:畅通的网络、坚实的基础、规范的流程。

(一)公司战略是制定人力资源战略的前提和基础

人力资源战略是公司的职能战略,服务于公司战略,支持公司战略目标的实现。人力资源规划需要公司管理高层的认可,应符合公司内外各方面的利益,且在得到公司全体成员的一致认同并在公司发展战略的基础之上制定。人力资源战略是在公司战略的大框架下进行设计的,主要考虑人的问题,并且以公司战略中其他职能战略的相关情况作为制定基础和条件。

(二)人力资源战略为公司战略提供信息,保证公司战略实现

人才是公司中最重要的资源,而公司在制定战略的时候一定要考虑公司所面临的内、外部的资源状况,这也是公司制定战略时的约束条件。而人力资源战略可以从内部资源状况和外部环境状况两个方面给公司提供相关的信息。当公司在决策需要内部信息时,人力资源战略可以提供人力资源的状况——人力资源素质、人力资源的工作绩效与改进、人力资源培训与开发的效果、组织结构等情况。在公司决策需要外部信息时,人力资源战略可以提供外部劳动力市场上劳动力供给的情况、竞争对手所用的激励或薪酬设计情况、优秀公司的结构管理方式以及劳动法等相关法律方面的信息等。

战略仅仅是一个构想,只有将其实现才能成为现实。制定战略很重要,执行战略则更为重要。战略执行程度直接决定着公司战略的成败,而人力资源战略是公司战略目标实现的有效保障。公司战略中所涉及的相关内容都需要相应的人员来完成,对于人员的调配、激励、调整以及配套的公司结构的调整等都需要人力资源战略的配合。这就要求人力资源战略要从过去作为公司战略的"反应者"向公司战略的"参与制定者"和"贡献者"转变。

美国的管理学者莱文和米切尔(Lewin & Mitchell)指出,人力资源战略与公司战略的整合,可以帮助公司更好地利用机遇提升公司的内在优势,帮助公司实现其战略目标。表3－1和表3－2列出了当前两者相互关系的两种代表性观点。

表 3-1 公司战略、公司要求及人力资源战略

公司战略	公司要求	人力资源战略
防御者战略:产品市场狭窄效率导向	维持内部稳定 有限的环境预测 集中化的控制系统 标准化的动作程序	积累型战略:基于建立最大化员工参与及技能培训开发员工最大潜能,提高员工的能力、技能和知识
分析者战略:追求新市场,维持目前存在的市场	富有弹性 严密且全面的规划 提供低成本的独特产品	协助型战略;基于新知识和新知识的创造,获取自我激励的员工,鼓励及支持能力、技能和知识的自我发展,注重正确的人员配置及弹性结构化团体之间的协调
探索者战略:持续地寻求新市场、外部导向、产品、市场的创新者	不断地改变使命 广泛的环境预测 分析控制系统度 公司结构的正式化程度低 资源配置快速	效用型战略:基于极少的员工承诺及高技能利用,雇佣具有岗位所需;技能且立即可以使用的员工,使员工的能力、技能和知识与特定的工作相配合

表 3-2 波特的三种企业竞争战略与人力资源战略的配合

企业战略	企业要求	人力资源战略
成本领先战略	持续的资本投资 严格的监督员工 严密的、经常的、详细的成本控制 低成本的配置系统 结构化的企业和责任 产品设计以制造上的便利为原则	高效率的生产 明确的工作说明书 详细的工作规划 强调具有技术上的资格证明和技能 强调以工作为基础的薪资 用绩效评估作为控制机制
差异化战略	营销能力强 产品的战略与设计 基本研究能力强 企业以品质或科技的领导者著称 公司的环境可吸引高科技员工、科学家或具有创造能力的人	强调创新和弹性 工作类别广 松散的工作规划 外部招聘 以团队为基础的训练 强调个人为基础的薪资 用绩效评估作为发展的工具
专一化战略	结合了成本领先战略与差异化战略具有一定的战略目标	结合上述的人力资源战略

第二节　人力资源战略分析

一、人力资源战略的因素分析

(一)外部环境

环境是指某一事物赖以生存和发展的各种外部条件或因素。人力资源存在于特定的环境中,人力资源战略与所处的环境因素之间是相互促进和相互制约的。与人力资源战略相关的外部环境因素主要包括政治法律环境、社会文化环境、经济环境、科学技术环境、人口环境、公司所处的行业环境等。

1. 政治法律环境

政治法律环境是指一个国家或地区的政治制度、体制、国家方针政策以及法律、法规等方面的因素。这些因素制约、影响着公司的发展。政治因素主要针对国家的方针、政策,它对公司的生存与发展有着深远的影响。例如,我国规定达到一定学术成就的人员,可以将户口随着工作地点的变化迁移,并给予优厚的待遇,如几百万元人民币的科研启动基金和几十万元人民币的安家补助费。法律因素是指中央和地方的法规和有关规定,其中与经济法律法规的关系更为密切。经济法律法规是为调整经济活动中的法律关系、发展社会生产力服务的。它规定了公司可以做什么,不可以做什么。例如,20 世纪 90 年代在西方国家中兴起的民权运动,就迫使政府制定了一系列的反对种族、性别、年龄等歧视的平等民权法案,极大地影响了公司的录用、选拔、晋升等人力资源开发与管理活动。在美国有法律明确规定企业中残疾雇员所占的比例,这在一定程度上保障了残疾人的权益,但对企业中公司员工结构设计也产生了一定的影响,在设计工作岗位的时候也要将这些因素考虑在内。再如,随着我国社会的发展和法制的不断完善,劳动保护的相关法律越来越健全,公司不能再盲目地追求产出、效益,而要给员工提供相应的劳动保护措施,这就要求培训的时候不仅要对员工的技能进行培训,对于他们的自我保护能力也需要进行培训。

2. 社会文化环境

社会文化环境是指一个国家或地区居民的受教育程度和文化水平、宗教信仰、风俗习惯、审美观点、价值观念等。这些环境是经过人类社会千百年逐渐形成的,它影响和制约着人们的观念和思维,影响着人们的行为。其次,教育程度和文明水平会直接影响劳动者的基本素质;宗教信仰和风俗习惯、禁忌会抵制某些活动的进行,这对公司的人力资源开发与管理有特殊的要求;审美观点则会影响劳动者对公司活动内容、活动方式以及活动成果的进度;价值观念会影响到劳动者对公司目标、公司活动以及公司本身的认可与否,也会影响企业文化的形成。例如,美国文化受新教伦理的影响,同时强调一种人的自我奋斗精神,于是在早期汽车生产中就形成了大批量的生产方式。而同期的日本,推崇天人合一的精神,在其汽车生产中就形成了精益求精的生产方式。

3. 经济环境

经济环境是影响公司,特别是影响经济型公司的重要的环境因素。经济环境又可分为宏观经济环境和微观经济环境,我们在这里主要讨论宏观经济环境方面。宏观经济环境主要指一个国家的人口数量及其增长趋势、国民收入、国民生产总值及其变化情况,以及通过这些指标能够反映的国民经济发展水平和发展速度的整体特征。它主要包括经济特征、消费者收入与支出、物价水平、消费信贷及居民储蓄等因素。经济的繁荣为公司的发展提供了机会,使公司对人才的需求以及招聘计划、新员工培训计划等有所强化;而经济的衰退则会给公司的生存带来困难。例如,美国的金融风暴对全世界的经济发展影响是巨大的,美国金融危机的出现有其必然原因。从本质上看,这种危机是由于美国低储蓄、高消费的发展模式造成的;从体制机制方面看,这种危机是由于金融疏于监管,管理环节上存在严重的弊病。

人力资源战略就需要在出现经济困难时处理好精简人员的工作。改革开放以来,随着我国经济产业结构的调整,我国的就业和职业模式已经产生极大的改变。目前我国大量的就业岗位已由制造业和农业转向服务业、电信和 IT 产业,这使得许多大国营公司面临减少员工数量的困境,而第三产业却需要大量的就业人员。

4. 科学技术环境

科学技术环境是一个极活跃的因素。它对人力资源战略的影响是很大的。其影响主要体现在以下三个方面。① 公司的机械化和自动化程度的大幅提高使传统的劳动变得单调,一线员工容易产生疲倦并感到枯燥,会影响到工作效率。为了避免这种现象的出现,在公司的管理中需要采用岗位轮换、技术考评、激励等多种方式提高工作的丰富化程度。② 高科技时代,电脑网络化的普及使知识的更新换代越来越快,企业人员传统的技能和知识结构已经不适应知识时代的需求,要在科学技术环境中发展,必须对员工的素质持续地、不断地更新。③ 科技进步进一步加深了企业对掌握先进科学知识的人力资源的依赖。

5. 人口环境

人口环境是指人口的数量、质量和结构,劳动力的供需状况及其趋势,经济发展速度与劳动力供需间的关系,政府和企业对劳动力素质的投入等。人口环境从人力资源供给的角度对人力资源战略带来了巨大的影响,尤其是人员招聘和培训开发等环节。

6. 行业环境

行业环境的特点直接影响着公司的竞争能力。美国学者波特认为:影响行业内竞争结构及其强度的主要有现有厂商、潜在的参与竞争者、替代品制造商、原材料供应商以及产品用户五种环境因素。人力资源战略在设计的时候也需要考虑行业中其他成员所采用的人力资源战略并以此作为本公司制定人力资源战略的参考依据。尤其竞争对手对优秀人员的激励政策等,值得参考和借鉴。

（二）公司结构

公司结构是指公司内部各级各类职务、职位的权责范围、联系方式和分工协作关系的整体框架。它是公司得以运转，开展经营管理的体制的基础。公司结构是随着生产力和科学技术的进步而不断变化的，公司结构的变化会影响到人力资源战略的变化，而一个适合企业的公司结构也需要相应的人力资源战略的支持和配合。

20 世纪 80 年代随着社会环境的剧烈变化，企业与企业之间的竞争日趋加剧，企业纷纷展开了一场公司的变革运动，企业的公司结构开始由传统的金字塔式的层级结构，转向扁平化、网络化、虚拟化发展，从而对人力资源战略产生了重大的影响。

公司结构的变化势必会给人力资源战略带来相应的变化，如公司中对员工数量和素质的需求、公司岗位的工作分析、绩效考核、员工报酬、人员培训与开发等人力资源开发与管理的内容也会随之变化。公司结构与企业管理哲学以及人力资源决策之间的关系如表 3－3 所示。

表 3－3　公司结构与人力资源战略

公司结构	管理哲学与价值观念	人力资源决策的含义
金字塔式	命令与控制	1. 层级化的清晰的晋升路线 2. 清楚的、详细的工作说明 3. 报酬支持、功绩晋升与投入 4. 根据工作需要进行培训 5. 最高层管理者掌握信息
扁平金字塔式	1. 减少层级 2. 工作丰富化 3. 强调工作小组 4. 员工授权	1. 有限的晋升路径，水平晋升 2. 与员工分权事业前程责任 3. 概括性的工作描述 4. 报酬强调员工个人与工作小组的业绩 5. 培训强调通用性和灵活性 6. 与工作小组共享信息
网络化联合	1. 重建与供给者和需求者的边界 2. 不强调职能专家 3. 强调顾客 4. 以工作小组为基本的工作单位	1. 事业前程由员工自己负责 2. 概括性的工作描述 3. 根据员工意愿进行培训 4. 报酬强调个人的知识和工作小组的业绩 5. 信息共享

（三）内部环境

公司的内部环境也会对人力资源战略产生很大的影响。而公司内部影响人力资源战略的因素有以下几种。

1. 现有公司的人力资源状况

公司现有的人力资源是人力资源战略的基础,也是将来发展的起点。公司目标的实现需要有充足的相匹配的人力资源。因此,需要对公司现有的人力资源状况进行一个全面的了解,如人力资源数量、人力资源质量、人力资源分布、人力资源的利用状况等,并建立相关的档案来进行管理。

2. 公司战略

公司战略是公司发展的目标,公司在制定战略的时候需要将公司的人力资源状况考虑在内,而人力资源战略是为公司目标的实现提供支持,配合整体战略的实现。因此可以把公司特定的战略目标看作是影响人力资源战略实践的一个重要的内部因素。比如说,一个公司的总体目标是追求不断的创新,而另一个公司的总体战略是追求成本领先,那么他们的人力资源战略就大不相同了。追求创新的公司需要有一个宽松的工作环境,为促进技术的发展,需要招聘一流的研发人员,并且需要时刻关心员工的培训和开发。同时,还要为留住优秀的人员而考虑如何去设计他们的薪酬方案。对于追求成本领先的公司来说,控制人员相关的投资才是他们最重要的工作。

3. 企业文化

企业文化是企业在一定社会经济文化背景下,逐步形成和发展起来的日趋稳定的价值观、公司精神、行为规范、道德准则、生活信念、传统习惯等。企业文化在公司的日常管理中起着激励员工不断进取的作用,凝聚、促进全体成员团结、信任的向心力。由于企业文化是长时间形成的,因而它深入到公司的每一个部门,会在较长时间内对员工的思想感情和行为产生影响。因此在制定人力资源战略的时候需要对企业文化进行分析。

4. 公司的其他部门

公司的运作需要公司中部门与部门之间的良好配合,一个部门的产出可能是另一个部门的投入。人力资源部门与公司的其他部门之间都有着紧密的联系,如果想要使工作进行得更有效,人力资源部门就需要加强与其他部门的配合。同时人力资源战略的实施不仅针对人力资源部门,也针对整个公司。因此在制定人力资源战略的时候必须对公司内的其他部门进行分析研究。

二、人力资源战略的过程

人力资源战略过程包括四个主要阶段:战略准备阶段、战略制定阶段、战略实施阶段和战略控制阶段。其中每一个阶段都有其具体的内容。

(一)战略准备阶段

战略准备阶段主要是对影响人力资源战略的相关信息进行收集和分析的过程。

1. 收集相关的信息

人力资源战略的相关因素主要包括外部环境、企业的公司结构、内部环境等。在收集信息时可以参考相关的政策文件、政府公告、统计数据、制度文件等。如果没有现成的资料，公司则需要自行获得，即现场调查。现场调查需要拟定合理的调查表，选择恰当的调查对象，采用恰当的调查方法。

（1）设计合理的调查表。设计一张合理的调查表，在设计过程中需要注意几个问题。第一，选择恰当的提问方式。提问的方式主要有两类，即自由回答式和多项选择式。自由回答式所收集到的资料范围比较广泛，种类比较多，但是整理分析却比较困难。多项选择式整理起来较易，但不一定真实反映了被调查者的情况。第二，注意问题回答的可行性。制定调查表的时候要根据被调查者的理解能力设计相应的调查问卷。第三，注意问题的准确性。在设计问题的时候必须具体，不能一般化，用词必须准确，不能有多种解释，概念必须清楚，有明确的限定。第四，注意问题排列的顺序性。主要指问题难易程度排列的顺序，一般而言最好应该从易到难，先提出简单的问题，然后再涉及核心的问题。

（2）选择恰当的调查对象。确定调查对象的方法通常有两种，一种是全面调查，一种是抽样调查。全面调查是指对每一个需要调查的对象都进行调查。而抽样调查则是在被调查对象中抽取一部分样本进行调查，然后根据样本的调查结果来推断总体的情况。在抽取样本的时候要注意合理的样本容量，以及样本需要具有代表性。

（3）利用适当的调查方法。比较常用的调查方法有以下三种。

① 询问法。传统的询问法是调查者直接向调查对象提出问题以获得所需信息的一种调查方法。根据调查者与被调查者接触方式的不同，询问法也可分为个人访问、邮寄调查（信访）及电话调查三种。在网络发展的今天，利用网络进行询问是最快捷、最简便、最直接的方法。可以利用 QQ 群、飞鸽传信等不同的方式建立广泛的调查模式。

② 观察法。观察法是调查人员在现场直接观察被调查者的行为、态度、反应等的一种方法。但是如果采用这种方法则需要在被调查者没有觉察到被观察的情况下进行，而且这种方法不宜用来对脑力劳动者进行调查。

③ 实验法。它是从影响调查问题的若干因素中，选择一两个关键因素，在小范围内将其改变，进行试验，观察能否得到积极的结果，然后决定是否值得大规模推广的方法。

2. 分析信息

人力资源战略信息的分析方法很多，但其中最常用的是 SWOT 分析。SWOT 分析是对内外部环境进行综合分析的技术，它主要是对公司的内部资源和外部资源两个方面存在的优势、劣势、机会、威胁等进行全方位的比较分析，为人力资源战略的制定提供依据。SWOT 分析法是由旧金山大学的管理学教授于 20 世纪 80 年代提出来的，它的出发点是以己之长，攻敌之短；既能够积极进攻，又能够积极防御。

S 和 W 是指通过对公司所有的内部资源进行分析来评价公司的优势（Strengths）和劣势（Weaknesses），以便识别本公司有哪些与众不同的能力与长处，以及存在哪些方面的不足与局限。O 和 T 是指在对外部环境分析的基础之上评估有哪些可以利用的机会（Opportunities），以及公司可能面临的威胁(Threats)。表3-4是SWOT的一个实例。

表3-4 某公司人力资源战略SWOT分析

优　势	劣　势
① 市场占有率增大 ② 员工专业素质较高 ③ 员工工作士气高昂 ④ 公司财务状况良好	① 生产成本偏高 ② 绩效考核制度不完善 ③ 缺乏某些关键技能方面的人才 ④ 仍有少数崇尚以行政管理为导向的管理人员
机　会	威　胁
① 市场需求增加 ② 劳动力市场专业人才供给充分 ③ 可以利用员工对培训的兴趣进行教育投资 ④ 竞争对手市场停滞	① 新的竞争者的加入 ② 不利的政府政策 ③ 经济衰退 ④ 市场竞争压力大

对人力资源战略相关因素进行SWOT分析,能找出其存在的长处、短处,面临的机会和威胁,从而再具体制定战略,发挥长处来抓住机会,并将威胁劣势减到最小。

(二)战略制定阶段

人力资源战略的制定主要包括制定战略目标、人力资源规划和相关的人力资源开发与管理政策。

1. 制定人力资源战略目标

首先要确定人力资源的战略目标。人力资源战略目标是根据公司内外部条件,公司战略和员工要求,对未来公司内人力资源要达到的数量、质量、结构、员工开发与管理,劳动效率与绩效等提出的一个总体要求。人力资源战略目标的确定需要注意四个方面的问题:① 人力资源战略的主题必须明确;② 人力资源战略的目标应该可以衡量;③ 对于目标要有明确的实现期限;④ 设定目标的时候,目标既要具有挑战性,又要具有可行性。

2. 人力资源规划

公司的人力资源规划主要包括招聘录用计划、对员工绩效考评计划和培训计划等。在公司制订和实施计划时应该注意以下三点。① 可行性。各项实施计划应该结合部门、员工的自身条件与能力,量力而行。② 相关性。各项实施计划之间要相互联系,综合考虑,不能分散地一个一个地作计划。例如,当人力资源规划中对员工提出新的需求时,甄选招聘计划中也要提出相应的新的招聘计划,员工绩效计划中需增加对员工新的考评程序的设计,员工培训计划中也要增加对员工的新的培训项目。③ 可操作性。各项实施计划应是具体的任务,以便于操作和监控,如在制订员工绩效考评计划时,要对绩效考核的方法、反馈的方式、考核的标准做具体规定。

3. 制定人力资源开发与管理的政策

制定人力资源开发与管理的政策，是公司人力资源战略实施的制度保证，它以政策的形式，将人力资源开发与管理的思想和要求落实到各项工作中去，在一定程度上建立及提高整个战略工作的规范性、稳定性和关联性。

（三）战略实施阶段

人力资源战略的实施阶段是通过借助其他各项计划的实施来达到人力资源战略的目标。要使人力资源战略实施得到保证，首先要将人力资源战略目标及计划落实到公司日常人力资源开发与管理工作中，并及时检查计划实施的情况，不断改进管理的方法。还要在战略实施的过程中，处理好领导与员工、公司与个人、人力资源管理部门与其他部门之间的关系，当矛盾出现的时候，应充分沟通，在征求助意见、考虑双方利益的基础上谨慎地处理。

（四）战略控制阶段

当公司的内外部环境发生变化时，原本行之有效的人力资源战略也有可能会过时。战略控制就是将人力资源战略实施的实际成效与预定的战略目标进行比较，检测二者的偏离程度，并采取有效措施进行纠正、以实现战略目标。

1. 确定衡量标准

衡量标准是用以衡量战略执行效果好坏的指标体系，包括定性指标和定量指标两大类。在定性衡量标准方面，一般包括以下几方面：① 战略内部各部分内容相互统一；② 战略与环境保持平衡；③ 战略执行中注重评估其风险性；④ 战略在时序上的相对稳定性；⑤ 战略与资源之间的匹配性；⑥ 战略在客观上具有可行性和可操作性。在定量评价标准方面，应根据评价的具体内容制定相应指标，如劳动生产率、人均产量、工时利用率、培训费用、培训成绩、新员工的数量、辞职人数、工资总额等。

2. 衡量人力资源战略实施成果

实施成果是人力资源战略在执行过程中实际达到目标的程度，必须按照预定的标准进行衡量。

3. 评价工作绩效

将人力资源战略实施中的绩效与预期的目标进行比较。如果实际工作成绩在公司预期的范围内，则说明实现了预期的战略目标，应总结成功经验，必要时可以上升为人力资源开发与管理的惯例或规则；如果出现偏差，则应探究其深层次的原因。

4. 战略修订

在战略评价中，如果实际结果与预定目标有明显的差距，应该立即着手修订战略方案，使其适应公司战略发展的需要。

第三节 人力资源规划

人力资源规划是公司人力资源战略的重要的组成部分,是人力资源管理各项具体活动的起点和依据,它直接影响着公司人力资源战略实施的有效程度。

一、人力资源规划的概念和类型

人力资源规划发展到现在已经有几十年的历史,它的形式、内容和运作方式都在不断的发展和完善中。20世纪初,人力资源规划主要的关注点集中在实行计件工资的工人个体上,是通过改进工作程序和运用早期的心理学的方法来提高工人的生产率。在第二次世界大战期间和以后的一段时间内,员工生产率的问题得到了进一步的重视,但是由于长时间的战争造成的物资和人才的严重缺乏,使得公司经营者更加关心如何获得有能力的、高水平的管理人员。到20世纪60年代,由于新技术的发展、人们对工作行为的关注和公司的快速发展,人力资源规划的重点放到了人才的供求平衡上,尤其是管理人员、专业技术人员的供求平衡上。而这一时期的人力资源规划也被定义为管理人员的一项工作,即通过制定规划努力让"适当数量和适当种类的人,在适当的时间和适当的地点,从事使公司与个人双方获得最大的长期利益的工作"。20世纪80年代后,人力资源规划被广泛作为大公司和政府企业的一种活动。在内涵上扩大了范围,除了供需平衡和数量预测外,人力资源规划还包括管理接班人计划、人员精简计划、公司重组或兼并收购等事项,而人力资源规划制定的方法趋向于将人力资源规划和公司战略相结合并注重实效。

(一)人力资源规划的定义

从广义上讲,人力资源规划就是指"预测未来的公司任务和环境对公司的要求,根据公司任务和环境对公司的要求而制定人力资源管理的行动方针的过程"。

从狭义上讲,人力资源规划(Human Resource Planning)是指根据公司的战略目标和外部环境的变化,合理地分析和预测公司对人力资源的需求和供给状况,并根据这些制订出相应的计划,以保证公司在适当的时候获得适当数量、质量和结构,满足公司和个人的需求。数量方面,主要是探求现有的人力资源数量是否与公司所需的数量相匹配;质量方面,主要是分析现有工作人员受教育的程度及所受的培训状况,关键是工作知识和工作能力的高低;结构方面,主要是公司中人员的搭配是否合理有效。

人力资源规划的狭义定义包括三个方面。

1. 人力资源规划制定的依据是公司的战略目标和外部环境

人力资源规划是以公司的规划目标为基础的,当公司规划目标发生变化的时候,人力资源规划也要随之发生变化。公司规划目标不同对人员的要求也不相同,这包括人员的知识结构、年龄结构、管理人员与操作人员的比例、不同专业人员的比例等。公司规划的实现与人力资源规划之间的关系越来越密切，就如人力资源规划专家詹姆斯·沃克(1996 年)所说："如今，所有的经营问题都有人的因素，所有的人力资源问题都有经营的因素。"所以人力资源规划需要与公司的规划目标相一致。

公司的外部环境在不断变化，人力资源规划需要对未来可能发生的变化进行预测，对公司的需要进行识别，因此需要密切关注公司外部环境的变化。公司需要考虑的外部环境因素包括经济发展、技术变革、劳动力的供求、相关法律法规等。

2. 保证人力资源与公司发展的各阶段相适应

为了适应外部环境的变化，公司的人力资源供求则需要动态的变化，而随着科学技术日益发展，新技术层出不穷，对公司人员素质有着更高的要求。同时人员的流动也日趋频繁，使越来越多的人在不断地尝试着新的工作。因此公司的人力资源规划为了适应各种变化也要不断地变化，它应该是一个循环的动态过程。

3. 人力资源规划要同时考虑公司和个人的利益

公司的人力资源规划要使公司获得合适的人才，也就是与岗位相匹配的人员，即做到"人职匹配"。目前世界上的竞争已经转变为人才的竞争，谁拥有优秀的人才，谁就获得了竞争的优势，为此公司要获得长足的发展，就需要最大限度地利用每一位员工的潜能，为他们提供一个发展的空间，做好职业生涯规划。

4. 人力资源规划应解决的基本问题

人力资源规划是一个制定人力资源开发与管理行动方针的过程，实质上是一个确定目标和实现目标的决策过程。因此人力资源规划主要解决以下几个基本问题。

(1) 公司的人力资源现状、数量、质量、结构。它包括公司中各部门、各层级、各专业的人力资源状况，员工的年龄、性别、教育程度、工龄、公司龄(进入公司的时间)的构成，存在的优劣势，能否满足目前公司对人员的要求，不能满足公司要求应如何弥补。通过对现有人力资源的分析找出差距所在，为制定人力资源规划找出依据。

(2) 公司为实现战略目标对人力资源的要求。它包括公司的规划发展目标是什么，对公司的人员有什么要求。

(3) 如何进行人力资源预测。它包括以下几个问题的解决：公司进行人力资源规划采用什么预测技术，如何预测公司对人力资源的需求，如何预测人力资源的供给，它的方法和程序分别是什么。科学的人力资源预测技术与方法是人力资源规划成功与否的关键。

(4) 如何弥补公司人力资源现状与理想状况的差距。人力资源规划是否合理，能否达到目标。如果没有达到，公司的管理部门应该作出怎样的对策，如何进行调整。如果是因为人力资源规划本身的问题，那么就要重新评价公司的内、外部环境，重新设计利于公司发展的人力资源规划。

(二) 人力资源规划的种类

人力资源规划的种类繁多，可以根据实际需要灵活选择。

1. 按规划时间分类

按照规划的时间看，人力资源规划可以分为长期人力资源规划、中期人力资源规划、短期人力资源规划三种类型。长期人力资源规划一般为3年以上的规划，中期人力资源规划为2~3年的规划，短期人力资源规划指1年或1年以内的规划。计划期的长度与环境不确定性之间的关系如表3-5所示。

表3-5 计划期的长度与环境不确定性之间关系

短期计划：不确定/不稳定	长期计划：确定/稳定
公司面临众多竞争者 快速变化的社会、经济环境 不稳定的产品、劳务需求 政治法律环境经常变化 公司规模小 管理水平低	公司居于强有力的市场竞争地位 社会经济、政治、技术等环境变化是渐进的 强大的管理信息系统 稳定的产品、服务需求 管理水平先进

处于高度竞争市场中的公司的人力资源规划周期不宜太长，因为环境的变化使得规划的准确性较差，规划的指导作用难以体现。而在环境比较稳定的市场中公司则可以拟定长期的人力资源规划。

2. 按规划范围分类

按照规划的范围来看，人力资源规划可以分为总体规划和各项业务规划。各项业务规划包括岗位职务规划、人员配置规划、人员补充规划、教育培训规划、薪酬激励规划、职业生涯规划等。

3. 按规划性质分类

按照规划的性质来看，人力资源规划可以分为战略性人力资源规划和战术性人力资源规划。战略性人力资源规划具有全局性和长远性，常常是人力资源战略的表现形式，包括对公司外部环境的分析，根据公司的战略目标，预测未来公司对人力资源的需求，估计远期公司内部人力资源状况，协调需求与供给。战术性人力资源规划一般是具体的、短期的、具有专门针对性的业务计划，它包括对公司人力资源需求与供给量的预测，包括公司现有员工的数量、素质情况，需求数量预测、内外部供给情况，确定净需求量。

二、人力资源规划的内容

公司的人力资源规划按照影响的范围，分为两个层次，即总体规划和各项业务规划。人力资源总体规划是指在计划期间内人力资源管理的总目标、总原则、总政策、总体的实施步骤和总体预算安排，它是连接人力资源战略和人力资源具体行动的纽带。各项业务规划是总体规划的展开和具体化，每一项计划都由目标、任务、政策、步骤、预算等部分构成。各项业务的计划应该能保证人力资源总体规划的实现。

(一)公司总体规划的工作内容

公司总体规划的工作内容包括第一,分析与评价公司人力资源的供需现状,进行公司人力资源供需的静态平衡工作;第二,根据公司的发展战略和环境变化的趋势,预测公司人力资源供需关系,进行公司人力资源的动态平衡工作;第三,规划公司人力资源开发与管理程序,包括人员的补充、使用、培训等活动的具体目标、任务、政策、步骤和预算;第四,保持公司人力资源开发与管理专项业务规划的内在平衡,并确保人力资源总体规划与其他专项规划的相互衔接;第五,有关公司人力资源规划效益的内容,如降低成本、效益,创造最高的效益,改变人力资源队伍数量、质量、结构,辅助招聘、人力资源政策的实施、创造最好的培训模式等内容。

(二)公司的各项业务规划

1. 岗位职务规划

岗位职务规划主要包括公司的结构设计、职位设置、职位描述和任职资格等内容,目的是解决公司定岗定编的问题。公司要根据自己的近、远期目标、劳动生产率、技术设备工艺要求等状况,确立相应的公司机构、工作标准与规范,就可以制订定岗定编的计划。

2. 人员配置规划

人员配置规划主要包括公司中每个职务的人员数量、职务变化以及职务人员空缺等内容,具体由以下几项所组成。

(1) 人力分配规划。依据公司机构、岗位职务的专业分工来配置所需的人员,包括人员工种分配、管理人员职务调配及工作调换等内容。

(2) 晋升规划。根据公司的需要和人员分布状况,制订员工的提升方案。对于公司来说,要尽量使人和职务达到最大限度的匹配,这对于调动员工积极性和提高人力资源利用率是非常重要的。晋升不仅会对公司员工产生极大的激励效应,也可以使公司获得更大的收获。

晋升规划一般用晋升条件、晋升比率、晋升时间等指标表示。表 3－6 为某公司一级别的晋升时间与晋升比率的关系。

表 3－6 某公司某一级别的晋升时间与晋升比率的关系

晋升时间	1	2	3	4	5	6	7	8	9	10
晋升比例	0	0	0	25	35	54	65	0	0	0

表 3－6 显示,某一级别向上一级晋升的最低年资为 4 年。第 4 年的晋升率为 25%,第 5 年为 35%,第 6 年为 54%,第 7 年为 65%,其他年份都难有晋升的机会。

公司的晋升机会是分类制定的,每一类都可以用指标清楚地表示出来。公司中不同类别的晋升指标及指标的调整,会对员工的心理产生较大的影响。所以公司的晋升规划需要慎重制定,否则会影响员工的士气。

(3) 调配规划。确定公司内人员的职位分配,可以通过公司内部人员有计划的流动来实现。这个计划的作用是,当公司要求某职务的人员同时具备其他职务经验的时候,就可以有计划的流动。显然培养高素质的复合人才,有利于在公司工作负荷不均的时候,通过调配工作及来进行调整。

(4) 退休解聘规划。为了解决人员冗余问题,要建立公司内部的退出机制。该规划不但可以降低劳务成本,提高劳动生产率,尤其是可以解决员工的后顾之忧,这对于调动员工的积极性可以发挥重要的作用,同时更加提高了公司的竞争优势。

3. 人员补充规划

人员补充规划是公司根据运行的情况,对公司可能产生的空缺职位进行弥补的计划,为的是促进人力资源数量、质量的改进,是公司吸收员工的依据。一般情况下,人员补充规划是和人员晋升规划密切相连的,因为晋升规划会造成公司内的职位空缺逐级地向下转移,最后积累到较低层次的人员需求上来。当然,较高的职位有时候也会出现空缺,也需要在外部劳动市场上获得。所以,公司需要具备长远的观点来制订人员补充计划。

4. 教育培训规划

教育培训规划的目的是通过内部的努力为公司发展准备所需人才,是为了更好地使人与工作相适应。教育培训规划包括两个方面:对内挑选现有员工,加强对员工进行专业知识和工作技能培训;对外积极猎取社会上稀缺但公司发展又急需的人才。该规划需要与晋升规划、调配规划以及职业生涯规划紧密地联系在一起。这些规划之间的互动,使公司培训的目的性更强,能够调动员工参加培训的积极性,提高培训的效果。

5. 薪酬激励规划

薪酬激励规划对公司来说,一方面是为了确保公司人力资源成本与公司经营状况保持恰当的比例关系;另一方面是为了减少人才流动,提高员工士气,改进员工的工作绩效。薪资总额取决于公司内员工不同的分布状况和工作绩效。公司通过薪资激励规划,可以预测公司未来的薪资总额,确定未来时期内的激励政策,如激励方式的选择、激励倾斜的重点等,以此来调动员工的积极性,因此该规划需要制定工资政策、激励政策和福利政策等。

6. 职业生涯规划

职业生涯规划应该从两个层次探讨,它们是个人层次的职业生涯规划和企业层次的职业生涯规划。个人层次的职业生涯规划是个人为自己今后设计的成长、发展和不断追求满意的目标;而企业层次的职业生涯规划则是指公司为了不断增强其成员的满意感并使其与公司的发展需要相一致,制定有关协调公司成员个人的成长发展与公司的需求发展相结合的目标。可见职业生涯规划对个人和公司来讲都非常重要。特别是公司认为对有发展前途的员工,公司更要设法将其留下,使其成为公司的财富。这就需要为其设计符合他们发展的职业生涯计划。

三、人力资源规划的程序

公司的人力资源规划可以分为四个步骤：资料收集阶段、人力资源规划的分析阶段、人力资源规划制定阶段、人力资源规划的实施和评估阶段，如图 3－1 所示。

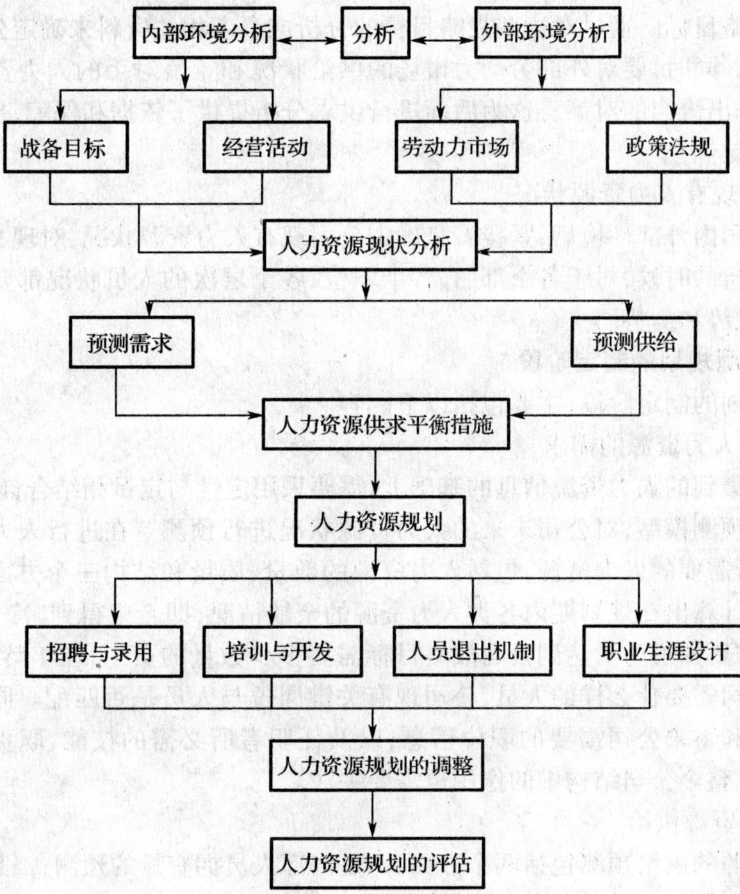

图 3－1　人力资源规划流程图

（一）资料收集阶段

制定人力资源规划需要大量的支撑资料，这是后续分析阶段的前提。资料收集阶段需要收集公司内部和外部的各种有关的信息。公司外部信息主要包括：政府的政策法规、宏观经济发展趋势、相关技术的发展、本行业的发展前景、主要竞争对手的动向、劳动力市场相关人才的供需状况等。公司内部信息主要包括公司规划、各项经营活动、产品的市场占有率、人力资源规划、公司中人员流动的状况、员工的素质、人力资源的成本及其变动趋势、岗位需求的变化等。

（二）人力资源规划的分析阶段

1. 对公司内外部环境进行分析

在资料收集的基础上，需要对所收集的资料进行分析。在有些公司中人力资源部门会直接参与公司战略目标的制定；而有一些公司中，人力资源部门并没有参与制定公司的战略目标，因此他们需要获取准确、具体的战略目标，以及由战略目标分解后形成的各个战略子目标，各关键部门的战略目标。通过对这些战略目标的分析或参考相关资料来确定公司的业务规划和各项经营活动。同时，要对外部劳动力市场的供给状况和竞争对手的人力资源政策进行了解，这样才可以作出恰当的对策。这为后面进行供求分析提供了依据和保障，也是整个人力资源规划成功的关键。

2. 分析公司现有人力资源状况

在分析了公司内外部环境后，紧接着是确定公司现有人力资源状况，对现有人力资源状况进行分析。在分析的时候，对于各个部门、各个职位、各个层次的人员状况都要进行细致的分析，找出他们的优势和劣势。

（三）人力资源规划的制定阶段

人力资源规划的制定阶段，主要包括以下内容。

1. 预测公司人力资源的需求

在分析所收集到的人力资源信息的基础上，需要采用定性与定量相结合，以定量为基础的各种统计方法和预测模型，对公司未来的人力资源状况进行预测。在进行人力资源需求预测的时候，对公司所需要的人力资源，包括人力资源的数量、质量和结构三个方面进行预测。预测的目的是为了计算出在规划期内各类人力资源的余缺情况，即希望得到“净需求”的相关数据。因此，我们需要知道为了达到公司战略目标需要多少数量的员工，在年龄、专业、经验、教育程度等方面公司需要什么样的人员，公司现有关键岗位与人员是否匹配。同时还需要详细地了解公司现在和将来公司需要的职位信息，以及任职者所必需的技能、职责和绩效评价标准。另外，职位在整个公司结构中的作用也需要关注。

2. 预测人力资源供给

公司人力资源的供给预测包括两个方面：一是内部人员拥有量的预测；二是外部供给量的预测。对于内部人员拥有量的预测，需要首先对公司内部现有人员的状况进行详细地了解，包括现有人员的数量、技能、职责以及薪酬或工资水平等，在了解这些的基础上还需要考虑公司员工的变动情况，包括员工的辞职和退休情况，以及人力资源培训和开发方面的情况。而对于外部供给量的预测，则先要估算从劳动力市场上获得一定数量和质量的人员成本，这种估算是需要建立在人力资源工资的整体变动趋势上。公司在进行人力资源预测时，一般会把重点放在内部人员拥有量的预测上。

3. 制定人力资源供求平衡政策

在公司员工未来供给和需求预测的基础上，公司在人力资源数量、质量和结构的预测结果与公司同期内的经济状况进行比较分析，可计算出人力资源净需求。计算出的结果一般有三种情况：① 当净需求为正值时，即人力资源供不应求，这时公司需要招聘新员工、加班、培训、晋升、外包、工作再设计等；② 当净需求为负值时，即人力资源供大于求，这时公司需要减少临时工数量、实行工作分担制、提前退休、甚至解雇等；③ 当公司人力资源净需求为零时，即人力资源供求相等，在这种情况下，公司不需要采取重大的人力资源调整，但还是要考虑公司人力资源的结构是否合理。

4. 制定人力资源各项规划

根据公司战略目标、人力资源战略目标以及所确定的人力资源净需求情况制定人力资源规划。针对不同的供需预测结果，需要制定不同的人力资源总体规划和各项业务规划，包括岗位职务规划、人员配置规划、人员补充规划、教育培训规划、薪酬激励规划和职业生涯规划。

（四）人力资源规划的实施和评估

这个阶段作为人力资源规划的实施操作过程，需要注意协调好各部门、各环节之间的关系。在实施人力资源规划的同时，如果在实施过程中发现问题要及时记录下来，并根据情况作出适当的调整，还需要进行定期和不定期的评估与审核。对人力资源规划作出评估的原因是：第一，通过人力资源规划的评估和审核，可以对人力资源规划的执行形成一定的压力，防止规划的实施流于形式；第二，在评估和审核的过程中，可以广泛地听取公司内员工对人力资源开发与管理工作的意见和建议，有利于人力资源规划内容的不断完善；第三，人力资源规划是一个持续的动态过程，需要根据公司的内外部环境的变化进行不断的调整。因此需要对人力资源规划进行适当的修正，以确保规划的可操作性和滚动发展的衔接。

人力资源规划的评估主要是对整个公司人力资源规划的有效性进行评估。这是为了掌握公司的目标是否已经达到，如果没有达到预期目标，就要找出问题出在哪里，原因是什么，初期制定的目标是否合理，应该采取什么样的措施才能实现目标。评估的方法可以采用目标对照审核法，即以原定目标为标准进行逐项的评估审核，还可以通过广泛收集相关数据分析的方法，如收集在某一段时间内公司人员的流动状况，员工的生产积极性、满意程度等。为了保证评估结果公正，进行评估审核的人员可以是规划制定者的上级或同级，但不能是规划执行者本人或其下属。

第四节　人力资源预测和平衡

人力资源预测是人力资源规划的重要准备工作，随着科学技术的发展，当代人力资源规划的预测方法也越来越多，内容涉及到各种定性和定量方法，这对人力资源规划人员提出了更高的要求。

一、人力资源需求的预测

人力资源需求预测是指人力资源部门根据公司的战略目标、人力资源规划和工作任务,在综合考虑各种因素的关联后,对公司将来人力资源的数量、质量、结构和时间的要求进行预测工作。

(一)影响公司人力资源需求的因素

在进行人力资源需求预测的时候,要注意考虑以下几个影响因素。

1. 公司外部环境因素的影响

影响公司人力资源需求预测的外部因素有社会、政治、法律、经济、技术创新和外部竞争对手等。社会、政治、法律因素比较容易预测,但是对于公司的影响较小;经济因素,如公司未来的发展趋势、社会经济发展状况等,这些都对公司人力资源需求的影响较大,其可预测性却较弱;技术创新对公司人力资源需求的影响较大,例如,自动控制机械化设备的普及,极大地提高了劳动生产率,使得公司对一般性、低层次的操作型员工的需求锐减,而对高层次的技术性操作人员的需求快速地增加;公司外部竞争对手的易变性,可能导致社会对公司产品或服务需求发生变化,这也使得人力资源需求发生相应的变化。

2. 公司内部环境因素的影响

影响人力资源需求预测的内部因素中,最重要的是公司的战略目标。首先,公司的战略目标决定了公司的发展状况,也决定了公司新产品的开发和试制以及产品的覆盖率等。其次,公司产品或服务的销售预测,以及公司的预算对人力资源需求也有直接的影响。当销售预测增加的时候,需要增加相关销售人员的数量,而如果公司的销售预算在本年度减少,则对于人力资源相关的活动也将相应的减少。再次,公司结构的变化也会带来人力资源需求量的变化,尤其当公司增加新的分公司的时候,公司人员的数量和结构将有大的变化。最后,公司的人力资源需求还与劳动定额的先进性与是否合理程度有关。

3. 人力资源本身因素的影响

公司现有人力资源状况对人力资源需求预测也有重要的影响。例如,公司中退休、辞职人员的数量,合同期满后终止合同的人员数量,死亡、休假、外出培训人数等都直接影响到人力资源近期需求的预测。

(二)确定人力资源需求的程序

公司人力资源需求预测分为现有人力资源需求、未来人力资源需求和未来流失人力资源预测三部分。

1. 现有人力资源需求

在这个阶段,人力资源部门的人员需要根据公司中职务分析的结果,来确定职务编制和相关的人员配置;再进行人力资源盘点,统计出人员缺编、超编以及是否符合职务资格要求等;最后将上面统计的结果与部门主管进行讨论,修正统计结果,得出的数据就是现有人力资源需求。

2. 未来人力资源需求预测

在这个阶段要根据公司的战略目标和发展规划，制定出各部门的工作量。然后根据工作量的变化情况，确定各部门还需要增减的职务和人数，并进行汇总统计。这样统计出的结果就是未来人力资源需求的预测数据。

3. 未来流失人力资源预测

在这个阶段首先是对预测期内公司中人员的退休状况进行统计。根据历史数据，对未来一段时间内可能发生的离职情况进行预测，然后将统计和预测结果进行汇总，得出未来流失人力资源预测。

将现有人力资源需求、未来人力资源需求预测和未来流失人力资源预测的相关数据进行汇总，就可以得出公司整体人力资源需求预测。如果用一个公式表示公司整体人力资源需求就是

$$Q = A + B - C$$

其中：Q 为公司整体人力资源需求数量；A 为现有人力资源需求数量；B 为未来人力资源需求数量；C 为未来流失人力资源数量。

（三）人力资源需求预测方法

在考虑了上述因素后，可以采取下面的这几种方法对人力资源需求进行预测。

1. 德尔斐法（Delphi）

德尔斐法是 20 世纪 40 年代末在美国兰德公司的"思想库"中发展出来的一种定性预测技术。德尔斐法一般采用问卷的方式，以书面的形式收集各位专家对公司未来人力资源需求量以及相关因素的分析和评估，并经过多轮的反复，最终达成一致意见，因此这种方法也称为专家评估法。

德尔斐法中的专家既可以是外请的，也可以是公司内部的、有丰富经验的管理人员或技术人员。德尔斐法的具体过程可以分为四个工作步骤。

（1）预测筹划工作。包括确定预测目标和课题，规定预测要求，选择几名熟悉本课题的专家组成专家小组，并将所需预测的内容编写成若干简明扼要的问题，以问卷的形式列出。

（2）首轮预测工作。将问卷和相关的背景资料一起寄给所选择的专家小组，请各位专家在匿名的方式下独自作出预测。

（3）反复预测工作。对各专家的预测结果进行归纳、汇总和统计分析，最后形成第一次预测结果，并将结果再次反馈给每位专家，请他们修改自己的预测，再将修改后的意见寄回，如此反复进行几轮。

（4）表述预测结果。经过几轮的预测后，把最后一轮的预测结果进行整理和分析，以文字或图表的形式表示出来。

德尔斐法可以有效地避免专家之间，由于名誉和地位等人为因素而造成的对他人的影响，

因此能充分表达专家本人的意见，结果较为客观，操作比较简单。另外它不需要专家们面对面地坐在一起，这样就可以使不同地方的专家共同参与到一个课题中来。不过这个方法的不足之处在于费时，如果想要迅速作出决策，就显得这种方法很不适用。这个方法的难点在于问题的提出和专家的回答要有信度和效度。因此，要使得该方法行之有效，应该注意以下几点：第一，专家人数一般最好不要少于30人，问卷的返回率应不低于60%，以保证调查的权威性和广泛性；第二，问题应该清楚明确，不要含糊其辞，能够量化的地方尽量量化；第三，提出的问题应该简单精练，与预测内容无关的问题最好不要问；第四，选择的专家一定是熟悉和精通这一领域的专业人员；第五，要给专家提供丰富而翔实的资料，以利于帮助他们作出正确的判断；第六，一定要认真做好归纳分析工作，尽量使用专业术语，使结果尽量的精确。

2. 经验判断法

经验判断法是一种主观预测的方法，即管理人员凭借自己多年的经验，根据公司过去几年中人力资源需求状况和自己认为未来一段时间可能发生的变化，来对公司的人员需求进行评估和预测。经验预测法是建立在启发式决策基础之上的。这种决策的基本假设是：人力资源的需求与某些因素的变化之间存在着某种关系。就一般情况而言，公司在未来一段时间内可能发生变化的因素有：

（1）公司决定进入新的市场或者决定提高产品质量或服务质量，或者公司决定进行新产品的研发；

（2）随着知识经济的到来，技术变革和管理变革会给公司带来变化；

（3）如何获得新的财力资源，由于这种方法主观性较强，所以预测结果的准确性难以得到保证。

3. 趋势预测法（Trend Analysis）

趋势预测法是根据公司中过去若干年的人事记录，找出过去若干年的员工数量的变动趋势，并绘制趋势曲线，加以修正，可对公司未来整体或各部门的人员需求状况作出预测。

该方法的步骤为：① 选择一个对人力资源需求影响比较大的变量（如销售额）；② 分析该变量与所需员工之间的关系，而这种比率形成一种劳动生产率指标（如销售额/人）；③ 计算过去至少5年时间内该指标值，求出平均值；④ 用平均劳动生产率去除认目标年份的变量，就可以得出该目标年份的人员需求预测值。这种预测方法比较简单，易于操作。但是这种方法要求公司人力资源变动的趋势在过去和未来要保持一致。但这一假设是很难实现的，因为影响人力资源需求的因素总是处于不断变化的状态中。所以在事实上，用这种方法来预测公司的人力资源需求量，还是难以保证其准确性的。

4. 回归预测法（Regression Analysis）

回归预测法是一种定量的预测技术。这种方法是通过建立人力资源需求量及其影响因素之间的函数关系，根据影响因素的变化来推测人力资源需求量的变化。回归预测法有一元的，也有多元的；有线性的，也有非线性的。利用回归预测法需要掌握四个步骤。

（1）选取与公司员工需求量相关的公司因素，所确定的因素应与公司的基本特性直接相关。如对于生产性公司来说，可以是产量；对于销售性公司来说，可以是销售额。同时，这些因素的变化与公司需求量之间必须成比例。

（2）找出在过去的几年中所确定的因素与公司人员数量之间的关系，如生产性公司中员工的数量与产量的关系，销售型公司中员工数量与销售额之间的关系等。

（3）根据资料算出过去每年的劳动生产率，分析平均的生产变化和公司因素的变化，确定劳动生产率的变动趋势。

（4）根据收集的数据分析影响变化的因素，预测未来员工的需要量。

5. 比率分析法（Ratio Analysis）

比率分析法是根据某种可变指标，与所需人员数之间的比例关系进行预测的方法。比例的大小通常来源于本公司的历史数据，或本行业的经验数据以及国家颁布的行业标准。与趋势预测法相同，比率分析法也有很多假设条件，因此，当现有产品价格下降、劳动生产率提高或广告费用增加的时候，该方法就需要作适当的调整。

6. 散点分析法（Scatter Plot）

散点分析法借助于散点图，就是把公司经济活动中的某种变量与人数之间的关系和变化趋势表示出来，如果二者之间存在相关关系，则可根据未来公司业务活动量来估计预测相关人员的需求量。

7. 计算机预测法

这是一种利用计算机系统来预测公司人力资源需求量的方法。人力资源专家和直线管理人员将所需要的信息综合在一起，建立起一套人员需求的计算机化预测系统。该方法是所有方法中最复杂也是最精确的一种，但是目前还没有得到大家公认，还没有被广泛地运用于人力资源需求的预测中。

二、人力资源供给预测

人力资源供给预测，是指对公司未来一段时期中内、外各类人力资源的补充情况进行预测的过程。

（一）影响人力资源供给的因素

影响人力资源供给的因素可以分为两大类：地区性因素和全国性因素。

地区性因素具体包括公司所在地区的科技文化教育水平，公司所在地区的人力资源供给状况，公司所在地区的就业水平、就业观念，公司所在地区和邻近地区的人口密度，公司所在地区对人们的吸引力，公司所在地区的交通、住房、生活条件，公司本身对人力资源的吸引力，竞争对手对劳动力的需求状况。

全国性因素包括全国劳动人口的增长趋势，全国对各类人员的需求程度，各类学校的毕业生规模与结构，教育制度变革所产生的影响，国家就业法规、政策的影响。

公司人力资源供给的来源主要有两个方面:公司内部和公司外部。与此相对应的公司人力资源供给预测也包括两个方面:公司内部人力资源供给预测和公司外部人力资源供给预测。

(二)公司内部人力资源供给预测

公司目前的人力资源状况是公司满足未来人力资源新需求的基础,是人力资源供给的内部来源。内部人力资源供给是公司人力资源供给的主要部分,而公司在进行人力资源预测的时候也往往是从公司内部供给预测开始的。在进行公司内部人力资源供给的时候,需要考虑的因素包括公司内部人员的自然流失,如退休、死亡等;员工离职,如辞职、解聘等;人员内部流动,如晋升、降职、平调等。在进行公司内部人力资源供给预测时,需要详细地评估公司内部现有人力资源的状况和他们的运动模式,即离职率、调动率和升迁率。公司人力资源内部供给预测的常用方法有三种。

1. 管理者继任模型

管理者继任模型是预测管理者内部供给最简单的方法,国外的许多公司,如通用汽车等都采用了这种预测方法。制定这一模型有以下六个步骤。

(1) 根据公司未来几年中可能出现的各层次、各部门管理岗位的空缺,确定一份公司中各层次、各部门管理岗位的继任计划;

(2) 按照公司图绘制出管理人员的关系图,每个管理岗位确定 1~3 名继任的候选人,通常从下一层级现任的管理人员中挑选;

(3) 评价选择出来的候选人,主要是判断其目前的工作情况是否能达到提升后的要求,可以根据评价的结果将候选人的能力进行分等,例如,可分成可以马上接任、尚需进一步培训、问题较多三个级别;

(4) 确定职业发展需要以及将个人的职业目标与公司的目标相结合,即公司需要根据评价的结果对候选人进行必要的培训,使其能更快地胜任将来可能从事的工作,但这种安排应尽可能与候选人的目标相结合;

(5) 当某管理岗位出现空缺时,由具备晋升条件的继任候选人替补;

(6) 统计最终岗位空缺数。

2. 马尔可夫法(Markov)

马尔可夫法是通过人力资源部门,通过预测公司内部人员转移,来预测内部人员供给的方法,它根据公司以往各类人员之间流动比率的概率来推断未来各类人员数量的分布。这个方法在理论上很复杂,但其应用方法却比较简单。该方法的前提是:公司内部人员的转移是有规律的,而且其转移的概率有一定的规律,如果根据过去的历史数据能够掌握各类人员之间的转移比率(称为移动率),则可以根据马尔可夫法来推断未来人员的分布。

下面我们以一个会计公司的人事变动为例来加以说明,如表 3-7、表 3-8 所示。分析的第一步是做一个人员变动矩阵表,表中的每一个元素表示一个时期到另一个时期(如从某一年到下一年)在两个工作之间调动人员数量的历年平均百分比(以小数表示)。一般以 5~10

年为周期来评估年平均百分比。周期越长,根据过去人员变动所推测出来的未来人员的变动也会越准确。

表 3-7 某公司人力资源供给情况的马尔可夫分析

	人员调动概率				
	E	M	S	Y	离职
高层领导(E)	0.80	—	—	—	0.20
中层领导(M)	0.10	0.70	—	—	0.20
高级会计师(S)	—	0.05	0.80	0.05	0.10
会计员(Y)	—	—	0.15	0.65	0.20

表 3-8 某公司人力资源供给情况的马尔可夫分析

	初期人员数量	E	M	S	Y	离职
高层领导(E)	40	32	—	—	—	8
中层领导(M)	80	8	56	—	—	16
高级会计师(S)	120	—	6	96	6	12
会计员(Y)	160	—	—	24	104	32
预计人员供给量	—	56	62	120	110	72

例如,表 3-7 表示在任何一年里平均 80% 的高层领导人仍留在公司内,而有 20% 退出。在任何一年里,大约有 65% 的会计仍留在原工作岗位,15% 被提升为高级会计师,另有 20% 离职。用这些历年数据来代表每一种工作中人员变动的概率,就可以预测出未来的人员变动(供给量)情况,将计划初期每一种工作的人员数量与每一种工作的人员变动概率相乘,然后纵向相加,即可以得到公司内部未来劳动力的净供给量,如表 3-8 所示。

如果公司下一年与上一年相同,可以预计下一年将有相同数量的高层领导人(40 人),以及同样数目的高级会计师(120 人),但中层领导人将减少 18 人,会计员将减少 50 人。这些人员变动的数据,与正常的人员扩大、缩减或维持不变的计划相结合,就可以用来决策怎样使预计的劳动力供给与需求相匹配。

3. 档案资料分析

通过对公司内人员的档案资料进行分析,也可以预测公司内人力资源的供给情况。档案通常包括参与过的培训课程、本人的职业兴趣、业绩评估记录(包括对员工个人方面的评价、优点和缺点的评语)、发明创造以及发表的学术论文的水平或获得专利情况等信息资料。这些资料信息对公司的人力资源管理具有重要的作用,例如可以用于确定晋升人选、制订管理人员接续计划、对待特殊项目的工作分配、工作调动、培训人员的选择和培训需求的确定、制定职业生涯规划和进行公司结构分析等。中国企业传统上把这些档案资料作为人事管理的工具,利用效率比较低,没有发挥其应有的作用,这种管理思路应该得到改变。但随着计算机的普及和网络技术的发展,人力资源管理信息系统日益为越来越多的公司采用,这不仅大大提高了人力资源管理的效率,而且利用计算机还可以存储更多的人员信息,公司可以更方便地利用人员档案预测公司内部的人力资源供给。

马尔可夫模型的假设前提是,企业过去和未来员工的变动情况大致相同。因此,马尔可夫模型只适用于生产经营比较稳定、过去和未来员工的变动情况大相似的企业,如果差异较大则不适用。

(三)公司外部人力资源供给预测

公司外部人力资源供给预测,是指在未来一段时间内对劳动力市场上的相关人力资源供给状况进行预测的过程。任何公司都要面临从外部补充人员的情况。公司外部人员供给的来源主要包括事业单位、各类学校毕业生、转业退伍军人、其他公司流出人员等。公司在考虑外部供给的时候,不仅要对当地劳动力市场状况进行了解,还需要对整个社会的劳动力市场状况进行分析,考虑相关的法规、就业观念等,才能准确地把握劳动力市场的人力资源供给状况及其未来发展趋势。在对外部人力资源供给进行预测的时候,需要注意下面几点。

(1) 为了提高外部人力资源供给预测的准确性,需要对一些公开而且可行度高的资料进行认真仔细的分析和利用。如政府机构公告、经济团体的年度报告和工会发布的信息等都可以作为人力资源供给预测的信息来源。

(2) 外部人力资源供给的状况会因为经济形势的波动、人们受教育程度和就业观念的改变而发生变化,造成劳动力供给的变化。所以公司需要密切地关注社会经济动态、教育机构的招生情况等。

(3) 前面讲到的用于内部人力资源需求预测的德尔斐法、计算机模拟、回归预测等方法同样适用于公司外部人力资源供给的预测。

三、人力资源供需的平衡

公司人力资源规划的最终目标是实现公司人力资源需求和供给的平衡,所以在预测出人力资源的需求和供给之后,就要对两者进行比较,根据比较的结果采取相应的对策。

公司人力资源需求和供给预测的比较,一般会出现以下几种关系:需求和供给在数量、质量以及结构方面都基本持平;需求和供给在总量上平衡,但结构上不匹配;人力资源供不应求;人力资源供大于求。如果出现第一种情况,当然是最好的,但是现实中出现这种情况的可能性几乎为零,然而,即使出现了第一种情况,公司也不能放松警惕。因为平衡仅仅是维持在某一个时刻,而供需是一个不断变化的动态过程,所以需要不断地进行调整。公司常常会出现以下三种情况。

（一）需求和供给在总量上平衡，但结构上不匹配

对于结构性的人力资源供求失衡，一般公司会采取下列措施来实现平衡：第一，可以根据公司未来一段时间内业务的变化来进行人员内部的更新配置，通过晋升、平调、降职等方式来弥补那些空缺的职位，满足部分的人力资源需求；第二，对公司人员进行有针对性的专门培训，使他们能尽量地适应将要从事的空缺职务的工作；第三，公司可以进行人员置换，解雇一些公司不需要的员工，补充一些公司需要的人员，来调整人员的结构。

（二）人力资源供不应求

人力资源供不应求出现最多的公司是技术和技能要求较高的行业。解决的方法可以通过构建合理的奖励和激励机制，加强对现有员工的培训、工作再设计等方式来提高现有员工的工作满意度，增加对外界人员的吸引力。

当人力资源出现供不应求的时候，公司可以利用现有公司内部的人力资源和公司外部的人力资源两部分来进行调整。

1. 外部雇佣

从外部雇用人员需要考虑外部劳动力市场的状况。如果公司需要的劳动力种类在市场上处于过剩状态，那么获得人力资源将比较容易；相反，如果这类人员在市场上处于紧缺状态，那么获得的难度将会加大。而公司能否获得所需要的人力资源还取决于公司的实力以及自身的人力资源政策。如果公司实力强大，愿意出高于市场平均价格一定幅度的工资，即使在人员紧缺的情况下也可能获得公司需要的人员。另外，在人员短缺时，公司还可以采取聘任退休人员的方法。这一方法在需要短期兼职员工时，是最为有效的方法，而且这些退休人员熟悉工作的时间较短，但这对公司的发展仍是短期行为。公司在考虑从外部雇用人员的时候还要考虑是选择全职还是兼职。如果需求是长期的，就必须雇用全职；而如果需求是短期的，则可以采用兼职或临时的方法。

2. 提高现有员工的效率

提高现有员工的工作效率也是增加供给的一种有效的方法。为了提高工作效率，公司可以采取的方法很多，例如，改进生产技术；给员工加薪，提供经济上的激励；进行技能培训，提高员工的工作技能，使其在较少的工作时间内可以生产出较多的产品或降低劳动成本；鼓励员工提建议，重新设计工作程序和方法，改进生产设备和工具等，以便提高生产率。

3. 加班

制定合理的薪酬制度，激励员工的工作热情，是公司延长工作时间，让员工加班加点来提高生产的基础，否则加班并不能解决生产问题。

4. 降低员工流失率

员工离职会导致公司岗位出现空缺，致使公司人员短缺。公司采取相应的人力资源政策，减少员工流失率，可以保持公司现有人力资源规模，避免由于人员流失带来的人力资源供给不足。

5. 加强内部流动

当出现人员供不应求时,可以通过加强内部流动来获得人员使用上的满足。公司人员内部流动包括内部的职务晋升和内部调用。当较高一级岗位出现人员不足时,可以晋升一些低级别的员工;当公司内部各部门之间人员配置不均时,可以采用内部调用的方式,将一些部门的富余人员调到人员短缺的工作岗位上,达到人员供给平衡。解决人力资源供不应求的具体方法,如表 3－9 所示。

表 3－9 解决人力资源供不应求的方法

方法	速度	可撤回程度
加班	快	高
临时雇佣	快	高
外包	快	高
加强内部流动	快	中等
降低员工流失率	慢	中等
外部雇佣新人	慢	低
技术创新	慢	低

(三)人力资源供大于求

当公司人力资源出现供大于求时,会产生人员冗余的状况,公司应提倡员工自主创业,并依据自主创业的方向,给予支持。同时还必须采用以下几种措施。

1. 重新安置

当公司局部出现富余人员的时候,公司可以采取将某些岗位富余的人员调整到人员短缺岗位上的方式。但是重新安置有一个前提,即富余人员必须具备新工作岗位所需的知识和技能。因此重新安置时一般需要对富余人员进行培训。

2. 永久性裁员

永久性裁员是解决供大于求最直接的方式。但是由于这一方式不仅会伤害员工本人及其家庭的经济收益和精神状态,而且对整个社会也会产生极大的负面影响,所以在采取永久性裁员的时候一定要非常谨慎。只有在公司经营出现严重亏损,生产难以维系的时候,才能采取永久性裁员;即使在采取永久性裁员的时候,在裁员之前也需要提前告知员工,让他们在心理上做好准备。

3. 其他方法

解决人力资源供大于求的方法还有:临时解雇、减少工作时间、工作分享和降低工资等。这些方法的优势是:当预测到公司出现人员过剩的时候,不是靠永久性裁员来解决问题,而要留有缓冲的余地,让公司和成员共同分担困难,这有利于企业文化的形成,有利于公司和员工的凝聚力。如果员工个人不愿意维持这种工作不充分、低工资的现状,也可以自行离开,但这样就减少了对员工和公司造成的伤害。解决人力资源供大于求的具体方法,如表 3－10 所示。

表 3－10　解决人力资源供大于求的方法

方　　法	速　　度	员工受伤害的程度
裁员	快	高
减薪	快	高
降级	快	高
工作分享或轮换	快	中等
退休	慢	低
自然减员	慢	低
再培训	慢	低

范例:人力资源的战略规划工作方案

一、目标

(1)为了保证公司在生存发展过程中对人力资源的需求,得到并保持一定数量的具备特定技能、知识结构和能力的人员,并充分利用现有的人力资源。

(2)在预测公司未来发展的条件下,有计划的逐步调整人员的分布状况,把人工成本控制在合理的范围之内。

(3)充分调动员工的积极性,建立一支训练有素、运作灵活的员工队伍,增强公司适应未知环境的能力。

(4)预测公司潜在的人员过剩或人力不足的问题,能够及时采取应对措施。

二、工作任务

人力资源的规划工作的主要任务包括以下九个方面,如表 3－11 所示。

表 3－11　人力资源的规划工作的主要任务

规划项目	主要任务
总体规划	人力资源管理的总体目标和配套政策
配备计划	中、长期内不同职务、部门和工作类型的人员分布情况
离职计划	因各种原因离职的人员情况及其所在岗位情况
补充计划	需补充人员的岗位、数量核对人员的要求
使用计划	人员晋升政策、晋升时间、轮换工作的岗位情况、人员情况和轮换时间
职业计划	骨干人员的使用和培养方案
劳动关系计划	减少和预防劳动争议,改进劳动关系的目标和措施
培训开发计划	确定培训对象、目的、内容、时间、地点和讲师等
绩效与薪酬福利计划	个人及部门的绩效标准、衡量方法、薪酬结构、工资总额、工资关系、福利及其绩效与薪酬的对应关系等

三、人力资源规划前的工作

（一）公司人力资源规划环境分析

（1）收集整理数据。公司人力资源部在正式制定人力资源规划前，必须了解掌握各类数据，如表3－12所示。人力资源规划专员负责从以下数据中提炼出所有与人力资源规划相关的数据信息，并且整理、编辑、上报，为有效进行人力资源规划提供基本数据。

表3－12　人力资源需要收集的数据

需要向各部门收集的数据资料	1. 公司整体战略规划数据 3. 财务规划数据 5. 生产规划数据 7. 各部门年度规划数据	2. 公司组织结构数据 4. 市场营销规划数据 6. 新项目规划数据
各部门相关资料整理	1. 人力资源政策规划数据 3. 企业行为模型特征数据 5. 培训开发水平数据 7. 公司人力资源人事信息数据	2. 企业文化特征数据 4. 薪酬福利水平数据 6. 绩效考核数据 8. 公司人力资源部职能开发数据

（2）人力资源部在获取以上数据的基础上，组织内部讨论，将人力资源规划系统划分为环境层次、数量层次和部门层次，每一个层次设定一个标准，再由这些不同的标准衍生出不同的人力资源规划活动计划。

（3）人力资源部应制订《年度人力资源规划工作进度计划》，报请各职能部门负责人、人力资源部负责人、总经理审批后，告知公司全体员工。

（4）人力资源部根据公司经营战略计划和目标要求以及《年度人力资源规划工作进度计划》，下发《人力资源职能水平调查表》《各部门人力资源需求申报表》，在限定的工作日内由各部门员工填写后收回。

（5）人力资源部在收集好所有数据后，安排专职人员对以上数据进行描述统计分析，制作《年度人力资源规划环境分析报告》，由人力资源部审核小组完成环境分析的审核工作。

公司人力资源环境分析审核小组成员包括公司各部门负责人、公司人力资源部环境分析专员和人力资源部负责人。

（6）人力资源部应交审核无误的《年度人力资源规划环境分析报告》报请总经理审批后方可使用。

（7）在进行人力资源环境分析期间，各职能部门应该根据部门的业务需要和实际情况，在人力资源规划活动中及时、全面地向人力资源部提出和人力资源有关的信息数据。人力资源环境分析工作人员应该认真吸取、接纳各职能部门传递的环境信息。

(二)人力资源需求预测

(1)《年度人力资源规划环境分析报告》经公司高级管理层批准后,由人力资源部人力资源规划专员结合公司战略发展和各部门经营计划、年度计划,运用各种预测工具,对公司整体人力资源的需求情况进行科学的趋势预测统计分析。

(2)人力资源需求预测的常用方法主要有以下四种。

① 管理人员判断法。管理人员判断法即公司各级管理人员根据自己的经验和直觉,自下而上确定未来所需人员。这是一种粗浅的人力需求预测方法,主要适用于短期预测。

② 经验预测法。经验预测法也称比率分析,即根据以往的经验对人力资源需求进行预测。

由于不同人的经验会有差别,不同新员工的能力也有差别,特别是管理员、销售人员,在能力、业绩上的差别更大。所以,若采用这种方法预测人员需求,要注意经验的积累和预测的准确度。

③ 德尔菲法。德尔菲法是使专家们对影响公司某一领域的发展(如公司将来对劳动力的需求)达成一致意见的结构化方法。该方法的目标是通过综合专家们各自的意见来预测某一领域的发展趋势。具体来说,由人力资源部作为中间人,将第一轮预测中专家们各自单独提出的意见集中起来并加以归纳后反馈给他们,然后重复这一循环,使专家有机会修改他们的预测并说明修改的原因。一般情况下重复 3 ~ 5 次之后,专家们的意见就趋于一致。

这里所说的专家,可以是来自一线的管理人员,也可以是高层经理;可以是公司内部的,也可以是外请的。专家的选择基于他们对影响企业的内部因素的了解程度。

④ 趋势分析。这种定量分析方法的基本思路是:确定公司中哪一种因素与劳动力数量和结构的关系最密切,然后找出这一因素随聘用人数而变化的趋势,由此推断出来人力资源的需求。

选择与劳动力数量有关的公司因素是需求预测的关键一步。这个因素至少应满足两个条件:第一,公司因素应与公司的基本特性直接相关;第二,所选因素的变化必须与所需人员的数量变化成比例。有了与聘用人数相关的公司因素和劳动生产率,我们就能够估计出劳动力的需求数量了。

在运用趋势分析法做预测时,可以完全根据经验估计,也可以利用计算机进行回归分析。

所谓回归分析法,就是利用历史数据来找出一个或几个公司因素与人力资源需求量的关系,并将这一关系用一个数学模型表示出来,借助这个数学模型,就可以推测未来人力资源的需求。但此过程比较复杂,需要借助计算机来进行。

(3) 人力资源部人力资源规划委员会对公司人力资源情况进行趋势预测统计分析之后,制作《年度人力资源需求趋势预测报告》,并报请公司领导审核、批准。

(三)人力资源供给预测

(1) 人力资源供给预测的主要内容包括内部人员拥有量预测和外部供给量预测。

① 内部人员拥有量预测。根据现有人力资源及其未来变化情况,预测出规划期内各时间点上的人员拥有量。

② 外部供给量预测。确定在规划期内各时间点上可以从公司外部获得的各类人员的数量。由于外部人力资源的供给量存在较高的不确定性,所以外部供给量的预测应侧重于关键人物,如各类高级人员、技术骨干人员等。

(2) 人力资源规划委员会对公司人力资源情况进行趋势预测统计分析之后,制作《年度人力资源供给趋势预测报告》,并上报公司领导审核、批准。

(四)人力资源供需平衡决策

人力资源部负责人审核批准《年度人力资源规划需求趋势预测报告》以及《人力资源规划供给趋势预测报告》之后,由公司人力资源部组建人力资源规划供需平衡决策工作组。

(1) 人力资源规划供需平衡决策工作组成员包括公司高层、各职能部门负责人和人力资源部。

(2) 人力资源规划供需平衡决策工作组会议安排。

① 人力资源规划环境分析和人力资源规划供需预测报告会议。

② 公司人力资源规划供需决策会议。

四、人力资源规划

(一)人力资源各项目计划讨论确定

(1) 人力资源部在公司人力资源规划供需平衡决策工作组组成之后,指定专门人员完成会议决策信息整理工作,并且制定《年度人力资源规划书制定时间安排计划》。

(2) 人力资源部召开制定人力资源规划的专项工作会议。

(二)编制人力资源规划书并组织实施

(1) 人力资源部指派专人汇总全部人力资源规划具体项目计划,编制《年度人力资源规划书》,经人力资源部全体员工核对,报公司各职能部门负责人审议决定,交由公司人力资源部负责人审议通过,报请公司总经理批准。

(2) 人力资源部负责组织实施《公司年度人力资源规划书》内部员工沟通活动,保证全体员工了解人力资源规划的内容,以期保障人力资源规划实施能够顺利进行。

五、人力资源规划工作评估

(一)评估标准

人力资源规划工作评估可从以下三个方面进行。

(1) 管理层是否可以在人力资源费用变得难以控制或过度浪费之前,采取措施来防止各种失调,并由此使劳动力成本得以降低。

(2) 公司是否有充裕的时间来发现人才。因为好的人力资源规划,可以在公司实际聘用员工前，预计或确定各种人员的需求。

(3) 管理层的培训工作是否可以得到更好的规划。

(二)评估方法

(1) 目标对照审核法。以原定的目标为标准进行逐项的审核评估。

(2) 资料分析法。广泛的收集并分析、研究有关的数据，如管理人员、专业技术人员、行政事务人员和营销人员之间的比例关系，在某一时间内各种人员的变动情况，员工的跳槽、旷工、迟到、员工的报酬和福利、工伤与抱怨等方面的情况。

案例分析

某高校在校大学生有10 000人，其中经管系有1 000人，专职教师30人，另有行政工作兼职教师6人，其中教授4人，副教授11人，讲师6人，硕士学位13人，教师平均年龄35岁。按国家教育部规定在根据本校实际情况确定高校文科专业教师配备师生比是1:20。如果按每年高校在校生以10%的速度递增，且师资按80%配备留有余地，并保证是各种结构合理配备，请你为经管系作一个三年师资引进规划。

根据题意以表格的形式编制规划，如表3－13所示。

表3－13　经管系近三年引进师资数量计划

项目 / 年份	全校学生数(a)	该系学生数(b)	上年末专业教师数(c)	上年末兼职教师数(d)	本年度专业教师需求量($e=b/20$)	净需求量($g=e-c-d/2$)	引进教师计划($x=g\times80\%$)	备注
2009～2010	10 000	1 000	30	6	50	17	14	
2010～2011	11 000	1 100	44	6	55	8	6	
2011～2012	12 100	1 210	50	6	61	8	6	

注意：不同行业、不同公司有不同的人力资源质量配备结构要求，如知识密集型公司或科研院所的工程师比技术人员更多，而服务型、劳动密集型公司的工人要多于技术人员。

模拟训练

如何编制华源电脑公司的人力资源规划

假设模拟的华源电脑公司经过几年的经营，其销售业绩在这个区域已经小有名气，总经理想扩大经营规模。公司现在有经理管理人员4人，行政管理职员3人，维修技术人员8人，销售人员20人。

据统计，在近三年，公司员工的平均离职率为4%，总经理认为没有理由预计会有什么大的变化。同时，按照商定的扩产计划，管理职员和维修技术人员要增加10%，销售人员要增加

15%。

但是需要引起注意的是，当地政府最近颁布了一项政策，要求当地各企业招收新员工时，要优先照顾妇女和再就业员工。虽然华源电脑公司一直以来未曾有意的排斥妇女和再就业员工，只要他们申请来华源电脑公司，就会按同一种标准选拔，并无歧视，但也没有给予特殊照顾。如今华源电脑公司员工的事实状况是，除了一名女销售员外，几乎全部都是男销售员。在这样的情况下，你认为华源电脑公司如何编制一份五年的人力资源规划。

本章知识点

1. 人力资源战略的定义、特征与类型；2. 人力资源战略的因素分析及人力资源战略；3. 人力资源规划的定义、种类、内容与程序；4. 人力资源的预测与平衡。

思考题

1. 简述人力资源规划的概念？
2. 人力资源规划包括哪些主要内容？
3. 人力资源规划的程序是怎样的？
4. 人力资源需求与供给预测有哪些方法？供需平衡方法有哪些？

第四章 员工招聘

【学习目的与要求】

通过本章的学习,应着重掌握:人员招聘的概念、原则,提高人员招聘有效性的方法,了解员工招聘的意义和发展趋势;了解员工招聘的程序;准确把握员工选择的程序,并能应用基本的测试方法。

【基本概念与定义】

人员招聘、招聘的原则、招聘的意义、人员招聘的有效性、招聘的发展趋势。制订招聘计划、确定招聘方案、发布招聘信息、员工选拔、录用决策、招聘评估。员工选拔的程序、员工选拔的测试、员工选拔方法的检验指标。

【案例】

招聘人才实例

某公司总经理与生产部经理和人力资源部经理商议,要在生产部门设立一个处理人事事务的职务,工作内容主要是负责生产部和人力资源部的协调。人力资源部经理推出两个方案:一是在专业媒体进行招聘,费用3 500元,虽宣传力度小,但专业对口,专业人才的比例会高;二是在大众媒体招聘,费用8 500元,宣传力度大,但专业对口人才的比例会低,工作量很大。总经理考虑到公司的总体情况,选择了第二方案。一周后,人力资源部经理在800份简历中,层层筛选后留下5份简历交给生产部经理。请生产部经理直接约见确定人选。生产部经理约见了他们,并选中了其中的A,B两人,他们的两份资料分别为:

A,男,某大学企业管理学学士学位,32岁,有8年一般人事管理及生产经验,在此之前曾从事过两份工作均有良好表现;

B,男,某大学企业管理学学士学位,32岁,有7年一般人事管理及生产经验。

两者相比条件基本相当,但B没有上一个公司主管的评价。公司通知二人静等佳音,在公司决策层商量过程中,A在静待,B给人力资源部经理打过几个电话,第一次表示感谢,第二次表示非常想得到这份工作。

生产部经理在和人力资源部经理交流中，虽然对B的资料提出些许质疑，但由于生产部经理在面试时对B的印象很好，人力资源部经理也表示支持，最后决定录用B。B来到公司工作了6个月后，表现不如预期的好，受到管理层的抱怨，而B也感到很委屈，认为招聘所描述的公司环境和薪酬待遇都不能落实，工作性质也与面试时描述的不一样。更没有正规的工作说明书作为岗位工作的依据。结果双方都不满意，那么到底是谁出了问题呢？怎样招聘员工才能避免这种问题的出现呢？

第一节　员工招聘的基本分析

公司在生产经营过程中，经常需要对人员进行补充和调整。当一个公司构建完成或公司成员变动以及公司人力资源结构不合理时，就需要通过人员招聘活动来调整和完善。人员招聘与选拔活动，重点是如何吸引应聘者，通过何种方式来达到员工招聘的目标，以及如何对整个招聘与选拔过程进行评估。

一、招聘的概念

人员招聘，就是以公司人员需求为基础，以工作分析为依据，通过发布招聘信息来吸引应聘者，从中挑选出适合岗位需求的人员，并向他们分配工作岗位，使其补充到现有的或计划的岗位空缺的过程。从过程上来讲，人员招聘是整个人力资源开发与管理工作的开始，是人力资源开发与管理的重要组成部分，也是人力资源开发与管理其他各个环节顺利开展的基础。

公司的人员结构稳定是相对的，不稳定是绝对的；人力资源现状会受到多种原因的影响而出现变动，员工招聘正是为满足由于这些原因导致的人员需求而进行的。一般来说，影响人员需求的原因主要有以下三个方面：第一，公司内部正常的离、退休使岗位出现空缺；第二，公司由于规模扩大，产生了新的人员需求；第三，公司内部由于伤残、辞职等出现非正常岗位空缺。当公司出现这些情况时，公司的人力资源会出现变动并带来人员需求。这时，就需要通过招聘活动进行人员补充，以获得人员需求的满足。公司招聘的目的，就是要使用人的需求得到满足，使公司人力资源结构保持合理化，通过高效率的人力资源配置，使公司的人力、物力和资金投入充分发挥作用，完成公司目标，并使员工个人目标得到充分的满足。

二、招聘的原则

为了更好地完成人员招聘工作，为公司选拔到需要的人员，在招聘与选拔过程中，应遵循以下原则，以确保招聘工作的实际效果。

（一）少而精的原则

一方面，人力资源是实现公司目标的源泉，精干的人员结构会为公司带来高效率和高收益;但另一方面,公司在使用这些人力资源时,也需要支付必要的人力资源成本。因此,公司在进行人员招聘时,要特别注重录用人员的质量,在保证质量的前提下,再考虑录用人员的数量。尽量做到能少招就不多招,来保证公司拥有高素质员工,具有合理的人力资源配置,构建成精干的公司人员队伍,实现公司高效率的运转。

(二)宁缺毋滥的原则

人员招聘活动是建立在用人需求之上,以工作分析为依据,对不同岗位的人员有不同的能力要求。公司在人员招聘过程中,需要考察招聘的人员与岗位的匹配性,做到能岗匹配,针对不同的岗位需求,寻找符合岗位能力需要的合适人选。能否创造效益是公司是否招聘录用的根本考虑因素。公司必须严把人员招聘关,宁可不招或者缓招,也不要招入不合格人员。

(三)以岗定人、量才适用的原则

人员招聘的目的是为了满足公司的用人需要。当公司发生用人需求时,根据工作分析确定好用人标准,以人力资源计划为依据去选择合适的人员,招人的目的就是为了用人,发挥员工的作用,为公司创造效益。在招聘时,要以空缺岗位的实际用人要求来招聘新员工,以应聘者与空缺岗位的匹配程度作出人员招聘录用决策。公司招人还要量才适用,对于那些很优秀但并不能适合公司用人需求的人也不应招入,以免造成人力资源浪费。当然,以岗定人并不能一概而论,对于当前用不上,但远期可给公司带来战略收益的特殊人才,也可以通过因人设岗的方式吸引和留住人才。

(四)公正公平的原则

公司招聘活动是为了给公司选拔录用符合要求的优秀人才。公司在进行人员招聘活动时,要建立公正公平的招聘机制,通过主考官的公正选拔,结合应聘者的公平竞争,使应聘者有机会充分展示自己的实力。只有这样,才能选拔到真正适合需要的人才,达到公司选人的目的。同时,公正公平的招聘也是激励优秀人才脱颖而出的基础,通过公正公平的招聘,才能真正完成高质量人员的招聘工作。

(五)内部优先原则

公司可以通过内部选拔和外部招聘两种方式获得所需人员,虽然可以从外部招来适用的员工,但对于公司中一些重要的岗位,要坚持内部优先的原则。这是因为公司与内部人员之间的相互了解,可以使员工在新的工作岗位上很快地进入角色。同时,内部优先的人员招聘原则也可以为员工提供一种职业生涯的发展通道,更有利于吸引优秀人员,并激励他们努力工作。

三、招聘的意义

人员招聘活动不仅直接形成公司的人力资源,同时也是公司进行人力资源开发与管理工作的基础,人员招聘对于公司的发展具有重要意义。

(一)人员招聘工作成效好坏是公司目标能否实现的基础

在知识经济背景下,物质资源的增值空间变得越来越小,只有人这种活的资源才具有不断创造新价值的潜力。如果不能获得实现公司目标的员工,则公司在资金和时间上的投入将无法实现预期收益。只有获得公司所需人才,才是公司在激烈的市场竞争中得以生存和发展的基本保障。

(二)人员招聘是人力资源结构调整的过程,可以促进人员结构趋于合理

公司的人员结构总是一个动态调整的过程,由于公司目标、生产计划以及公司结构的变动与调整,都会导致人力资源使用与配置状况的变动,也会造成公司用人需求的变化,通过招聘活动,公司可以进行人员补充与调整,从而满足用人需求。公司选择进行内部提升或外部吸收获得人力资源的过程,实际上就是对公司人员结构进行调整的过程。通过招聘活动对人员结构作出调整,不仅可以为公司带来新鲜血液,优化公司人力资源结构,促进公司人力资源实现高效率配置,还可以激发公司员工的工作热情,从而使公司在竞争中保持活力与创造力。

(三)由人员招聘获得公司需要的员工,减少公司培训和开发费用

公司的人员招聘,是结合工作分析而作出的招聘决策,会对所需人员进行一定的资格和能力的限定,对新员工的进入提出了一定的要求。通过招聘活动,可以使公司获得具有空缺岗位所需要的经验和技能的员工,使新员工可以很快投入工作。这就使公司在面临人员短缺时,可以及时地从外部获得新的人员补充,从而减少通过内部培训开发等方式获得相应人员的过程,减少了公司的人力资源开发投入。

(四)人员招聘是公司与求职者和社会互动的过程

招聘活动是公司与求职者的双向选择过程。在招聘活动中,公司不仅仅是在选拔自己需要的人才,同时也是求职者在选择自己需要的就业岗位的过程。通过人员招聘活动,求职者会对公司形成一个基本的认识和了解,从而对自己的求职意向作出一个选择。公司在招聘过程中的宣传及招聘人员的职业素养、态度等多方面情况都会影响社会对公司的认可程度。在与社会的互动中公司人员的招聘活动表现得尤为明显,公司通过人员招聘活动,可以在与社会的良性互动过程中加大宣传,增强公众对公司的了解;公司的招聘广告宣传有助于提升公司形象,提高公司知名度。因此公司要把握住招聘活动中与社会的互动,将公司公关工作与招聘工作紧密联系起来,通过公司招聘人员的活动来充分展示公司形象,并注重对公司招聘宣传材料的设计,可以达到通过招聘活动加深公众对公司的了解与认知,提升公司知名度的效果。

(五)招聘活动为人员流动创造条件,有利于社会人力资源的合理配置

在市场经济条件下,生产要素的自由流动是市场机制发挥作用的基础。公司的招聘,特别是现代公司的招聘活动是在社会整体劳动力资源供给与需求背景之下完成的。人员招聘活动的存在,为社会创建整体自由流动的劳动力市场提供了基本条件,有利于整个社会人力资源的合理配置。

四、提高人员招聘的有效性

人员招聘是公司整个人力资源开发与管理活动的基础,只有为公司挑选到合格的人才,才能使公司的用人需求得到满足,并使公司能够高效地运作,从而最大化地实现公司目标。正是由于人员招聘对公司有着重要的作用,人员招聘在人力资源开发与管理活动中占据了非常重要的地位,如何保证人员招聘活动的有效性就成为招聘过程中的重要问题。提高人员招聘的有效性,需要从以下几个方面入手。

(一)选择良好的招聘渠道,吸引足够多的应聘者

不同类型和层次的求职者对于不同的招募渠道具有不一样的敏感程度。公司在进行人员招聘时,一定要对所需人力资源进行分析,了解潜在求职者的可能位置,从而有针对性地发布招聘信息,以使适合公司所需的人才能尽可能多地了解公司招聘需求。选择合适的招募渠道,可以吸引足够多的应聘者。对于公司而言,求职者越多,挑选的范围就越大,从中选出公司需要的人才的可能性也就越大。

在人力资源招聘活动中,通常用金字塔招聘方式来帮助招聘者确定需要吸收多少人来应聘。这种金字塔的状态显示了公司招聘过程中应聘者数量的重要性。在多个招聘选拔流程中,通过设定每个环节的淘汰率,确定每轮招聘测试中可以进入下一轮的人员数量,最终使公司可以选拔到适合需要的优秀人才。如某公司要选择五名中层管理干部,要经过简历筛选、笔试、面试、二次面试、录用等五道程序,那么可以确定 6:1,4:3,3:2,2:1 的比例为各轮选拔进入下一轮的通过率。通过招聘金字塔可以确定,在招聘过程中需要吸引 120 人前来公司应聘。如图 4-1 所示。

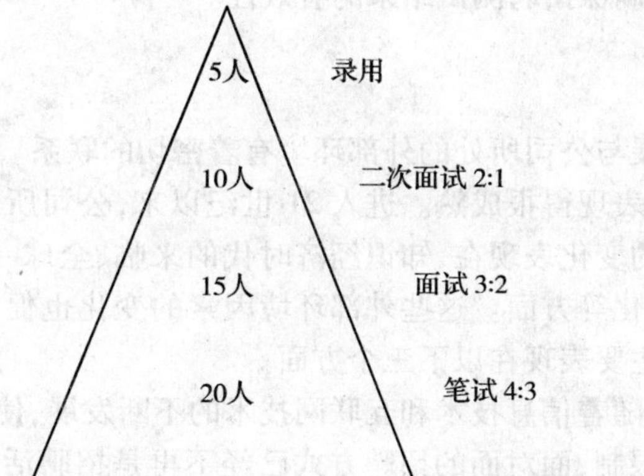

图 4-1　招聘产出金字塔

(二)公司精干的招聘队伍

人员招聘活动是公司与应聘者进行双向选择的过程,既是公司在选择人才,也是应聘者在选择公司。公司精干的招聘队伍,是公司选择到优秀人才的基础。其原因如下所述。

第一,招聘者自身知识面的广泛程度将决定着他们进行人力资源测试的深度。招聘人员自身素质的高低,以及他们对公司价值观和文化的理解与认可程度,都将影响到他们是否真正能为公司选拔到适合公司需要的人才。

第二,公司招聘过程是对外宣传的过程,招聘人员是应聘者了解公司的窗口,他们在招聘活动中所有表现,都代表公司形象,将对求职者的求职意愿产生直接影响。

第三,公司精干的招聘队伍,可以加强公司对外宣传、对公司的形象和企业文化进行更好的描述,应聘者可以从中了解到公司的相关信息,从而更好、更全面地认识公司。可见,公司人员招聘活动也是公司对外宣传的过程,招聘队伍可以为公司塑造良好的对外形象作出贡献。一般来说,在人员招聘活动中,有四类人最适合做招聘员工的主考官,即公司的高层管理者、用人部门的直接主管、一般职位人员以及公司外部非利益相关者(如专业招聘机构)。

(三)选择合适的选拔测试方法

不同的人具有不同的个性、能力与心理特征,公司在招聘过程中需要对应聘者的能力与素质进行测试,以确定应聘者是否能满足空缺岗位的用人需求。通过合适的测试方法对应聘者进行测试,是公司获得满足需求的人才的必要手段。对于不同的求职者,结合公司空缺岗位的用人要求,应当用不同的方法进行测试和甄别,以使公司能够选拔到真正需要的人才。常用的选拔测试方法包括面试、笔试、心理测试、能力测试等,在人员招聘时,通常是多种测试方法结合运用。在进行人力资源招聘选拔测试过程中,要注意测试方法的效度与信度,保证测试的准确度与可信度,这样才能确保招聘测试结果的有效性。

五、招聘的发展趋势

人员招聘活动的开展与公司所处的外部环境有着密切的联系。人员招聘工作经过多年发展,在程序和方法上已经表现得很成熟。进入 21 世纪以来,公司所面对的外部宏观环境发生了巨大的变化。代表性的变化表现在,知识经济时代的来临、全球一体化进程加快、新科学新技术日新月异、全球信息化等方面。这些外部环境因素的变化也促使公司的人员招聘出现了一些新的发展趋势。这主要表现在以下三个方面。

第一,招聘网络化。随着信息技术和互联网技术的不断发展,使得公司人员招聘工作逐渐摆脱了传统招聘方式的限制,面对面的招聘方式已经不再是招聘活动的主体。以公司招聘为例,以计算机技术和网络技术为支撑的网络招聘,成为公司进行人员招聘活动的重要形式并越来越扮演着一个重要的角色。通过网络招聘,公司选拔人才的范围大大突破了原有的地域限制。通过互联网进行人员招聘,可以加快公司招聘信息的发布速度,减少公司在招聘时间上的投入。公司还可以借助计算机的帮助,通过招聘信息管理系统实现网上招聘录用,从而极大地降低了人员招聘的成本。1998 年,在世界上最大的公司中,只有 22% 的公司采用了网络招聘的方法,但到 2000 年,这一比例已经升至 88%。网络招聘还被认为是最有效的招聘渠道。2001 年对公司高级人力资源管理人员所做的一项调查显示,36% 的人认为网络招聘是最有效的方式,居各种招聘渠道之首。美国思科系统公司在传统招聘方式下,一个空缺职位平均需要113天才能补齐,利用网络招聘后平均空缺职位增补时间降为45天,而平均招聘费用则从10 800美元下降到6 500美元。

从网络招聘在全球企业的发展来看,在1998年,全球500强企业中还有14%的企业没有创建自己的网站,仅有29%的企业拥有招聘专栏;到了2003年全球500强企业全都建立了自己的企业网站,其中94%的企业建立了自己的招聘专栏,五年时间增长了3倍多。全球500强企业对于网络招聘的运用能够体现这种招聘方式的快速发展态势。北美与欧洲是网络招聘发展程度最高的地区,发展中国家的网络招聘市场也在快速发展。根据Net - Temps的数据,在美国采用网络招聘形式的企业高达77.6%,采用报纸/杂志招聘的占12.2%,采用人才招聘会招聘的企业占7.1%,采用广播和电视进行招聘的企业分别占2%和1%。根据StepStone的数据显示,网络招聘已经取代传统的印刷媒体的招聘广告,成为企业招聘的首选。在欧洲已经有23%的企业把招聘活动全部通过网络实现,而只采用印刷媒体进行招聘的企业只占8%。根据Emnid的数据,在德国,超过70%的互联网使用者通过互联网寻找工作,而德国的互联网使用者已经占到总人口的一半。根据英国第二大招聘网站Hotonline. com数据统计,2003年英国有700万人通过互联网找工作,90%的毕业生是通过互联网寻找自己的第一份工作。以上数据表明,21世纪以来,网络招聘的市场规模的扩大最为迅速。

2004年,我国网络的招聘容量占整个招聘市场容量的13.2%,还远远低于报纸和现场招聘会。2005年网络招聘市场成长迅猛,占招聘市场份额接近20%。2006年这一比例达到25%,市场规模约为14.2亿元。艾瑞(iResearch)市场咨询通过调查预测,未来三年内中国网上招聘个人用户规模仍将继续增长。2006年中国网上招聘个人用户规模达到1 730万人,比2005年增长53.1%,个人用户占网站比例为12.8%,比2005年增长了2.6个百分点,至2010年中国网上招聘个人用户规模将达到5 730万人,当年增长率为27.3%,个人用户占网站比例为24.7%。未来三年内中国网上招聘企业用户规模也将继续增长。2006年中国网上招聘企业用户规模达到149万,比2005年增长35.5%,至2010年中国网上招聘企业用户规模将达到481万,当年增长率为34.7%。

随着互联网在中国的迅速普及,网络招聘在中国的劳动力市场中也发挥了越来越重要的作用,尤其是中介公司的网络招聘扮演着日益重要的角色。因此深入地了解网络招聘在中国的应用现状,尤其是中介公司利用网络招聘的现状,企业与求职者选择中介公司网络招聘的原因,我国中介公司网络招聘效果,并深入考察其对于区域产业的真实作用程度,这将对促进我国的积极产业战略的实施具有重要的意义。在我国当前摩擦性失业、结构性失业仍然相当突出的背景下,研究如何提升网络招聘能力以促进就业和提升就业质量对整个国家具有战略性的重要意义。

第二,招聘的地域性弱化。在过去,由于受信息传播方式与交通工具的限制,以及公司面临的竞争更多的是地区性的,因而招聘活动主要集中在公司所在地区。而今,随着公司所处外部环境的变化,其面对着日益激烈的市场竞争,高级技术人员和高级管理人员对于公司的生存和发展有着更大的作用,公司对优秀人才表现出前所未有的渴望,公司间对人才的争夺变得更加激烈。同时,由于交通与通信技术的发达以及统一市场的进程加快,使得人员流动范围越来越大,人才在全球范围内的流动越来越变成现实。对人才的需求也在更大限度内突破了人才招聘的地域限制,一些知名公司对人才的招聘更是突破了地区或国家范围,扩大到了全球。早在1998年,麦肯锡公司就预测"全球将爆发人才大战"。公司通过竞争性薪酬计划和良好的发展空间不断开发和吸引人才,世界各国之间也通过优厚的政策展开了激烈的人才争夺。如德国内阁通过了给予非欧盟国家引进技术人才的"绿卡"规定,新加坡宣布引进高科技人才不受指标限制,都促进了人才市场的竞争。

第三,人员招聘理念发生变化。人才争夺战愈演愈烈也使得公司的人员招聘理念发生了根本性的改变,人员招聘被视为公司发现人才和吸引人才的重要战略。过去,公司与员工的关系更多地被视为雇佣者与被雇佣者的关系,公司的招聘活动是等着求职者上门,或者只是将招聘活动,视为简单地通过广告向求职者告知公司用人信息的过程。现在,公司用人理念发生了重大变化,员工被视为是公司的投资者之一,所不同的是公司所有者是资金投入,而员工是智力或劳力资本的投入,公司员工与所有者之间形成了伙伴关系。为公司招聘到满足需要的员工也是寻求公司投资者活动的一部分。人员招聘理念发生的另一个重大变化在于,招聘活动并不仅着眼于招聘到适合当前需要的人才,更重要的是要为公司吸引人才和发现人才。因此,一些大型公司更注重与人力资源提供者建立良好的合作关系,不惜重金在高校设立奖学金或建立就业联系,以期提升公司形象,为公司将来更好地吸引人才做好铺垫。如许多公司与高校展开合作,通过在学校建立奖学金制度来获得未来人力资源的认同,也有公司与高校建立起合作培养人才机制,为公司长远的人力资源供给提供条件。

第二节 员工招聘

员工招聘是公司人力资源管理的一个重要组成部分,招聘活动的实现及其效果的完成需要经过一系列的流程。一般来说,招聘过程由六个阶段组成,即制订招聘计划、确定招聘方案、发布招聘信息、员工选拔、录用决策和招聘评估,如图4-2所示。

一、制订招聘计划

招聘计划的制订,以工作分析为基础。公司通过工作分析,找出具体的岗位空缺,并形成工作描述和工作规范,包括对空缺工作岗位的性质和环境特点的描述以及空缺岗位人员需求的具体能力与素质要求。公司根据岗位空缺以及对这些岗位的具体要求制订人力资源招聘计划。公司在制订招聘计划时应主要对以下几个问题进行规定。

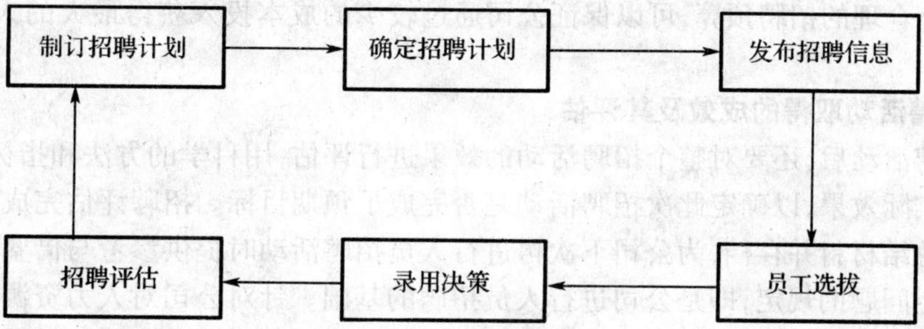

图4-2 招聘的流程

（一）招聘岗位需求及具体要求

通过对公司人力资源现状及工作岗位的分析，确定公司对人员的需求状况，拟订人员需求计划，并结合岗位性质，制订出岗位需要人员的具体要求。

（二）招聘的时间跨度

公司对于不同人力资源需求的时间有不一样的要求，在招聘过程中也需要耗费一定的时间成本。在制订人力资源招聘计划时，要根据公司用人的紧迫程度和招聘活动的成本预算情况，确定招聘活动的时间跨度。因此，人员招聘的时间跨度要与公司用人需求紧密配合，有一个合理的时间安排，从而有利于公司更好地统筹安排各项工作。同时，人员招聘活动的时间跨度还要和公司的人力资源招聘预算相吻合。

（三）选择合适的渠道发布人员招聘信息

人力资源具有一定的层次性，不同的信息渠道对不同的人力资源影响程度不一样。因此，公司要针对用人需求，选择合适的渠道发布招聘信息。不同的人员需求可以通过不同的渠道获得，也可以通过不同渠道间的相互组合来招聘，对招聘渠道的选择会影响招聘的效果，因此，公司要选择适合自身需要的招聘渠道，以招聘到适合需要的员工。如在进行低级别招聘时，可以通过劳动力市场或者职业介绍所；当进行高级别专门人才招聘时，需要通过猎头公司或者专门服务机构来获得，同时还要注意内部与外部招聘对公司人才获得的影响。

（四）人员招聘程序和方法的设计

公司招聘工作需要经历一定的程序，同时还要选择合适的方法进行人员招聘测试。对不同性质的岗位招聘要用不同的方法来测试应聘者的潜在工作能力。通过不同的测试手段可以检验应聘者的能力和素质，不同的测试方法又存在检验的效度与信度问题，因而公司要针对人才需求的不同而选择有针对性的测试方法，以使招聘选拔与测试可以准确地反映出公司想要测试的能力，并要着力避免检验过程中的效度与信度的缺失。

（五）制定招聘预算

人员招聘活动必然要付出一定的成本，这包括招聘信息的制作、招聘信息的发布、招聘选拔费用等。面对当前激烈的人才竞争形势，公司在人员招聘过程中所需花费的成本也越来越高。确定一个合理的招聘预算,可以保证公司通过较少的成本投入获得最大的人力资源招聘收益。

(六)招聘活动取得的成效及其评估

完成招聘活动后,还要对整个招聘活动的效果进行评估,用科学的方法和指标来测定人员招聘活动的实际效果,以确定此次招聘活动是否完成了预期目标。招聘评估完成后,还要对评估结果形成总结材料并存档,为公司下次再进行人员招聘活动时提供参考与借鉴。

对于以上问题的规定,即是公司进行人员招聘的基础。针对公司对人力资源的具体需求,通过对不同问题的最佳方案组合,形成人员招聘计划。当然,计划的制订还要受现实情况的制约,要在实际工作中检验,并结合具体情况进行适当调整。

二、确定招聘方案

招聘方案是指公司进行人员招聘的时间选择、信息发布渠道选择、招聘方式、招聘程序与方法以及制订招聘预算及其评估等。在这里主要介绍人员招聘的方式以及对招聘方式的选择。

一般来说,公司的用人需求可以通过外部招聘和内部选择两种方式来得到满足。这两种方式有不同的优点,同时也有各自的劣势。采用不同的方案,要基于公司内外部人力资源状况而定,同时还要结合不同方案对公司招聘成本的投入与对内部团结的影响程度来选择。但不论采用哪种方式来为公司招聘人员,其最终目的都在于用最小的成本,为公司招聘到最合适的人才。从严格意义上来说,外部招聘与内部选拔是人力资源开发与管理中两个不同的获得人力资源的方式。外部招聘是公司人力资源的吸收;内部选拔是公司人力资源的开发,这两种不同的招聘方式都是为了满足公司的用人需求。两种方案具有不同的特点,选择哪种方式满足人员需要,取决于公司内部人力资源状况和岗位要求。

(一)内部选拔

当公司内部出现岗位空缺时,首先要考虑通过内部调整来满足用人需求。内部人员选拔是满足公司用人需求的重要途径。一些调查表明,有 90% 的管理岗位是由内部招聘来填补的。内部选拔有内部提升和内部调用两种不同的途径。

1. 内部提升

内部提升是当公司重要职位空缺时,将公司内部员工从一个较低的岗位提升到一个较高的岗位,以满足公司用人需求。

内部提升的优点在于,可以为员工提供一个良好的发展平台,同时也让其他员工看到自己的发展前景。内部提升是将一个较低岗位的员工提拔到一个较高岗位,这样被提拔员工原来的岗位又出现空缺,也就为公司再次进行内部选拔创造了条件。一个注重内部提升的公司,可以为员工个人职业发展提供实现的通道,对员工有很好的激励作用,这也有利于形成统一的企业文化。当然,这种方式也存在一定的缺点,主要表现为,加大了公司人力资源的封闭性,不利于从外部吸收优秀人才。

2. 内部调用

内部调用是将公司内部员工在一个相同或相近的工作级别间转换工作,或者将员工工作级别略有下降地调整使用。一般而言,将公司中处于一个较高级别的员工调到一个较低级别的岗位,这种方式在公司进行人员选拔中比较少见,但如果公司内部出现较大的人员危机,需要从较高级别的员工中选择有经验和能力的人去处理时,就可以运用这种方式。

这种方式的优点在于员工可以很快进入工作状态,更好地熟悉公司运转状况,也有利于形成统一的企业文化。其缺点在于公司人员调整仅在公司内部完成,并不利于内部人员结构改善与素质提高。如果员工是在同一级或者是略有下降地调整,还可能会影响到员工的工作积极性。

要在内部进行人员选拔,就必须对公司人员状况有充分的了解,这样才能及时从现有人力资源中选取适用的人员。因此需要在平时就对公司拥有人力资源状况进行总结和备档。一般有两种方法进行内部人员选拔。

第一,内部公告法。公司可以将用人信息向内部员工作出通告,将空缺职位信息、用人要求、工作时间与报酬等公布出来,通过公开的方式提高内部选拔的透明度与公平性,使全体员工均有机会进行空缺职位的申请。

第二,档案筛选法。档案筛选分为人事档案和技能档案两种。人事档案记录了员工的工作经历与工作业绩,技能档案则通过公司人力资源开发与管理信息库,将员工的基本信息、教育情况、个性特征、工作技能、参加培训、业绩评估等信息进行储存。当公司有用人需求时,就可以根据档案信息作出综合判断,从中选择公司所需要的人才。

(二)外部招聘

当公司内部现有的人员数量与员工结构无法满足公司的人力资源需求,或者公司内部需要通过补充新鲜血液来提升整体活力时,就要以外部招聘的方式来获得新的人员来满足公司的需求。

外部招聘,即当公司需要补充新的员工时,通过一定的标准与程序,从公司外部的应聘者中,选择符合空缺职位需求的人员,以满足公司用人的需求。通过外部招聘,可以为公司提供更大范围的选择,可以为公司招聘到具有不同于公司原有观念的员工,从而为公司带来不同背景和新思想的员工,当这些员工进入后,可以减少公司现有弊端的影响和束缚,有利于激发公司的活力。同时,通过外部招聘的方式来满足公司人力资源需求,不仅是公司吸收人力资源的过程,还应将其视为公司对外宣传的机会。因此,通过外部招聘的方式选拔人才时,不仅要考虑公司所需人员的特点,还要注重对招聘时间和地点的选择。外部招聘可以通过以下途径来实现。

1. 员工推荐

即当公司需要进行人员补充时,可以由员工向公司推荐他们认为合适的人前来应聘。这是人员招聘中比较传统的方法,在我国,进城务工的农民工主要的务工渠道就是通过亲友介绍进入工厂。在国外,这种方式也比较盛行,以美国微软公司为例,约有30%的开发人员是由内部员工推荐才招聘录用的。一般来说,通过员工推荐的方式来满足公司用人需求可以提高公司人员招聘活动的成功率和降低公司人力资源流失率。由于应聘者对公司的了解程度比较高,招聘的成功率比较高,员工本身与应聘者之间的关系良好,这使招聘进来的员工保持较低的流失率,加强了公司内部人员结构的稳定,从而促进企业文化的建设。通过员工招聘的方式满足用人需求还具有以下优点:一方面,出于员工推荐省去了公司对外宣传招聘的环节,可以节省一般招聘流程中的很多步骤,节约了招聘成本;另一方面,由于新招入的员工在公司中有自己的熟人,可以使他们更加快速地融入到工作的角色中来。用这种方式获取人力资源的劣势在于,可能会使公司内部因熟人网络形成“裙带关系”或者小团体。

2. 招聘会

参加招聘会是公司进行招聘的一种重要形式。这种方式的特点在于,在短时间内可以集中众多的求职者,使公司可以集中了解众多求职者的信息,并可以从这些求职者当中选取到合适的人员。同时,由于在现场招聘会上应聘者集中,公司还可以通过这样的方式进行公司形象的展示和宣传,加深求职者对公司的了解,以求建立公司良好的公众形象。

3. 职业介绍所

公司可以委托职业中介进行招聘活动,为公司收集到用人需求信息。我国的职业介绍所专门提供人员流动中介工作,因而他们有较多的人力资源信息,可以为公司人员招聘提供相关的人力资源信息,但职业介绍所并不能提供专门人才,而且一般通过职业介绍所招聘的员工素质也容易出现良莠不齐的现象。

4. 校园招聘会

大学是培养教育人才的摇篮,它的专业覆盖面广,人才层次多,一直是一个良好的人才供给市场,完全可以满足公司的用人需求。大学毕业生在大学的学习阶段接受了长期的、系统的知识训练,有较高的专业知识积累和良好的职业素质,相对而言,大学毕业生具有比较高的素质和可塑性。

面对日益激烈的市场竞争,很多有远见的公司已经不再满足于仅仅从大学毕业生中招录员工,而是更多地转向人才培养模式,很多公司通过在学校设立专门奖学金或者建立合作办学,以及提供实习基地等方式,与学校人才培养建立起长期、牢固的联系,使学校可以成为公司稳定的人才供给基地。但通过校园招聘会进行人员招聘也存在一些不足,主要在于大学毕业生缺乏足够的经验,不能很快适应公司用人需求,通常需要进行一段时间的岗前培训。通过校园招聘而来的员工,也存在流失率较高的问题。

5. 猎头公司

猎头公司是专门为公司寻找和招聘中高级管理人员和特殊技术人员的专门职介机构,是当前公司招聘高级人才的一种常见方式。

通过猎头公司完成人员招聘也存在一定的不足，主要在于猎头公司实行有偿服务，收费很高，而且不论最终招聘成功与否，都需要付费，因而招聘成本较高。

6. 网络招聘

网络招聘是随着信息技术与互联网技术发展起来的一种新型招聘方式。网络招聘，与传统招聘方式相比，可以突破地域限制，使各个地方的人才都可以在同一时间获知公司招聘信息，并向公司提出应聘申请，从而可以使公司从更广范围内挑选人才。根据中国互联网络信息中心 2011 年 1 月 19 日，在京发布的《第 27 次中国互联网络发展状况统计报告》（以下简称《报告》），截至 2010 年 12 月底，我国网民规模达到 4.57 亿，较 2009 年底增加 7330 万人；《报告》显示，中小企业互联网接入比例达 92.7%，规模较大的企业互联网接入比例更是接近 100%。43% 的中国企业拥有独立网站；57.2% 的企业利用互联网与客户沟通，为客户提供咨询服务；其中电子邮件以 21.3% 的比例成为“最普遍的互联网营销方式”。网络招聘在我国发展非常迅速，网络招聘也已经从原来的仅在自己公司主页上发布招聘信息，发展到了由专业的招聘网站来进行招聘工作。现在已经形成的比较知名的大型专业性招聘网站有前程无忧网 www.51job.com，智联招聘网 www.zhaopin.com.cn 和中华英才网 www.chinar.com 等。

7. 自荐求职者

有些时候，即使公司未发布用人需求信息，也会有一些求职者主动递交求职申请，表达求职意愿。对于这些人，公司可以将他们的就业需求信息存储起来，当公司有这方面的人员需求时，可以及时方便地从中选择。这种方式可以减少公司许多招聘支出，但由于自荐求职的随机性太大，导致求职者的就业意愿与公司的用人需求并不能在同一时点上达到一致，因此，通过这种方式获得人力资源的成功率比较低，即使将其纳入公司人才库，也会因为时间问题而不能获得这样的人才。

（三）外部招聘与内部招聘的比较与选择

外部招聘和内部招聘两种方式，有不同的优缺点。外部招聘人员，具有以下三个优点。第一，可以为公司补充新鲜血液，更新公司思想和理念。由于外部招聘进来的人员较少地受到公司内部文化和公司架构的影响，可以为公司带来新的思想和理念。同时，由于外部招聘的员工对于公司历史缺乏参与，因而他们不会有历史包袱，减少了公司原有历史的束缚，能够较好地开展工作。第二，可以缓和内部竞争。内部员工对于高级职位都有较高的向往度，他们会由于希望得到这个职位而相互竞争，如果他们当中的某个人获得这个职位时，会给其他参与竞争的员工带来打击。当公司从外部招聘新的员工来填补岗位空缺时，可以减少公司内部员工的相互竞争。第三，公司从外部招聘进来的员工，特别是有工作经历的员工，由于具备较好的工作经验，可以很快进入工作状态，减少公司在人力资源培训中的投入，同时，对于同行招聘的员工，还可能为公司带来竞争对手的有价值的信息。

但是从外部招聘员工也存在一定的问题，特别是要招聘的是一个较高级别的职位时，其弱势就表现得更加明显了。第一，打击内部员工的士气。这是由于内部员工对于较高级别的职位都有一定的向往，特别是在自我认可的基础上更是如此。如果公司从外部招聘人员来填补了某个岗位的空缺，这将会使内部员工感觉自己得不到重视和认可，致使员工对公司的忠诚度降低，加大公司人力资源的流失率。在这种情况下，外部招聘的人员可能会在公司内部遭到原有员工在工作上的抵触，使今后开展工作的难度加大。第二，外部招聘人员需要较长的适应过程，使招聘投入增大。由于外部招聘来的员工对于公司内部的人员、文化及工作流程都不熟悉，因而需要通过一个较长的时间来适应工作。外部招聘需要通过一系列的流程来完成，公司在人员招聘上的投入也比较大。

通过内部招聘的方式选择员工，也有其优缺点。其优势在于以下三点。第一，可以提高公司员工士气。通过内部招聘的方式可以让员工看到公司对于他们的关注，使他们觉得工作有前途，使他们对自己职业生涯的发展充满希望。内部招聘的方式使每个员工都可以清楚地认识到，只要在工作上积极投入，不断创造高的工作业绩，那么就有可能受到重视，并可以提升到一个较高级别的职位。这样可以激励员工的工作积极性，从而提升整个公司的士气。第二，公司与被录用人员相互了解。从内部招聘员工，公司已有的档案和工作绩效可以较为准确地反映出员工各方面的情况，而员工由于在公司中有较长的工作时间与经历，对人员、文化及工作要求都有较好的了解，可以及早进入工作状态。第三，内部招聘速度快、成本低。通过内部招聘获取人力资源可以减少招募外来求职者所需要进行筛选付出的额外费用。由于内部员工对空缺职位比较了解，很快就能到位并开展工作，相对于对外招聘而言，具有时间上的优势。

但通过公司内部招聘方式选拔人才，也可能存在一些劣势。第一，造成公司内部近亲繁殖。通过内部提升获得用人需求满足时，员工能否被提拔与上级领导有很大关系，因而会形成一个以上级领导为中心的团体。在人员提升过程中，也会忽视对能力的考察，而更多地倾向于注重关系。第二，可能导致公司内部不和。由于对人的评判尺度不一，因而当员工受到提拔重用时，会使他周围的一些员工产生不平衡心理，造成未被提升的员工士气受损，使公司内部员工之间出现不和。第三，会使员工被放在一个不能胜任的位置。被提拔的员工，一般是在当前工作岗位上业绩表现突出的员工，但这样的表现只能说明员工对当前工作岗位有很强的胜任能力，而当把他提到一个较高的职位时，可能会出现不能胜任的情况。

虽然招聘工作无论是采用哪种方式，对公司的人力资源开发与管理都可能存在一定的利弊，但公司的出发点应主要考虑岗位的用人需求，因此，在保证公司满足用人需求基本目标的前提下，再去权衡外部吸收与内部提拔之间的利弊，从而选择既有利于减少招聘成本投入，又可以保证不损害员工士气的方法。

三、发布招聘信息

制订招聘计划后，便可以公布公司的用人需求，以吸引应聘者前来应聘。发布招聘信息，即向可能前来应聘的人群告知公司将要进行人员招聘的消息。为了使招聘信息能够产生足够好的招募效应，应当解决两个问题，即招聘信息的制作和信息发布渠道的选择。公司发布招聘信，需要注意以下几个问题。

（一）招聘信息的制作

公司发布招聘信息，重要的是能够把公司所需的人员吸引来应聘，因而在招聘信息的制作上要下足工夫。制作招聘信息要注意以下几个问题。

第一，公司信息介绍。招聘活动是双向选择的过程，公司信息介绍可以加强求职者对公司的认同程度。公司招聘工作除了要招聘到合适的人才外，还要被看作是向外界自我宣传的过程。通过精练的语言来介绍公司，不仅可以吸引求职者，而且可以对外形成一个良好的形象。

第二，对应聘者的要求。在招聘信息中一定要明确对求职者的要求，不仅是为了规范求职者的层次与能力，而且也可以为公司后续的招聘环节减少不必要的筛选成本。

（二）信息发布渠道的选择

通过不同的渠道发布招聘信息，可以使不同群体人员获得公司的需求信息。一般来说，发布信息的渠道选择要注意两个原则。

第一，信息发布面广。只有把公司招聘信息放在一个较大的范围内发布，才有可能吸引到足够多的应聘者，提高公司从中挑选到合适人员的几率。

第二，信息发布时要注重人力资源的层次性。不同能力的人员总处于不同的层次，因此公司发布招聘信息时，要注重信息对象的层次性，即使是同一次招聘，对不同需求的人员，也可以通过不同层次的渠道进行告知。

（三）信息发布要及时

招聘总是在公司有用人需求时才进行的，因此，公司要及时发布招聘信息，以使人员需求得到及时满足。

招聘活动有不同的信息发布渠道，不同的信息渠道又有不同的适用范围。公司可以针对自身的用人需求，选择不同的信息发布渠道，以使用人需求在不同范围的人群中得到传播。

一般来说，常用的招聘信息发布渠道包括报纸、电视广告、网络、杂志和专业刊物等公共媒体。不同方式媒体有不同的特点。不同信息发布渠道的比较如表4－1所示。

表4－1 不同信息发布渠道的比较

信息发布渠道	优　点	缺　点	适用范围
报纸	广告成本低； 地域性特征明显； 报纸广告一般分类刊登，会受到特定对象的关注	广告制作效果缺乏吸引力； 信息受众不确定； 每日更新导致信息易被覆盖	招聘的人员选择会受地域特征影响明显； 广告发布地点有较多的求职者通过阅读报纸寻找工作

表 4－1 （续）

信息发布渠道	优　点	缺　点	适用范围
杂志	广告设计效果好；保存时限较长；信息受众比较确定	受发行时间制约，可能造成信息发布不及时	招聘专业人员；时间和应聘者所在地域对招聘影响不大时
电视	声形并茂，易引起人们注意	信息持久，发布广告成本高；前期投入的制作用大；信息受众不确定	迅速引起求职者注意；宣传公司形象；可以作为促进平面媒体广告阅读量的辅助手段
电脑和网络	广告成本低；信息传递速度快信息及时更新；影响地域范围广	受网页浏览量制约	求职者较多地通过上网寻找招聘信息；招聘人员的地域跨度很广，如全球招聘

不同信息发布渠道具有不同的特点并存在一定的适用范围，公司在选择信息发布渠道时，要考虑以下几个因素。

1. 招聘的成本

不同的信息发布渠道需要的成本投入不同，对渠道的选择受到公司所能承担的招聘预算限制，如报纸平面广告就会比电视广告的投入要少。

2. 招聘的时效性

信息传递所需时间不同，因此信息发布渠道的选择还要受到人员需求的紧迫程度影响。如果用人需求比较紧，那么就需要选择信息传递快的渠道；如果人员需求并不十分迫切，则可选择相对慢一些的渠道。时效性还体现在招聘信息传播的持久性方面。

3. 招聘岗位的性质与特点

劳动力市场具有一定的层次性，不同性质的劳动力市场的劳动力供给是不相同的，不同的信息发布渠道所面向的劳动力市场也不尽相同。因此，公司在进行招聘活动时，要根据自身岗位需求的性质和特点，有针对性地选择信息发布渠道。

4. 劳动力市场的供给状况及劳动力市场的流动程度

如果劳动力市场供给存在一定的差异性，而且劳动力流动顺畅，那么，公司为了选拔到适合需要的优秀员工，就要选用覆盖面广的信息发布渠道，以使更多潜在的求职者可以知晓公司的用人需求。

发布招聘信息时，还要向求职人员提供事先制定好的职位申请表（如表 4－2 所示）。这种统一格式的表格可以使公司重点考察满足用人需求所需要的基本信息，既有利于求职者按要求提交自己的资料，也利于公司后续选拔工作的开展，特别是对简历筛选的实施。

表 4－2 职位申请表

编号：　　　　　　　　　　　　应聘职位：

姓　名				照片
性　别		出生年月		
民　族		籍　贯		
学　历				
专　业				
计算机水平		外语水平		
身　高		体　重		
兴趣爱好		特　长		
通讯地址				
联系电话		邮政编码		
Email				
主要学习经历				
主要工作业绩				
备　注				

四、员工选拔

员工选拔是招聘活动中重要的一环，是公司获得所需人力资源的保障。发布招聘信息后，会吸引众多的求职者前来应聘，公司需要从中挑选出适合自身用人需求的人员。员工选拔就是通过一定的测试方法，对众多的应聘者进行鉴别和考察，从中挑选出公司需要的人员。

对员工进行选拔不仅要确定应聘者是否具备相应的工作能力，还要确定应聘者是否适合于担任相应工作。确定合理的选拔程序，并辅以科学的测试方法，对应聘者的能力与素质进行鉴定，也是人员招聘过程中公平公正原则的体现。

通常使用的选拔与测试方法有知识测试、心理测试、模拟情景测试和面试等。公司应当结合自身对员工的需求，确定可以鉴别应聘者能力与潜力的方法。在测试过程中，要注重对测试的信度与效度保证，以使公司能够选拔到合格的员工。具体的选拔程序和测试手段将在下一节中详细讨论。

五、录用决策

通过对求职者进行招聘测试后，可以反映出求职者潜在的工作能力与个性特征等信息，公司应当根据求职者的这些信息，挑选出适合公司需求的人员，并针对求职者具备什么样的能力，能做什么和求职者具有什么样的兴趣与动机，愿意做什么工作来作出录用决策，并为其分配职位。录用决策是公司招聘活动成果的反映，是公司招募工作人员重要的环节。

在招聘录用阶段应当注意以下问题。

（1）不要录用比职位要求高很多的人。如果能够胜任当前工作，并高出岗位要求的能力时，员工会缺乏工作动力，这样的员工不可能在当前岗位上待太久，结果会导致公司人员流动率过高。

（2）重视应聘者的工作能力，充分考虑应聘者的个性特征对工作的影响。拟录用人员应该是能够满足公司用人需求的人员，因此潜在的工作能力是衡量其是否可以被录用的基础，在能力相同的情况下，应聘者的个性特征成为决定因素。如对财务人员的选择，必须考察他们对待诱惑的可能反应。

（3）由具体用人部门进行人员录用决策。最终的人员录用是要放到具体的用人部门去开展工作，因此，录用员工时具体的用人部门也应参与决策。

录用决策一旦作出，公司就应及时通知被录用的求职者，录用岗位详细的工作内容、工作程序、工资等，并要求被录用人员在规定期限内作出是否接受录用的回复，录用通知书如图4－3所示。

录用通知书

先生/女士：

恭喜您通过了本公司招聘测试，公司决定录用您为本公司员工，并将向您提供职位。您所获职位的起薪为　　　元，试用期　　　个月。

请您于　　　月　　　日　　　时到本公司　　　部(处)报到。报到时请持通知书，并携带身份证、学历证书原件和复印件。

欢迎您加入本公司。如有疑问，请及时与我们联系。

联系电话：××××××××

此致！

×××有限公司

年　　月　　日

图4-3　录用通知书

六、招聘评估

招聘评估是对公司招聘活动的投入与录用人员量和质的评价。招聘评估最重要的指标是公司的空缺岗位是否有人填补，用人需求是否得到满足。公司招聘工作是否成功，需要进行事后评估。通过对招聘过程的评估，可以了解公司在招聘活动中的投入程度，考查公司的招聘效率，总结此次招聘活动成功与否。招聘评估也可以为公司未来的招聘活动提供一定的经验。招聘评估还可以反映出招聘活动的工作成果，明确招聘活动的开支状况，充分体现公司招聘活动的绩效原则。最重要的是通过招聘评估，评定录用人员的实际能力与绩效，从而判定公司在招聘过程中使用的测试手段是否正确地反映了员工的实际工作水平，以利于公司在今后招聘活动的改进。对招聘结果的评估可以通过以下方式进行。

(一)对招聘成本的评估

1. 招聘成本评估

招聘成本是公司在招聘活动中投入的各种资源。招聘成本可以分为总成本和单位成本。总成本是指在整个招聘活动中投入的各种费用之和。单位成本是录用的每个人所分摊的成本。公式如下：

$$招聘单位成本 = \frac{总成本(元)}{录用人数(人)}$$

对招聘成本的评估是评价招聘活动效率的重要指标。一般来说，在相同投入下，录用到符合要求的人数越多，则招聘成本越低，说明招聘效率越高；反之，则说明招聘效率越低。

2. 招聘预算与决算

在公司制订招聘计划时，会对此次招聘活动的开支情况作一个详细的预算，包括招聘广告预算、招聘测试预算、其他预算等。招聘活动结束后要对招聘活动各个环节的支出情况进行决算,以确定招聘活动的开支情况是否符合预算,并找出其中存在差异的原因。

(二)对聘用人员数量和质量的评估

(1)录用比:公司录用的人数与应聘者总人数的比例,反映的是招聘过程中的录用比率,同时也反映出招聘活动的淘汰比率。公式如下:

$$录用比=\frac{录用人数}{应聘人数}$$

(2)招聘比:应聘人数与公司计划招聘人数之比。这个指标主要反映公司招聘活动是否达到了招聘计划中所设定的计划招聘人数、以及要检验公司在发布招聘信息时是否达到了吸引足够多的人前来应聘。公式如下:

$$招聘比=\frac{录用人数}{计划招聘人数}$$

(3)招聘完成比:即录用人数与计划录用人数之比,反映的是招聘计划的完成情况。公式如下:

$$招聘完成比=\frac{录用人数}{计划录用人数}$$

(三)招聘质量评估

对公司人员招聘质量的评价,是一个比较复杂的过程,主要是考察聘用人员在实际工作中取得的工作绩效。可分为短期评估和长期评估。通过求职人员的数量与实际录用人数之比可以评估短期内的招聘质量,招聘质量的长期评估则可以通过员工的流失情况来评断。

(四)招聘总结

招聘工作结束后,要对招聘过程中出现的各种问题进行总结。通过对招聘计划、招聘方案选择、招聘信息发布、员工选拔和录用决策全过程的如实反映,分析招聘活动取得的成绩,并指出其中的不足之处。通过每次招聘活动所形成的全面档案材料,为公司后续的招聘活动提供借鉴与参考。

第三节 员工选拔

一、员工选拔概念

员工选拔,是指公司在招募工作中,通过一定的科学方法和手段,从众多的应聘者中审查和筛选出适合用人条件和用人标准人员的过程。人员选拔过程对于公司的招聘工作具有重要的意义,是公司能否选拔到优秀人才的最终保障。如果人力资源部门不能严把选拔关,那么可能会使招聘到的员工能力不足,不能胜任工作,最终会给公司带来损失。员工流失过快也会加重公司招聘成本负担。因此,公司要在招聘过程中注重对员工的选拔,通过选拔测试为公司选拔到满足需要的员工,同时还要在这个过程中充分认识到员工的优缺点,以便在未来的工作中加以利用和防范。

员工选拔的基础是在前期工作分析阶段所作出的工作说明书和对所需岗位的要求,对应聘者是否符合公司用人需求作出判断。

二、员工选拔的功能和意义

(1) 选拔到适合需要的员工。

(2) 了解员工的工作能力与态度,以确定其岗位分配。

(3) 通过选拔测试过程,可以了解与之相关的信息,对公司未来用人有一定的作用。

三、员工选拔的程序

在发布招聘信息之后,将会得到很多应聘者的应聘材料。面对这些材料,公司人力资源部门需要通过一定的程序从中挑选出适合于公司需要的优秀员工。员工选拔的程序和方法包括简历筛选、员工测试、背景调查和员工试用等。员工选择程序如图 4-4 所示。

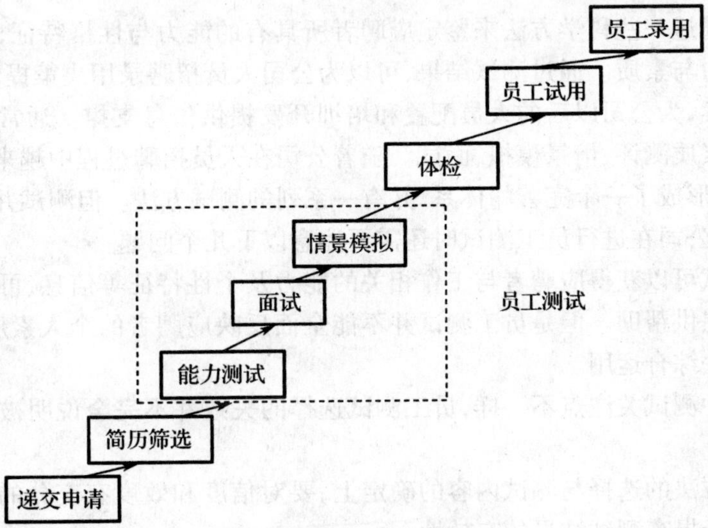

图 4-3 员工选拔程序

(一)简历筛选

一般来说,公司在发布招聘信息时,会特别注明他们对所需人员的基本要求,如对求职者学历、身高、外语水平、计算机水平等方面的要求。这些要求都是一些客观的指标,可以从应聘者的求职简历中反映出来。通过简历筛选,可以以这些客观要求作为评判标准,从众多应聘者中初步挑选出符合公司基本要求的求职者进入下一环节的选拔程序。简历筛选程序还需要与制订招聘计划时所设定的淘汰比例相结合，以使公司招聘人员在进行简历筛选时，既保证公司获得优秀人才，又不会因为通过人数太多而给后续的员工选拔环节造成测试负担。

在简历筛选过程中还应当注意以下问题。

(1) 对照公司用人标准，根据岗位对人的需求，对不适合要求的人员进行淘汰。由于公司在进行招聘时，会收到数量很大的求职简历，公司不可能对全部简历信息进行详细的分析，因此，在简历筛选时，可以严格按照岗位提出一些标准及要求，对符合条件的筛选人员进入下一轮选拔程序，对于不符合条件的则进行淘汰。如有些岗位需要特殊的技能、外语水平或者身体要求等硬性的要求。

(2) 注意对应聘者简历时间的审查。有些应聘者的简历中会出现一段时间空白，这就需要招聘人员对应聘者在这段时间的经历进行审查，以确定求职者是否刻意隐瞒了一些对其求职不利的信息。

(3) 求职者的工作经历。主要审查求职者的工作成绩和工作变换程度及其原因，从既往的工作成绩可以间接反映出求职者的工作能力，而工作变换程序及其原因的审查在于了解求职者的工作动机、工作期望以及求职者对待工作和公司的忠诚度。

(二) 员工测试

员工测试是通过一些科学方法来鉴定应聘者所具有的能力与性格特征，以确定其是否具备完成工作的能力与素质。通过测试结果，可以为公司人员招聘录用决策提供帮助，并可以建立起公司员工档案，为公司以后的人员配置和培训开发提供信息支撑。通常采用的员工测试方法包括能力和素质测评、情景模拟、面试。随着公司在人员招聘过程中越来越多地引入员工测试，使员工测试形成了一个完善的体系，并有一系列的测试方法。但测试并不能解决人员招聘中的所有问题，公司在进行员工测试时还需要注意以下几个问题。

(1) 员工测试可以获得应聘者与工作相关的能力及个性特征等信息，可以为公司选拔到适合需要的人才提供帮助。但是员工测试并不能全面反映应聘者的个人素质。因此，员工测试还要与其他方法综合运用。

(2) 由于每种测试关注点不一样，员工测试选择的失败并不完全说明被测试者个人存在不足。

(3) 在测试方法的选择与测试内容的确定上，要对信度和效度有充分的保证。不同测试方法的组合有利于提高测试结果的有效性。

(三) 背景调查

背景调查主要是为了核实应聘者的求职材料和在招聘测试中的表现是否真实可信。背景调查的内容一般包括求职者的学习经历、工作经历、信用状况等与工作相关的内容。一般可以通过与求职者的口头沟通，或通过求职者以前的雇主及其他相关人士获取相关背景信息。

对求职者进行背景调查一般通过公开信息获得，在调查过程中不能涉及求职者隐私。对于公司重要职位的招聘,也可以请一些专业机构来完成背景调查。公司通过对应聘者更深入细致的了解,可以消除公司因员工个人资料不真实而造成的用人失误,从而减少将来可能出现的问题和麻烦。美国人力资源管理协会关于经理如何进行背景调查的调查结果如表4-3所示。

表4-3 人力资源部背景调查

对下列调查回复的比例	
与申请人提供的推荐人联系	25%
对所上学校和所得学位进行核定	62%
与由推荐人提议的人进行联系	42%
核查驾驶记录	41%
核实由申请人提供的申请信	30%
对信用进行检查	25%

资料来源:Society for Human Resource Management (SHRM)

(四)体检

招聘满足公司用人需要的人力资源,除了要求其具备一定的能力和个性特征外,还需要满足体质上的要求。在公司里,不同的岗位有不同的身体条件要求。对于有特殊体质要求的岗位,必须要求员工进行严格的体检,这样既确保员工有完成工作的体质,又可以减少公司对员工身体的保障而增加的负担。

应聘者进行体检对于公司的员工招聘有重要意义。首先,可以确定待录用员工的身体条件是否符合岗位对体能的需要;其次,确定待录用员工的身体健康状况,以确定员工未来能否在岗位上长期正常工作;最后,可以预测公司对待录用员工需承担的健康风险。这三个方面的信息可以为公司作出正确的录用决策提供帮助。

(五)员工试用

通过招聘选拔程序挑选出来的员工,并不能在测试过程中完全地反映其工作能力与工作绩效,而且他们在公司工作过程中,也可能由于对公司不甚了解而产生不适应的情况。通过员工试用,可以降低双方的不适应程度。在试用期内,公司可以考察员工的工作能力、工作态度等,员工也可以考察公司的相关情况,以确定自己能否胜任以及能否满足自己的工作期望等。因此,试用期是公司对员工的再次考察,但并非是公司对应聘者的单方试用,而是公司与录用员工之间相互了解的过程。在员工试用过程中,公司可以考察员工在招聘测试过程中的表现与实际工作能力的差异而最终确定是否录用员工。员工在试用期内也可以加强对公司环境和实际工作的感受,完成“角色调整”,也可以在试用期内决定是否接受公司的录用。

公司在人员招聘过程中设定员工试用程序,是人员招聘双向选择原则的体现,有利于公司和应聘者更深入地相互了解,同时也有利于员工进入工作状态之前的有效磨合。

四、员工选拔测试

员工选拔测试的目的是了解应聘者的工作能力与个人特征。通过在选拔测试过程中对应聘者的了解,可以为公司的员工录用决策提供信息。在员工选择测试过程中,公司可以发现应聘者所具备的一些基本能力与素质,同时也可以发现应聘者的缺点与劣势,这有利于公司更好地对被录用人员进行岗位安排,使公司人力资源配置更合拍,也有利于加强未来人力资源培训与开发工作的针对性。

(一)员工选拔方法的检验指标:信度与效度

对应聘者进行选拔的测试方法,必须具备三个要素,即是否测试了想要测试的内容、测试结果是否具有可验证性、不同被测试者的测试结果之间是否具有可比性。在开始员工选拔测试的具体方法之前,先对员工选拔测试过程中非常重要的两个检验指标进行了解。

1. 信度

信度(Reliability)即可靠性,信度是指测试结果的稳定性,即测试结果并不是随机性的结果,而应该是在测试中具有高度的一致性,即对同一个人用同一种测试方法进行多次测试,得到的结果也应该基本一致。即测量工具(问卷或量表)能稳定地测量所测事物或变量。信度指标多以相关系数表示,具体评价方法大致可分为三类:稳定系数(跨时间的一致性),等值系数(跨形式的一致性)和内在一致性系数(跨项目的一致性)。需要注意的是,信度高并不能说明测试有效,必须要在测试效度保证的前提下,才能作出信度越高,测试结果越有效的判断。如对应聘销售经理的人员进行生产设备操作测试,虽然应聘者在这个项目上的测试结果保持非常高的一致性,测试却是无效的。但是,如果测试的信度很低,那么也就意味着测试的有效性很低。

2. 效度

效度(Validity)即有效性,即测试内容的准确程度,即测试内容与测试结果的相关性。招聘测试中的效度,是指测试内容是否紧紧围绕公司用人需求,而对应聘者与工作相关的潜在能力与素质进行的测试。效度是测试的基础和前提,如果测试内容偏离了工作性质和工作要求,那么这样的测试过程对招聘而言是没有意义的。如要招聘一个市场营销部经理,需要测试的是应聘者的市场营销能力与管理能力,但如果测试内容是让其去操作生产设备,那么这种测试的效度是很低的。

(二)人才测评

人才测评可以分为知识测试和心理测试。知识测试主要是通过笔试的形式来测试应聘者的知识深度与广度。心理测试则是通过一系列的心理学方法来测定应聘者的心理素质与个性差异的方法。

知识测试主要有三种:一是综合测试,测试内容可以包罗万象,主要考察应聘者对基本知识的了解程度;二是专业知识测试,针对岗位需求,对完成工作所需要具备的专业知识进行测试，了解应聘者知识深度以及是否具备在岗位上开展工作的专业知识，如招聘财务人员时，就需要对其财务知识及实际运用进行测试；三是与岗位职责相关的知识考试，主要了解应聘者对岗位开展工作需要具备的相关知识的程度，如招聘管理人员时，还要对其人际关系协调能力进行测试。员工招聘综合知识测试成绩一览表如表4－4所示。

表4－4　某公司员工招聘综合知识测试成绩一览表

测试日期：　　年　　月　　日

准考证号	姓名	应聘岗位	学科知识										市场营销知识					专业基础知识					总分	备注
			1	2	3	4	5	6	7	8	9	10	1	2	3	4	5	1	2	3	4	5		

测评单位　　　　　　　　　　　　　　　　　　项目负责人：

填表日期：　　年　　月　　日　　　　　　　　主考官：　　　　填表人：

知识测试是目前人才选拔中常用的方法,由于进行知识测试可以较好地测试应聘者的知识掌握程度,因此效果也比较好。知识测试通过同样的试题对所有应聘者进行选拔,知识掌握程度较好的,将会取得好的成绩;而知识掌握比较差的,则成绩也会很差,这样有利于让应聘者感觉到一种选拔上的公正性。同时,知识测试的费用也比较低,只需要找人把试题设计好,而不需要太多的额外开支。知识测试还具有结果会比较迅速地得到、适用性也比较广的特点,对公司不同层次的人员招聘都可以使用。但人员招聘中使用知识测试也存在一定的不足,其不足之处有以下几点。

1. 试题设计可能僵化

由于知识并不完全是一个固定的理解与模式,因而知识测试也需要一定的灵活性,但公司在人员招聘中对企业知识测试时,可能会出现对问题设计僵化的情况,导致测试结果缺乏科学性。

2. 测试结果的效度不高

由于知识测试的试题覆盖面毕竟有限,求职者对知识的掌握也有所轻重,这就会导致测试成绩好的人并不意味着知识基础就好,而测试结果差一点的人也不一定在知识积累上就很少。另一方面还在于知识测试结果的可比性不强,信度较差,就可能使一个人在不同的两次测试中取得差距较大的结果。另外知识测试结果也受阅卷人的主观意愿影响,也可能导致测试结果的差异。

心理测试可以通过一定的方法了解应聘者的个性特征,还可以测试出应聘者潜在的工作能力。通过心理测试,可以了解应聘者是否适合公司工作岗位,有助于公司进行良好的人事决策。员工招聘心理素质测试成绩一览表如表 4 – 5 所示。

表4-5 某公司员工招聘心理素质测试成绩一览表

测试日期：　　年　　月　　日

准考证号	姓名	应聘岗位	智力				创造力				备注
			抽象思维能力	文字掌握能力	分析判断能力	综合能力	快速联想能力	发散思维能力	独特构想能力	综合能力	

测评单位：　　　　　　　　　　　　　　　　项目负责人：

填表日期：　　年　　月　　日　　主考官：　　　　填表人：

（三）情景模拟

情景模拟是在测试过程中，假定一个场景，使求职者在其应聘的岗位上，通过仿真的工作环境，解决该工作岗位实际工作中可能出现的问题，从而评价其心理素质与工作能力的一种方法。

情景模拟由于提供了一种仿真的工作场景，与求职者未来可能承担的职位工作完全一样，因而求职者可以提前感受到实际工作的气氛，也有利于公司更加全面地考察求职者在实际工作中的能力与心理素质，是一种效果很好的测试方法。但是，由于情景模拟需要设计复杂的测试题目，并且需要花比较长的时间准备，测试成本比较高，因而这种测试方法往往只用于高级管理人员或高级专业人才的选拔。

情景模拟的具体方法主要有以下三种。

（1）公文处理。即模拟应聘者正处于工作岗位上，负有所在岗位的职责并享有正式权力，在事先告知应聘者有关公司背景材料后，把文件、备忘录、电话记录、请示、报告等一些公文交给应聘者，并要求其在规定的时间限度内进行处理。通过这样的测试过程，主要考察应聘者的个人自信心、领导能力、计划安排能力、书面表达能力、分析决策能力、风险态度、信息敏感性等。

（2）无领导小组讨论。从求职者若干人中组成一个临时小组，讨论事先设定的问题，并要求得出结论，形成决策。在讨论之前并不指定哪一个人为主持人，而由组员自由讨论。这样，领导能力相对较强的人便会主动承担起公司讨论的责任。测试人员通过观察每一个组员在小组讨论过程中的表现，从而对求职者的领导能力、决策能力、分析归纳能力等有一定的了解。

（3）角色扮演。即指定求职者扮演公司内部员工的角色来处理公司的日常事务，如扮演管理者向上级汇报工作及向下级发布命令和指示，或者扮演一名营销人员，实际向客户推销产品。通过求职者在扮演角色中的表现，可以综合了解求职者潜在工作能力和心理素质，还可以反映出求职者对待工作的态度。

（四）面试

面试是招聘中常用的方法，主要是通过主考官与应聘者的口头交流，以评定应聘者综合素质和潜在能力的方式。面试适应性强，可以进行双向沟通，使主考官与应聘者之间可以进行更多的信息交流。主考官还可以观察到应聘者的非语言行为，获得更多与应聘者工作相关的信息，从而综合判定应聘者潜在的工作能力和人格特征。在面试过程中，应聘者也可以向主考官发问，以加深对工作岗位及公司相关信息的了解。但面试过程一般持续时间较长，会给招聘主考官带来很大的压力。主考官的评价标准会受自己主观判断的影响，这就使得主考官对面试结果的评定会存在一定的误区。因此，为了保证面试具有较高的信度和效度，需要主考官有丰富的面试经验。

从面试的结构来看，有结构化面试和非结构化面试两种类型。结构化面试是指事先为面试主考官设计好面试提纲，在面试过程中由主考官按照提纲中所列问题对应聘者进行测试。

结构化面试可以不完全按提纲顺序提问,但能够较好地围绕面试目的进行。这种面试方式比较适合于经验还不是很丰富的主考官。非结构化面试是指没有事先预设面试提纲,在面试过程中由主考官向应聘者随机提问。由于非结构化面试的内容扩展性比较强,因此要求主考官充分了解应聘者的基本信息。同时,非结构化面试还需要主考官具有良好的沟通技巧和丰富的面试经验,以确保面试过程紧紧围绕面试目的进行。在非结构化面试过程中,还需要主考官提出可以相互对照的问题,以检验应聘者回答的真实性。非结构化面试会有比较和缓的现场气氛,有利于应聘者更好地表现自己,结构化面试给应聘者带来的面试压力则要大一些。但从面试效果来看,结构化面试比非结构化面试要好。

为了使面试具有较高的测试信度和效度,减少主考官个人主观因素对面试结果评价的影响,必须对面试过程进行科学的设计。面试必须围绕公司用人需求的目的展开,对面试者与工作岗位相匹配的能力与个性特征进行测试,只有这样才能使公司在面试中取得良好的选拔效果。

面试设计的内容包括以下三个方面。

(1) 开发面试方案。在面试方案中,要对测试的目的作出规定,面试方案要尽量标准化、结构化,使测试目标集中,并对面试的主要观测点作出规定。

(2) 设计面试问题。根据面试的测试重点,设计出不同的面试问题。面试问题的设计要注意问题的顺序与不同测试要点的比重。

(3) 建立面试环境。对面试过程的场景进行设计。一般来说,为了使被测试者充分地展现自己,面试环境会注重淡化面试主考官与被测试者的地位差异,建立缓和的现场气氛。但如果进行的是压力面试,则要在面试环境中加大被测试者的压力环境。

面试设计时还必须为面试过程设定一定的程序,以使面试可以有效进行,充分发挥面试在人员选拔中的重要作用。以结构化面试设计为例,基本步骤与程序如下。

第一,职位分析。对应聘职位进行详细分析,明确该职位的具体职责是什么,完成工作所需要的知识、能力和技能,以及是否还需要其他任职条件,并形成职位分析材料。

第二,分析职位信息。对完成应聘职位工作的相关信息进行分析,确定不同因素对人员招聘的影响,从而确定出面试中对招聘者测试的重点,以使面试能够围绕明确的目标进行。

第三,设计问题。面试是围绕职位对人员的具体需求展开的,在面试过程中测试的内容必须与工作内容、性质和能力要求相关。要结合第二步中分析出来的职位信息,有针对性地提出面试问题。

第四,开发评价标准或问题答案。对设计出来的问题,要开发一定的评价方案,主要是确定应聘者回答正确与否,或者回答到何种程度是比较好的,这些都要有一个明确的评价标准,以使面试主考官能够以比较一致的依据去评价每位应聘者对问题的回答。

第五,公司面试团队。公司要指定合适的人员去对应聘者进行面试。在较大的公司,一般由人力资源管理部门的专门机构人才负责招聘面试工作;在一些较小的公司中,面试主考官往往由一些职能部门人员组成。公司也可以委托外部专业人员或机构来为公司进行招聘面试。面试评价表如表 4－6 所示。

表 4－6　面试评价表

编　号		姓　名		应聘职位	
项目评价	评　分				
	优	良	中	较差	差
口头表达能力					
自我表现能力					
个性气质					
应变能力					
综合分析能力					
想象力与创造力					
心理素质					
专业知识					
工作经历与业务能力					
工作动机与态度					
团队精神与合作意识					
综合评价				主考官签字	

在面试过程中，常常会出现各种心理偏差，这些偏差通常会对面试信度和效度产生很大的影响。因此，在面试中招聘人员应当要注意一些常见的问题。

（1）晕轮效应。晕轮效应是在面试过程中，主考官可能会因为应聘者的某些突出的特征或品质而将其扩展为应聘者的整体印象和看法，从而使应聘者的其他特征或品质被掩盖和忽视。这种突出的特征或品质可能是优点，也可能是缺点，会使主考官对应聘者产生美化或丑化的认识。如面对一个获过大奖或曾作出过突出贡献的人，主考官可能对其产生好感，而对一个曾经给公司造成过巨大损失或有犯罪经历的人，则主考官可能会心生排斥，这两种现象都可能导致主考官只关注应聘者的一个问题或一个方面,忽视了对应聘者作出完整客观的评价。

(2) 与我相似心理。与我相似心理是指主考官因为在面试过程中知晓应聘者的某种背景或经历与自已有所相似,而对其产生好感的一种心理活动。如从同一所学校毕业的校友,或同一个地方的老乡,以及相同的奋斗经历等,都有可能会因为引起心理上的共鸣,从而影响主考官对应聘者的客观判断。

(3) 第一印象。第一印象是主考官见到应聘者的第一感觉。应聘者在参加面试时,都会对自身形象作一定的修饰,以期给面试主考官一个良好的第一印象。主考官在对面试者进行判断时,既要注意对第一印象的观察,又要避免受第一印象的影响而造成以貌取人的结论。

针对上述可能在面试环节中出现的问题和偏差,可以通过以下方法来提高面试效果。

(1) 以面试目的为中心。面试过程中,主考官的提问要紧扣面试的主题,在交流过程中,如果应聘者的表达偏离了面试主题,主考官要加以及时引导和纠正,确保面试中的谈话内容反映面试的主题。

(2) 注意倾听。在面试过程中,应聘者才是场上的主角,因此主考官不能喧宾夺主,长时间占用面试时间,要有倾听的意识,给应聘者充分发言的机会,并从中发掘出应聘者与面试主题相关的信息。倾听也是对应聘者的一种尊重,有利于应聘者的能力与素质的表现。·

(3) 注意观察应聘者的非语言行为。心理学研究认为,口头表达可以掩饰说话者的真实意图,而非语言行为则会在无意识状态下反映出说话者的内心真实想法。因此,在面试过程中,主考官要注意对应聘者的表情、动作、语调、目光等非语言行为进行观察,以检验应聘者所说内容是否真实。

(4) 对面试过程中的对象一视同仁。由于面试过程持续较长,通常会给面试主考官巨大的体力压力,这会导致主考官因为身心疲倦而出现前紧后松,或者对一些人重点面试而其他人则比较敷衍。主考官要注意避免这个问题,对应聘者要采取一视同仁的态度,这样才能保证面试具有较高的信度和效度。

范例一:某公司招聘工作计划

一、招聘目的

为了满足公司发展的需要,及时填补职位空缺,特制订本计划。

二、工作目标

人员到岗率达到98%以上,部门满意度评价达到95分以上。

三、人员需求

通过全面调查,确定本次招聘的人数,如表4-7所示。

表 4－7 招聘需求表

岗位名称	所属部门	招聘人数
软件工程师	开发部	2
销售代表	营销部	5
行政文员	行政部	3
合计		10

本次招聘各岗位的录用标准如表 4－8 所示。

表 4－8 招聘岗位标准一览表

岗位名称	专业要求	学历要求	工作经验
软件工程师	精通 JAVA	本科以上	三年以上软件开发工作经验
销售代表	不限	专科以上	两年以上销售工作经验
行政文员	不限	本科以上	英语听、说、读、写优秀

四、招聘渠道选择

本次招聘采取蔡家人才招聘会与网络招聘相结合的方式进行。

五、人员选拔时间安排

人员选拔一般经过初试、复试等阶段，其时间安排见表 4－9。

表 4－9 招聘工作时间表

岗位名称	考核项目	负责人或部门	时间安排
软件工程师	笔试	研发部命题小组	4 月 10 号
	初试	人力资源部	4 月 17 号
	复试	研发部	4 月 19 号
销售代表	初试	人力资源部	4 月 17 号
	复试	营销部	4 月 19 号
行政文员	初试	人力资源部	4 月 17 号
	复试	行政部	4 月 19 号

六、招聘预算

招聘预算如表 4－10 所示。

表 4－10 招聘预算表

招 聘	支出项目	费用预算(元)
人才招聘会	招聘会参展费等	1 000
网络招聘	网络招聘信息发布费用等	1 500
其他	其他招聘费用	750
合计		3 250

七、招聘工作安排

招聘工作时间安排如表 4－11 所示。

表 4－11 招聘工作时间表

招聘工作事项		时间安排	负责人
招聘前期	起草招聘广告	3 月 6 号	人力资源部
	在网站上发表招聘信息	3 月 12 号	人力资源部
	参加招聘会	4 月 12 号	人力资源部
人员选拔	筛选简历	4 月 12 号～4 月 16 号	人力资源部
	面试选拔	4 月 16 号～4 月 20 号	人力资源部、用人部门、总经理
	录取通知	4 月 26 号	人力资源部

范例二：某公司校园招聘方案

一、校园招聘目的及意义

刚走出校园的大学生，他们的心中充满激情。可塑性很强，在工作中善于发现问题。公司招聘一批具有专业知识的人才，不仅可以充实公司的专业人才队伍，而且有利于实现公司的可持续发展。

二、招聘要求

(一) 专业要求

电机、制冷、材料相关专业。

(二) 招聘人数

15 人。

(三) 具体要求

(1) 在校期间学习刻苦，学习能力强，成绩优秀。

(2) 专业知识结构合理,有一定的相关实习经历或工作经验。

(3) 吃苦耐劳,责任心强。

(4) 喜欢挑战,富有创新精神。

(5) 在校期间担任班级干部或组织参加过各项社团活动者优先。

三、招聘流程

(一)收集简历

1. 网络招聘

在公司网站上发布招聘信息,提供《校园招聘职位申请表》下载,并通过电子邮件的方式收集简历。

2. 参加校园宣讲会

公司联系各大院校,协调时间和地点,举行校园宣讲会。在校园宣讲会期间发放《校园招聘职位申请表》。由学生填写完毕后当时提交。

(二)简历筛选

人力资源部筛选收集到的简历,初步确定候选人名单,并发布面试通知。

(三)笔试

1. 解难能力测试

解难能力测试试题分为四个部分,共 50 个小题,全部为选择题,每题五个选项。试题各部分设计如表 4-12 所示。

表 4-12 解难能力测试试题简介表

试题分类	题　量	分值/分	备　注
读图题	10 题	10	整套题主要考核应聘者的自信心、思维灵活性和承受压力的能力。
阅读理解	15 题	15	
计算题	10 题	10	
读表题	15 题	15	

2. 专业技能测试

本次招聘的对象均为技术人员,必须设置专业技能测试。专业技能测试由企业相关技术部门负责设计笔试题目和答题评分标准。

(四)面试

1. 初试

人力资源部通知通过笔试的应聘者参加初试。初试由人力资源部组织进行,重点是考核应聘者的综合素质。

2. 复试

人力资源部通知通过初试的应聘者参加复试。复试由相关技术部门的部门经理、技术人员组织进行,考核的重点是应聘者的技术应用能力。

(五)发放录用通知

人力资源部配合用人部门对参加复试的应聘者进行综合评价,做出录用决策,人力资源部负责发布录用通知。

四、校园招聘评估

人力资源部负责对本次校园招聘进行全面评估,吸取经验教训,指导以后的校园招聘工作。

案例分析

麦肯锡公司非常注重招聘"尖子"员工,总是尽力寻找具有特殊品质的人,麦肯锡的目标之一是"建立一个能够吸引、培养、激发、激励和保持接触人才的组织"。达到这一目标的第一步就是招聘最优秀的人才加入公司。

麦肯锡试图寻找的是精华,是名牌商学院、法学院中的尖子,同时公司还将其招聘扩大到了"非传统"的候选人,从商学院之外(医生、科学家、政界人士,还有其他人士)招聘人才。

麦肯锡公司在招聘员工时最注重员工的分析能力,麦肯锡总是在寻找分析思考能力强的人。为此,他们先把问题分解成几部分,然后考察应聘者如何把问题组织起来。麦肯锡在面试时总是通过案例来考察应聘者的商业判断力以及解决问题的能力,案例是麦肯锡在面试时挑选人才的武器,他们的范围从一般的麦肯锡实际案例的翻版到一些稀奇古怪的类型,例如,美国有多少加油站,为什么下水道的盖子是圆的。

许多面试题目并非有什么"真正的答案",而是通过这些题目了解被试者分析能力、判断能力和解决实际问题的能力,例如,在计算美国的加油站的数目的时候,你可以要从问这个国家有多少小汽车入手,面试者也许会告诉你这个数字,但也有可能说:"我不知道,请你来告诉我"。那么,你对自己说,美国的人口是2.75亿。你可以猜测,如果平均每个家庭的规模是2.5人,你的计算机会告诉你,共有1.1亿个家庭,面试者会点头同意,你回忆起在什么地方听说过,平均每个家庭拥有1.8辆小汽车(或者1.8个孩子),那么美国一定会有1.98亿辆小汽车。现在,只要你算出替1.98亿辆小汽车服务需要多少加油站,你就把问题解决了,重要的不是数字,而是你算出数字的方法与思路。

讨论题

1. 你认为麦肯锡是如何招聘"尖子"员工的?日本人的观念是"尖子"员工未必好,只要有70分就好了,对这两种不同的招聘观念你是如何看的?请提出自己的分析观点。

2. 如果你要招聘“尖子”员工,想考察他们的分析能力,你会设计一道怎样的面试题?请你出这样一道题并分析考察的方法?

模拟训练

华源电脑公司招聘面试

首先,模拟的华源电脑公司依据发展规划在班级发布招聘广告。其次,选出5名代表组成招聘委员会,其中之一是华源电脑公司CEO李涛要担任招聘委员会主席。然后由招聘委员会根据各招聘对象职务说明书中的素质和能力要求,编写出非结构性招聘面试题约50道及评分标准,并上交给指导教师审定。同时还要选派出若干名同学扮演应聘者。编写非结构性招聘面试题目可在课外进行。

其次,招聘委员会根据面试题目面试各位应聘者,逐一进行,并按照相应的面试评价量表打分。时间控制在10分钟/人。

再次,招聘委员会给出这些应聘者的面试得分,并说明判断的依据。之后,招聘委员会主席讲述在应聘时如何给招聘者留下深刻的印象。时间控制在5分钟以内。

最后,指导老师对招聘面试的全过程进行总的评价,指出可取之处和需要进一步改进的地方。

本章知识点

1. 员工培训的概念、特点、种类及作用;2. 培训需求分析的内容与方法;3. 培训计划的主要内容、培训课程设计;4. 培训活动实施的方式、方法、控制;5. 员工培训的效果评估模型与方法。

思考题

1. 员工招聘的渠道有哪些?
2. 主考官对员工进行面试时要注意哪些问题?
3. 请比较分析内部招聘和外部招聘的优点和缺点?
4. 员工招聘的程序和甄选方法?
5. 毕业生求职面试应做好哪些准备?

第五章　员工培训

【学习目的与要求】

通过本章的学习，着重掌握：员工培训的概念、特点、员工培训的种类、员工培训系统模型、培训需求分析、制订培训计划、培训活动实施、培训效果评估。

【基本概念与定义】

员工培训的概念、特点、种类及作用；培训需求分析的内容与方法；培训计划的主要内容、培训课程设计；培训活动实施的方式、方法、控制；员工培训的效果评估模型与方法。

【案例】

公司培训

五月花制造公司是美国的小型公司，大约有150名员工，公司曾经由于不合格问题失去了3个主要客户。失去客户的原因是产品的次品率为12%，超过行业平均水平的一倍。总裁提米和副总经理博比一起讨论后认为，操作员工缺乏适当的质量控制培训。博比提出实施质量控制培训将次品率降到一个可以接受的水平，提米相信了这个计划，并授权博比实施这个计划。

博比向一线主管发出通知，要求他们检查工作记录，确定在生产质量上存在问题的员工，安排他们参加培训项目。通知还附有讲授课程的提纲和通过培训达到的目标——6个月内降低到标准水平6%。

但是由于缺少场地，培训工作只能在餐厅中进行，在培训中应该有50名员工参加，但实际参加培训的员工平均只有30人左右出席。在培训检查中很多主管向博比强调生产的重要性。有些员工对博比抱怨：真正需要培训的人已经回到车间去了。

博比认为评价培训的结果是看培训的目标是否实现。但是培训前后没有发生明显的变化，博比对培训非常失望，感到压力很大。如何使员工通过培训达到提高质量的目的呢？

第一节 员工培训概述

1960年,美国经济学家舒尔茨在《论人力资本投资》的报告中指出,经济增长的主要源泉,除了要增加劳动力和物质投资以外,更主要的是靠人能力的提高。人力资本理论是把对劳动者的培训看成是一种投资,公司投入的财力和时间等换来的是员工工作效率和生产力的提高,一个员工离开公司的可能性越小,公司在该员工身上的投入所得到的回报就越高。可见,员工培训是关系到个人和公司共同发展的一项非常重要的工作,是保持和增进公司活力的有效途径。

一、员工培训的概念和特点

(一)员工培训的概念

员工培训是指公司为使员工获得或改进与工作有关的知识、技能、动机、态度和行为,以利于提高员工的绩效以及员工对公司目标的贡献所做的各种努力。在人力资源开发与管理中,培训与开发经常一起使用,二者在内涵上有一些差别:培训关注的是完成近期的工作任务,开发则更关注公司的发展需要,实现长远的目标,但两者实质是一致的,都是为了提高员工的知识和技能。因此,本章并未对培训与开发作严格区分。

公司的培训着重于两个基本目的:一是向员工传授基本技能(专业知识与技术能力、人际关系能力、创新管理能力),这具有强烈的应用导向性,是为了解决实际问题;二是利用培训来强化雇员的奉献精神,使员工在培训中感受到成长和发展,激发他们对公司的忠诚度和奉献精神。当然,现代公司的人力资源培训和开发是一项系统工程,它涉及公司中的各个方面,根据不同层次、不同岗位的员工需求,也就是培训对象的不同,其培训的目的当然会有所差异。

(二)员工培训的特点

员工培训作为人力资源管理者的一项独立的管理活动,有着自身的特点:① 全员培训。员工培训是全员性培训,凡是在职的公司员工,无论是一般员工,还是经营管理者;无论是资深的老员工,还是阅历较浅的年轻员工,都有要求和接受培训的权利和义务;② 能力培训。员工培训属于继续教育范畴但又不等同于继续教育。员工培训实施的员工教育是为在职员工进行的。它的目的在于提高员工运用知识、科学方法解决实际问题的能力。③ 相关培训。相关培训即指员工培训与工作实际结合紧密。员工培训适应性大,针对性强。根据经济社会的发展,实施的员工培训必须要联系具体工作,适应实际工作的需要。当然,强调员工培训的适应性,但必要的超前培训也需要开展。④ 多样化培训。由于员工培训的指导思想是理论联系实际,坚持学用一致、因材施教、讲求实效的原则,因此,员工培训根据不同类型、不同层次公司员工职位的要求,必须采取灵活多样的方式设定培训内容。只有这样,才能保证培训的效果和质量。

二、员工培训的种类

员工培训可以按不同标准划分类别。如果按照培训地点分类,可分为内部培训和外部培训(包括出国培训);如果按照培训方式及培训时间分类,可分为在岗(在职)培训、岗前培训、岗外(职外)培训以及员工业余自学;如果按照接受培训的对象在公司中扮演的角色分类,我们可以把培训分为普通员工培训、班组长(骨干员工)培训、中层管理人员(主管人员)培训、高层管理人员培训、专业技术人员培训、培训者(包括培训师)的培训等;如果按照培训是否使用新技术传递信息来分类,可分为传统型培训和新技术型(使用互联网)培训。

本书侧重解释以培训的方式和时间为分类标准的几种培训类型。

(一)岗前培训

岗前培训。就是已经录用的员工上岗前的培训。它是指新员工报到后进行一定时间由公司组织的集中教育,主要是帮助新员工熟悉了解公司的规章制度、文化理念和公司的目标、业务流程与老员工相识。就其本质来讲,岗前培训只是公司培训的开始或初级的培训,目的是使被录用的新员工具备合格员工的基本条件,因此,岗前培训又称为上岗培训。

新员工报到后,必须有计划的到公司相应部门中接受培训,使新员工尽快适应新的环境。岗前培训,要对员工进行相应的引导使他们迅速了解熟悉这个公司的历史、现状、未来发展计划,他们承担的工作、工作环境以及整个公司环境,公司的规章制度、工作的岗位职责、工作的操作程序、企业文化、绩效评估制度和奖惩制度,并让他们认识将在一起工作的同事等。概括起来,可以把岗前培训的主要内容归纳为以下两个方面。① 公司对于新进员工的企业文化的培训,通过企业文化培训,使新员工形成一种与企业文化相一致的心理素质,使新员工尽快地适应公司,以便在工作中较快地与公司的价值观相协调。② 岗位业务培训,这部分的培训主要应该向员工提供以下的信息:员工所在部门的功能(如部门目标、业务和结构、该部门和其他部门之间的业务关系)、工作职责,以及本部门的特有规定,本部门环境和部门同事的介绍等。

总之,岗前培训要达到使新员工感到自己加盟是受欢迎的、是值得的,达到使新员工为公司好好工作,谋求更大发展的效果。

(二)在岗(在职)培训

在岗(在职)培训是为了提高员工的工作技能、工作绩效,或出于员工转岗、晋升,取得岗位资格等需要而进行的培训。在岗培训,即员工在工作场地以及在完成工作任务过程中所接受的培训。

在岗培训也是公司内部培训的方式之一,其特点在于受训员工不离开工作岗位,或以目前担任的工作为媒介而接受训练。在岗培训方式有多种,接受主管经理、督导员、领班或同事的业务指导,见习或代理工作,工作轮换等均属在岗培训。

对员工进行在岗培训是岗前培训的继续和发展,是从低水平或培训的初级阶段迈向中级阶段的重要方法与步骤。岗前培训是为公司新员工做好就业的准备,是每个员工加入公司的必经之路;而在岗培训则是岗前培训的深化过程,持续的时间比岗前培训要长。对一个注重培训的公司来讲,在岗培训会始终贯穿于每一个员工职业生涯发展的全过程。在岗培训既要考虑公司目标、工作要求等因素,又要考虑个人职业生涯发展规划和职业发展需要,因此必须制订严格的培训计划书,并注意分层次、多方位地对员工进行全面培训,以帮助员工获得进一步发展和提高的条件。在岗培训一般采用全公司培训和下属机构(部门)培训二级体制,这样有利于对培训过程的实施管理,并能增强培训的有效性。在岗培训是人力资源培训的重要组成部分,它对培养一支稳定的高素质的员工队伍,提高公司的竞争力,以及对公司的长远发展都起着非常重要作用。一般来说,高素质的员工在岗培训应在五个方面取得成效,即知识更新、技能开发、观念转变、思维技巧、心态调整与潜能开发,这些都是针对员工培训的普遍意义而言。

为了使在岗培训的效果更为显著,可按以下步骤进行:第一步,解释工作程序,目的是让员工在掌握具体工作前对整个过程有一个了解;第二步,给员工演示整个过程;第三步,演示结束后,要鼓励员工提问,根据提问,重新演示一遍,并鼓励员工进一步提问;第四步,让员工自己做,请员工解释自己在干什么和为什么要这样做,以此确认员工是否真正了解工作过程;第五步,继续观察员工的工作,并提出反馈意见,直到培训者和受训者双方都对操作过程感到满意为止。

(三)岗外培训

岗外培训是指员工离开实际工作岗位去学习所在岗位的工作技能。其中,外派培训是岗外培训的重要形式之一。外派培训或职外培训,是指暂时离开工作岗位而进行的脱产培训,如到高等院校攻读学位、出国进修以及参加短训班,研讨会或去国外学习考察等。这种培训是因为公司业务发展或员工由于工种变更、职位提升等需要进行的某种专业训练。这种培训要求受训员工暂时脱离岗位或部分时间脱离岗位参加学习或进修,因此又称为岗外培训。根据受训时间安排、受训员工脱产时间的长短,岗外培训可分为全日式、兼日式和兼时式培训。

岗外培训的目的有两个:一是取得学历证、资格证,如攻读 MBA,参加资格证考前短训班;二是补充或更新知识、掌握新技能,一般是到高等院校或专门培训机构进行培训。此外,公司出于培养有前途的管理者、业务骨干以及提拔任职的需要,往往会选派一部分人员外出参加培训或出国进修。一般来说,员工外派培训要经过严格的审批,并与公司签订培训合同,以防止人才的流失。培训的时间从几个月到几年不等,这样有利于学员更加专门化、系统化地从事知识和技能的学习,并能与不同背景来源的学员进行交流,还可以开阔眼界、拓宽思路,全方位提高受训学员的素质和能力。

(四)员工业余自学

员工业余自学是指员工利用业余时间参加的自费学历教育、自费进修或培训、自费参加职业资格或技术等级考试及培训。对于员工业余学习的费用,凡是所学内容与公司相关的,一般公司都会给予一定比例的报销。

三、员工培训的作用

员工培训对于公司发展有许多重要的作用，其中主要有以下几点。

（一）适应环境的变化

现代科技创新技术日新月异，公司时刻处在动态变化之中，在竞争日益激烈的市场环境之中。把握市场机会，谋求生存与发展，提高竞争能力并确保竞争优势，是每一个公司都必须正视的问题。公司所处的环境在激烈的变化，市场的竞争也在不断的升级，缺乏员工培训的公司的适应性将是难以想象的。任何变化和竞争都是离不开人力资源的进一步优化的，不重视员工培训的公司在激烈的市场变化与竞争中难以逃脱灭顶之灾。知识经济时代，人力资源培训具有紧迫性。因此，公司面对内外环境的复杂性、变化性，不仅要考虑其发展战略、产品技术和公司结构、管理方式甚至文化理念的调整，更为重要的是要使普通员工和管理者都跟上变化的形势，尽量减少或缩短因环境变化，不适应变化而出现的“磨合期”。

（二）提高工作绩效

亚当·斯密在其《国富论》中指出，一个工人技能的提高，如同一部机器或是一种工具的改进一样，可以节约劳动，提高效率。当然，有效的员工培训能够使员工增加工作中所需要的知识，这些知识包括对公司的结构、经营目标、策略、制度、程序、工作技术和标准、沟通技巧以及人际关系等。人的知识与技能的提高对于经济的发展有着重大价值。通过培训使员工获得新知识、新技能及新价值、新理念、把员工培养成为有更大生产潜力和创新意识的个体，将培训开发变成公司应对挑战的“第一动力”，形成人力资源是公司的“第一资本”。人才资本是增强公司核心竞争力的“第一资本”的现代经营理念，他最终将提高公司的综合实力和经营绩效。

（三）提高员工的满足感和安全水平，满足员工自身发展需要

每个员工都有一种追求自身发展的欲望，这种欲望如得不到满足，员工会觉得工作没劲、生活乏味，最终导致员工流失。尤其是优秀的员工，其自身发展的需要更加强烈。培训对提高满足感和安全水平有正面作用。经过培训之后，员工不但在知识和技能方面有所提高，自信心得到加强，而且也感到管理层对他们的关心和重视，士气、产品品质和安全水平都因而得到提高。而且，公司的工作任务要求员工努力完成，员工只有在工作要求与自身发展相结合时，才具有高度的工作自觉性和积极性；而培训能够开发员工的职业能力，使员工看到自己在工作岗位上的发展前途，从而激发员工的工作热情和工作责任感。

（四）营造优秀的企业文化

优秀的公司文化是现代公司追求的一个目标，优秀的企业文化可以增强员工对公司的认同感，有助于协调员工和公司的目标趋向一致，从而实现员工和公司共同的发展。一方面，通过对员工进行企业文化的培训，可以加深员工对企业文化的理解与认同；另一方面，通过培训和开发活动，会营造一种学习的、积极的企业文化氛围，这些正是优秀企业文化必不可少的因素。所以，培训和开发有利于营造优秀的企业文化是公司成功制胜的法宝。

四、员工培训系统

员工培训对公司发展非常重要，培训活动又必须花费的资金、时间和精力，所以必须对培训进行精心设计。要有效地做好这一工作，应把它视为一项系统工程，即采用一种系统的方法，使培训活动能符合公司的目标，实现员工个人、岗位工作及公司本身三者的优化。具体地讲，一个完整的员工培训系统包括以下四大模块，如图 5－1 所示为员工培训系统模型：培训需求分析、制订培训计划、培训实施活动、培训效果评估。员工培训系统的四大模块的具体内容将在本章后面各节作详细阐述。

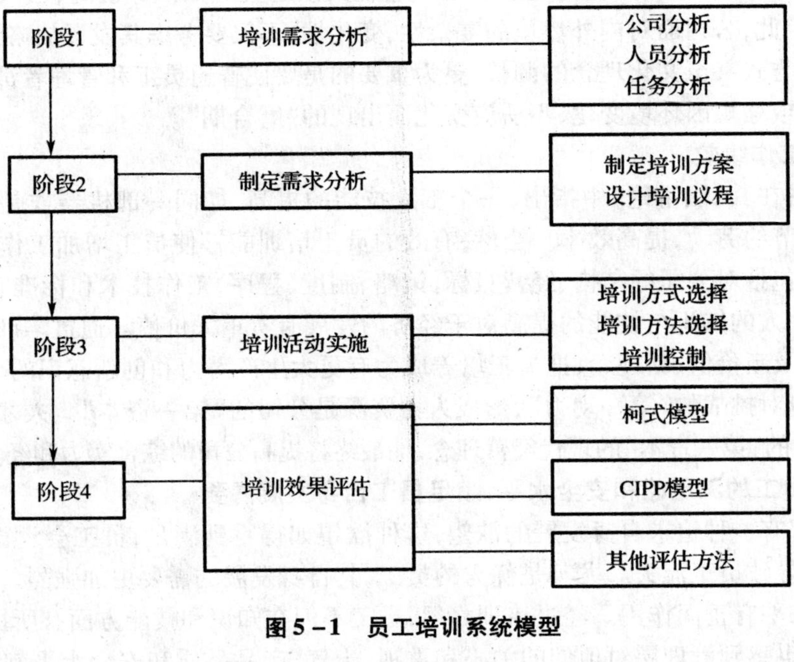

图 5－1　员工培训系统模型

第二节　培训需求分析

培训需求分析是指从公司、人员和任务三个方面对培训的必要性、培训的时间以及培训的内容等进行分析。培训需求分析能够保证公司培训工作的有效性，保证公司资源的合理利用，并促进公司现代人力资源开发与管理系统的科学发展。因此，员工培训必须建立在科学的培训需求分析基础之上。

一、培训需求分析的内容

为了保持竞争力，公司必须不断使员工接受良好的培训。但在具体的培训过程中，首先遇到的就是为什么要培训和培训内容与目标是什么等问题。没有针对性的培训不能为公司带来任何收益。所以,培训实施过程的第一步就是要确定公司对培训的具体需要,也就是要进行培训需求分析。培训需求的分析可以分为三个层次进行:一是公司分析,着重于确定培训在整个公司范围内的需求;二是人员分析,就是确定哪些人需要进行培训以及培训是否合适;三是任务分析,就是试图确定培训的内容,即员工完成任务,达到令人满意的工作绩效所必须掌握的知识和技能。

(一)公司分析

公司分析就是从整个公司的角度出发,关键是要把培训需求的估计与公司将要达到的目标联系起来。首先确定公司的发展目标和人力资源状况,找到培训的需求所在。然后还要考虑培训发生的环境,也就是对公司内可用于培训的资源、员工的上司和同事对培训活动的态度等情况进行分析,明确培训是否符合需要以及培训的可行性。进行公司分析的时候要注意三点:① 要有预见性,要以发展的眼光去诊断需要,这就要预测本公司未来在技术上、销售市场上及公司结构上可能发生什么变化;② 预测要有根据,必须对公司过去的统计数据进行分析(对生产、成本、安全、质量、设备保养维修等方面指标的仔细检查,从中发现培训需要);③ 需要调查,不要只看到那些“硬”的、技术性方面的问题,还应同时注意“软”的、思想方面的问题。而且企业文化分析还需要关注以下两个方面的内容,一是明确公司的发展目标和人力资源状况,二是分析培训发生的环境。

(二)人员分析

人员分析可以帮助管理者确定谁需要接受培训以及培训是否合适的问题。这常常需要通过对员工的绩效进行评价来找出存在的问题。然而在找出了不良绩效之后,还要考虑通过培训是否能解决这些不良绩效的问题。培训的重点在于促成职工的个人行为发生所期望的转变。没经验的职工绩效不好可能是由于缺乏必需的知识或技能,有经验的职工没做好工作,则可能是因为养成了不良的工作习惯或原来的培训水平不高。这些都可以通过个人分析来发现,但还可能是由于工作态度方面存在问题。个人分析是在具体的个别职工水平上进行的。总之,培训是为了解决所发现的问题,没有问题就无需培训。一般来说,人员分析分为两个部分,一是对新员工的培训需求分析,二是对公司现有员工的分析。对新员工的培训主要是帮助他们尽快适应公司的工作。而对现有员工的分析主要是通过绩效评估的方式,找出那些与公司期望绩效有差距的员工,分析他们的差距,从而为提供有针对性的培训做好准备。但是在某些特殊情况下,例如,在公司发生较大变革或列入新技术、新服务时,可能所有的员工都需要接受培训。

(三)任务分析

任务分析,这里就是指对工作任务进行详细研究以确定工作中需要哪些知识和技能,然后,根据所需知识和技能制订培训计划。任务分析的第一步就是要对工作进行描述,找出对工作有重要意义的具体任务,然后分析完成每一项任务所需的技能和知识。这种分析所用的方法和职务分析所用的方法不同,研究的是职工们怎样具体完成他们各自所承担的职责,即工作的职责,所以又称做操作分析。不过职务分析的重点是某项职务或任务,任务分析则侧重研究具体工作者的工作行为与期望的行为标准,找出其间的差距,从而知道什么人需要接受什么样的培训。任务分析要了解的是:这一工作岗位所要求的绩效标准是什么,即希望人们怎样做这项工作?被研究职工的实际表现与该标准有差距吗?若有,这种差距会造成什么样的后果与损失?这名职工知道对他的期望和要求吗?知道怎样去做才是正确的吗?问题的产生究竟是因为不理解还是没掌握所需的技能?以上问题,归纳起来,就是先对需要分析的工作给予描述,然后分析任务,最后就是确定任务所需要的技能。

总体而言,培训需求包括公司需求、员工需求和任务需求三个方面。第一,公司需求包括公司经营战略与发展目标定位、人力资源规划指引的培训背景分析(公司人力资源的数量、质量及效率分析)、公司为培训师提供资源和支持分析。第二,员工需求包括工作绩效不佳的原因分析,职业生涯分析,谁需要培训,需要何种培训,员工受训需要准备什么。第三,任务需求包括确定重要的任务(职位工作职责,包括各项工作任务及其难易程度等的分析),确定职位任职资格(员工完成这些任务需要培训的知识、技能和态度倾向、行为方式分析),对工作体系运行状况进行分析。因此,我们不难看出培训需求具有以下几个特点:第一,培训需求分析的主体具有多元性;第二,培训需求分析的客体具有多层次性;第三,培训需求分析的对象具有广泛性;第四,培训需求分析的方法具有多样性;第五,培训需求分析的结果对培训工作具有指导性、前瞻性。培训需求分析是为了给公司的培训活动做好向导,最终都是为了让公司和员工通过培训得到共同的发展。

二、培训需求分析的方法

确立一个公司的培训需求,不可只凭猜测,而应尽量使用科学方法,作出需求分析。

(一)观察法

观察是发现问题、证实问题的最原始和最基本的方法之一。这是一种由受过训练的观察者,通常是公司人力资源部门的工作人员对照工作说明书,观察体力劳动型或事务性工作型员工的实际操作行为。但观察法也有些缺点:易受观察者主观成见的影响,而有损观察的正确性;可能因观察者的有意做作,使获得的资料不正确;有些工作需要长时间才能完成,事实上很难作全盘观察;短期观察很难不碰上突发情况,故不易周详。

(二)问卷调查法

问卷调查是为了确定培训需求,将所需分析的事项设计成问题,请有关人员表达意见,然后加以改正的方法,这主要是了解公司员工对培训的需求内容和态度,依此作为分析依据。它的优点是可同时针对很多人实施,资料来源广泛且节省时间,但也有缺点:调查结果系间接取得,如有问题时无法当面澄清或证实;被调查者在回答问题时,往往倾向“应该如何”,而非“事实如何”,这种回答态度常常会影响事实的真实性。

（三）面谈

主管或教育培训负责人在与员工面谈时，要探询他们对工作或自己的未来抱着一种什么态度和意见，这也是决定培训需求极为重要的参考资料。一般来说，面谈又可分为个别面谈与集体面谈两种。个别面谈记录资料的方法有两种：一是当场随听随记，二是利用录音机记录。一般说来，集体面谈比个别面谈可能更有效果，因为集体面谈更容易激发人的积极性，使人提出更多精彩的想法，能取得更好的会谈效果。

（四）工作考核

准确的工作考核是培训计划的来源之一。关于工作效率、员工关系、职业知识以及其他有关方面的表现情况的资料，都是对培养需求有用的信息。如果各公司准备有员工定期的书面考核，则从这些考核资料中可以获得许多有关培训需求的资料。

（五）人事记录分析

人力资源部门如果能在平时就将人事动态详细记载，则对于培训需求分析有很大益处。它包括如下几方面的内容：① 分析员工定期考核及绩效评估的结果，确定教育培训的对象和内容；② 利用人事档案，对员工情况及历史状况作出调查，确定教育培训的内容；③ 使用一套测评员工工作质量的标准统计分析量表，对各类人员素质进行评估，并根据评估结果，确定培训对象与内容（统计分析量表有工作标准调查表、工作计划与成果记录表等）。

（六）多因素分析法

一个人的工作需要他不仅有能力，而且有志愿，乐于从事此项工作，另外还要有相关条件，如工作环境。若将意愿、能力、相关条件作为分析工作状况的三要素，排列组合三者，可列出很多种培训状况。

当然，根据每一种不同的排列组合方式，公司就需要有一种不同侧重点的培训需求方式。①"意愿低－能力低－相关低"的状况。在此情况下的培训方式及原则如下：必须强迫员工参加受训；以正式的、结构化的培训方式为主；强调激励与具体的培训活动；设置实际的或模拟的工作场地作为培训地点；培训者应鼓励员工参与，并肯定员工的成就；进行小规模的培训，这种小规模的培训才能提供激励及增强作用。②"意愿低－能力高－相关低"的状况。此状况下的培训目的在于设法提高学员的学习意愿，让他们了解培训与工作的关系。其做法如下：培训内容略为艰难，以提高学员的兴趣；培训须在实际的或模拟的工作场地进行，并通过实际动手或模拟操作，增强学习兴趣，增强培训效果，并强调如何将学得的技能应用在工作上；以强制参加受训或鼓励参加受训来提高学习意愿。③"意愿高－能力低－相关低"的状况。此状况下的做法为：讲授必须高度结构化，内容宜细分成小单元，并尽可能在工作现场实测；培训时先示范每一项简单的动作，然后让学员自己动手操作；在学员逐渐热心学习时，可采用比较放任的方式。④"意愿低－能力低－相关高"的状况。在此状况下进行培训时，须采取下列做法：由公司强制培训，以免使受训者学习意愿低落；提供具体的奖励，使学员乐于学习；经常总结正面的增强效果。⑤"意愿高－能力高－相关低"的状况。在此状况下需要使学员了解培训与工作的关系,举办短期讲习会,讲习会应在工作场地举行,举办短期性的、周期性的研讨会。⑥“意愿低－能力高－相关高”的状况。在此状况下须以具体的奖励激发学员学习的兴趣。⑦“意愿高－能力低－相关高”的状况。在此状况下的培训方式为:可以采取比较随便的方式;参加培训者的奖励可以不明确说明;但培训内容必须高度结构化;让参加培训学员有足够的时间,接触种种培训资源,让他们自己积极追求,认真对待自己的学习。⑧“意愿高－能力高－相关高”的状况。此状况下,学员不论参不参加受训,都会努力学习,如单位欲进一步培训此类人员,则培训方式只需非正式、少量的培训即可。

第三节 制订培训计划

在明确了培训需求之后,就进入培训计划的设计。制订培训计划是把公司的培训目标具体化,即根据培训目标,确定培训实施的形式、学制、课程设置方案、课程大纲、教科书和参考教材、培训方式、考核方式等问题。公司制订培训计划,受多种因素影响,如公司规模和效益、培训对象的现有水平、国家的政策法规等,特别是公司领导的管理价值观和对培训重要性的认识。

一、培训计划的主要内容

培训的实施计划,要从现实的培训需求出发,结合有关条件具体制订,提高培训的针对性和有效性。它包括培训什么、培训谁、什么时候培训、在哪里培训、谁培训和怎样培训等方面的内容。

(一)明确培训目标、内容

确立培训目标既要注重近期实效性,又要考虑长期性的员工潜能开发和公司经营战略目标的实现等问题。开展多个层次、多种形式、多样方法以及兼顾公司和员工近、中、远期发展目标的培训开发活动,以满足环境变化的要求和不同的培训需求,这是人力资源开发的本质目标。当然,培训的内容随着培训对象、外部条件、工作性质、管理方式、绩效考核等多种因素的不同而有所不同。

(二)确定培训对象

培训计划要先确定培训对象,然后再规定培训内容、期限、场地、师资和方法等。按照接受培训的对象在公司中扮演的角色,我们可以把培训分为普通员工培训、班组长(骨干员工)培训、中层管理人员(主管人员培训)培训、高层管理人员培训、专业技术人员培训、培训者(包括培训师)的培训等。

(三)确定培训时间

培训的时间可以根据培训的目的、场地、师资和培训对象的素质水平、上班时间等因素来确定。新员工可实施7～10天,甚至30～60天的岗前培训。一般员工则可根据培训对象的能力、经验来确定培训期限。培训时间的选定,尽可能要以不影响工作为宜。

(四)确定培训场地

培训场地要根据培训内容与手段的需要而定。一般可以分为本公司内部培训基地与外部培训机构两种。培训场地要具有必备的设备。培训场地有教室、会议室、工作现场等,若以技能培训为内容,则决定了最适宜的场地为工作现场,因为培训内容的具体性要求信息传授的具体性,而许多工作设备是无法搬进教室的。这些都得考虑具体的培训情况来做灵活选择。

(五)选择合适的培训者

培训者的培训目标即对培训者的角色定位。公司中许多部门的工作人员都承担了培训的责任,他们被赋予了一套共同的价值理念、行为规范和责、权、利配置。培训师无非来源于公司内部和公司外部,要提高培训质量,必须建立一支实力雄厚的师资队伍。因此,培训者必须具备以下条件。

(1) 有较高的素质:不仅要有作为一名优秀教师的基本素质,还要有对课程及学员的极大热情。

(2) 充分的授课准备:包括授课的技巧、授课的方法、自我形象的设计、课堂授课的控制及课后效果的检验等,都应做好准备。

(3) 丰富的培训经验:培训气氛的调动和达到的效果,主要取决于培训师对培训现场的掌握与控制。

(六)选定培训方法和教材

选择策略的唯一标准就是受训者能达到培训与工作所要求的目标。例如,多媒体计算机培训虽然时髦,但对某些公司却不一定有需要,这种培训就不会达到理想的效果。只有因材施教,选择合适的方法去实现预期目标才是最好的培训。所以说,公司就是要根据不同的培训内容和培训对象等来选定不同的课程和教学方法与教材。

二、培训课程设计

对员工进行培训,是通过培训课程来进行的。所谓培训课程设计,就是根据培训的根本目的,对各种要素(包括培训课程目标、培训课程内容、培训教材、培训课程实施模式、培训策略、培训时间、培训模式和费用等七要素)采取不同的方式,作出不同的处理。通过对这些要素的不同选择和处理,就可以设计出各种不同的课程来。开发新课程是一项设计性的工作,也是一项系统性的工作,因此需要富于创造性的工作。如果没有一个指导体系,也不会是有效的培训。在确定了培训需求(即目标)后,我们需要寻找、挑选、设计或开发出满足需求的培训课程。培训课程开发的广义含义包括对培训内容本身、培训方式、培训媒介、培训资源等一系列与培训有关的元素的开发;课程设计的任务是构建一门课程的形式与结构。因此,在培训领域我们要不断地根据公司要求,发现新的培训需求,开发新的课程和资源。要做好课程设计主要包含七个要素。

(一)培训课程目标

课程目标提供了学习的方向和学习过程中各阶段要达到的标准。它们经常是通过联系课程内容,以行为术语表达出来,而这些术语通常属于认知范围。在我们所熟悉的一般课程的教学大纲中,最常用的有如“记住”“了解”“熟悉”“掌握”等认知指标。“分析”“应用”“评价”等较高级的认知行为目标,也是可以表述出来的。但是,根据教育目标分类学理论,在情感领域中的目标,如价值、信念和态度等,虽然也可以在课程的设计中设法表述出来,但在实际中则通常被忽略。培训课程的目标要简单明了,以保证受训者在培训后能够做到。具体说来,一般课程目标包括三个要素:① 要求要素,描述受训者在培训结束时应掌握的东西;② 条件要素,完成目标任务所得要的设备、材料等;③ 标准要素,有效测量培训结果的准则。这里的重点是受训者应掌握什么,而不是培训者能教什么。

例如,在对销售公司销售员进行的对顾客服务培训中,培训目标就应该这样设置,培训之后员工应该能够在不求助他人或借助资料的情况下(要求要素),在半分钟到一分钟之内(条件要素),向顾客解释清楚产品的主要特点(标准要素)。

(二)培训课程内容

在培训课程内容的组织上,有两点尤其重要,即顺序和范围。顺序是指内容在纵向方向上的组织。范围是指对课程内容在横向方向上的安排;范围要精心地限定,使内容尽可能地对学习者有意义并具有综合性,而且还要在既定的时间内安排。对课程内容在顺序上的安排要慎重考虑,先介绍哪些内容,哪些内容做详细讲解,哪些内容用于实践活动,哪些用于最后总结都要安排好。通常安排顺序的原则是由熟悉到不熟悉,由简单到复杂;从某项技能的第一步到最后一步,使受训者按照合乎逻辑的步骤不断取得学习上的进步。对培训内容的范围要精心限定,根据目标区分受训者“必须知道”的内容和“最好知道”的内容。当然,培训教师一定要注意信息超载给学习者带来的不利影响。在内容的安排上,要做到重点突出,详略相宜,这样才会使员工在学习中得到收获。

(三)培训教材

培训教材要以精心选择以公司的不同方式将学习的内容呈现给受训者,可以是印刷材料,也可以是投影、幻灯片、录像、电影等。不论是任何形式的教材,都必须是事先精心准备的,切合受训者实际需要的,并能反映该领域最新信息的材料。在学习的课程中,教科书是最常用的教材,也几乎应该是必备的。教科书的选择,要求内容丰富,有针对性,实用性,操作性强;而且应该是直观简洁,以提示要点、强化认知为重点。

(四)培训课程实施模式

培训课程的实施模式,主要指的是学习活动的安排和教学方法的选择,这些安排和选择要与课程的目标和方向直接相关。培训活动安排和教学方法的选择。旨在促进培训者的认知发展和行为变化。好的实施模式,应当能较好地激发受训者的学习动机,使他们在学习过程中将注意力集中到所希望的方向上。为增强课程的趣味性,使受训者更积极地参与到培训中来,可以使用多种不同的培训方法。在实践中,培训的方式方法有许多,不同的方法具有不同的特点,公司应当根据自己的具体情况来选择合适的方法。一般情况下,公司应该根据培训的内容以及成人学习的特点来选择相应的培训方法。

(五)培训策略

培训策略常常是培训活动的一个内在部分,如培训程序的选择、教学资源的利用等应该灵活多样。一个被普遍运用的教学策略是"判断—指令—评价"。在这一策略中,教师分析学员的学习进展情况,判断他们遇到了什么困难,对学习顺序的下一个步骤作出指令:当学员完成指令后,教师作出评价,确定他们是否掌握了课程设计的学习内容。

(六)培训时间

培训课程的时间是不可再生的有限资源,课程设计者要巧妙地配置有限的课程时间,培训师要使学员在整个课程执行期间积极地参与学习活动,把课堂时间看成是最有价值的。

(七)培训模式和费用

在培训中除了集体授课制以外,分小组教学或者情景模拟等方式也经常被课程设计者运用,培训中的分组教学为"因材施教"的个性化教学提供了某种可能。根据培训的目标不同,公司培训模式可以具有高度的灵活性。总而言之,培训模式的设计基本程序是:从需求的调查与分析出发,明确培训目标,根据目标要求,进行课程设计。其中包括安排课程内容、确定教学模式、组织课程执行者、准备培训教材,选择课程策略,作出课程评价方案,预设分组计划、分配时间。初步设计完成之后,要进行论证,确定可行因素,否定不可行的部分。如果是一个多次执行的课程,每一次执行效果的评价都要反馈到下一次的设计当中。

由于培训的过程是需要费用的,因此在培训计划中还要编制出培训的预算,这里的培训费用一般只计算直接发生的费用,如培训地点的场租、培训的教材费、培训者的授课费、培训者的设备费等。对培训的费用作出预算,既便于获取资金支持以保证培训的顺利实施,又是培训评估的一个依据。

第四节 培训活动实施

制订培训计划和培训活动实施两个阶段紧密联系,相辅相成,计划指导实施、实施依照计划进行,在实施过程中还要根据实际情况进行控制。

一、员工培训的实施方式

重视培训、落实学习,增强人才竞争力,已经是全球共同的趋势;为了更有效地运用培训资源,促进公司的培训效能,建立一个高效、完备的培训体系,更是公司管理与国际接轨非常重要的运作模式之一。培训活动的具体实施与公司的规模和结构关系很大。一般来说,培训活动的实施有下述几种方法。

(一)公司自己培训

大型公司往往设置有专门的教育与培训职能机构和人员,从个别或少数负责培训的职员或干部,到专门的部门乃至基层经理,有的还建有专门的培训中心或学校乃至职工大学,配有整套专职教师与教学行政管理干部。在课程开设上,可从个别简单的低层技工培训直至完整的全脱产的学士学位的大学本科课程,完成学士学位的培训要求。培训部门的人员包括培训领导干部督导下的项目协调负责人员和专职培训人员。他们负责分析调查培训需要、确定培训项目的目标、编写考核标准及开发、执行和评估各个培训项目。其中的培训专家还要亲自授课或公司训练活动。许多公司常请中层白领和部门经理兼课,亲自授课或参加公司训练活动,更常请有经验的技术人员现身说法。这当然不失为一种有效且成本较低的方法。但培训部门必须意识到,懂得某种知识或掌握某种技能并不一定能保证将其很好地传授给受训者,会操纵一台机器与教会别人也能操纵毕竟是两种不同的能力,后者还需了解教学的基本原理,因此不能忽视对兼职教师本身在教学法方面的训练。

(二)与高等学校合作

很多公司不惜重金派员工参加培训班或者高薪聘请教师进行内训,或者我们常见的公司与学校的合作培训。公司与技工学校、专科学校或高等学校合作,由学校教师向公司提供各类员工培训。公司与学校合作的产生有其必然性:一方面,公司为寻找合格人才而忧心忡忡,由于竞争加剧,公司在成本考虑上增加了人力资源成本的预算,希望所招人员能尽快胜任本职工作,并具有发展的潜能;另一方面,学校也为本校学生提升就业率而绞尽脑汁,同时,学员本人对社会的认知,以及为适应社会化发展所需具备的各种技能和素质尚待提高。在我国,像广播电视大学、函授大学、自学考试等各类成人教育项目也常被公司用作培训职工的手段,对特殊需要的人才,选派职工脱产送往高等学府进行定向的正规学制深造学习的现象,也不在少数。

(三)专业培训机构

我国目前的培训市场可谓百花齐放,群雄并起。无数的"英雄豪杰"希望投身到职业培训师的行业中,不仅能实现在他人面前一展高见的梦想,也能使自己成为白领一族。谁都希望能够在刚刚进入这个行业之时便接受到最先进的专业教育,使自己有个好的开始。现在有很多培训机构便以诚信、敬业、务实、创新为办学理念,着力培养高素质、高能力的社会实用型、复合型人才。这些培训机构不仅部分授课老师来自于各知名高等学府,而且实现了与某些知名大学的师资共享。这些专业的培训机构办学机制灵活,课程设置新颖独特,教学内容坚持以市场需求为导向,以培养社会急需的或有潜在需求的实用型人才为己任,旨在全方位、多层次地为社会提供更优质的服务。

这些专业培训机构的培训项目不同于正规学校的课程教学,而是强调"短、平、快、新",注重可操作性和实效性,成为学校的系统性理论教学和组织实际运用之间的一个有效转换环节。

(四)选择培训方式

选择培训方式,要从以下几个方面来做决定。首先,确定公司是否具有相应培训机构和培训师，如果没有，就需要利用公司外部资源实施培训。其次，要依据培训需求与目标，如果培训重在提高实践技能，则可以在公司内部实施培训，如果培训重视个人知识的提升或人格塑造，则选择公司外的培训。

二、员工培训的方法

员工培训的具体实施要选择恰当的方法，以保证培训的效果。一般来说，常用的培训方法有以下几种。

1. 讲授法

讲授法是一种传统的培训方法，使用最为普遍，即通过集中办班的形式，由培训师在固定的场地系统地向受训者讲解某些概念、知识、方法及原理。讲授法主要是培训师讲授知识，受训者记忆知识，在培训中一般会穿插提问环节，由受训者提出问题，培训师进行回答。讲授法的优点在于可以在短时间内向一大批人提供大量的信息。与其他方法相比，讲授法的优点是其培训成本最小，适合于系统地进行知识更新和传授；缺点在于这是一种单向沟通的培训方法，培训效果完全取决于培训师的演讲水平，培训方式单调，互动性不强，缺乏针对性。

2. 案例教学法

案例教学法是由哈佛大学首创的一种教学和培训方法。它通过把实际问题进行典型化处理，交由受训者进行独立研究和讨论，从而提高受训者的分析能力以及解决实际问题能力的一种方法。案例教学法开放、合作、互动，优点在于学员能够积极地参与培训，进入特定的“现场”，深入角色，自主学习，提升自身的综合能力，同时，案例教学针对具体问题，具有很强的现实性和针对性。但由于符合公司实际培训需要的案例存在收集和提炼上的困难，也给这种方法的使用带来了一定的障碍，案例教学法，还对受训者有较高的要求。

3. 角色扮演法

角色扮演法是一种典型的亲身体验式的教学方法，是指由受训者扮演具体案例中的某个角色，去处理各种问题和矛盾。培训的目的在于提高员工行为的有效性。角色扮演法能够促进员工个人发展和提高员工行为技能，尤其是能够使受训者进行“换位思考”，有利于解决现实工作中的矛盾，促进工作中的协调与配合。但这种方法更注重受训者的情景体验，所以不适用于知识和技能的培训。

4. 工作轮换法

工作轮换法是指公司为员工在不同职能领域或单一的职能领域中，所作出的一系列的工作任务安排。工作轮换法是一种有效激励和开发员工潜力的培训方式，能够有效扩大员工的知识层面，丰富员工的工作经验，并消除员工由于工作单一而产生的厌烦感，增强员工的工作适应能力和创新能力。在整个工作轮换的过程中，员工能够深入了解各个职位的工作内容，这种方法适用于对管理人员的培养，但不太适用于对专业技术性较强岗位的员工。

5. 头脑风暴法

头脑风暴法是由美国创造学家A·F·奥斯本提出的一种激发创造性思维的方法。这种方法可以使所有参与者能够针对某一特定的问题,畅所欲言地提出自己的想法,并激发彼此的创造性思维。采用头脑风暴法进行培训能够最大限度地发挥员工的想象力,并充分运用集体的智慧,这既是一种解决方法,又可对员工解决问题的思维能力进行训练。

对员工进行培训的方法还有研讨法、情景模拟法、暗示教学法、敏感性培训法、公文处理训练法等。在具体的培训过程中,公司应根据自身的实际情况,选择适合的方法对员工进行培训。

6. 网络培训法

近些年来,随着计算机和网络技术的发展,利用网络进行培训的方法正在逐步兴起,这种方法突破了传统培训的固有模式,打破了培训的时间和空间限制,培训者和受训者不必再面对面地进行培训,这是对人力资源培训和开发的重大突破。

国内较早提倡网络培训的知识天地公司近期公布的数据表明,与传统的培训方法相比,网络培训具有一些明显的优势。采取网络培训,学习新知识所需要的时间是传统面授方式的40%;对知识的记忆力则提高了25%~60%;学习所接收的新信息量比传统模式增加了56%;从培训的时间来说,比传统的方式减少了30%;此外,这种方式还大大降低了知识传递中的偏差。

但是采取这种方法也有缺点,需要建立良好的网络系统,因此培训的成本比较高。此外,也有一些内容无法使用这种方法培训,如设备的操作实践,人际交往能力的培训等。

此外,脱产培训还有视听法、公文筐处理训练、行为模拟法、敏感性训练等方法。

三、培训控制

培训控制是指在培训过程中不断根据培训目标、培训标准和受训者的特点,矫正培训方法、培训进程的各种努力。培训控制是实施培训的一个重要部分,能够保证公司培训紧紧围绕事先确立的培训目的展开。在大型公司的培训中,一般会有管理人员全程参加培训,并对培训工作及时提出意见和建议,因此,培训控制需要培训师或培训管理人员、受训者和公司管理人员的共同参与。培训控制主要包括以下三个方面内容。

(一)观察环境变化,适时适当调整培训计划和方法

培训计划是根据培训需求分析的结果和当时所处的环境来制订的,随着环境的变化,可能会造成培训计划与现实需要不相匹配,如生产工艺的变化、公司战略的调整等,都可能会影响培训计划是否继续执行,到时就需要对培训计划和方法进行适时、适当的调整。

(二)了解培训师、受训者与公司管理者的培训态度和感受

了解受训者的培训需求获得满足的程度,了解培训师在培圳中发现的问题,了解培训目标的完成状况,从而加强对培训过程的管理和控制。

（三）加强培训材料的收集整理

对培训资料的收集和整理，可以比较培训现状与目标的差距，发现培训计划执行的偏差，跟踪培训计划的执行情况，从而加强对员工培训过程的管理。对资料的收集和整理有利于下一步培训评估的实施，也可以为以后的员工培训活动提供参考与借鉴。

第五节 培训效果评估

培训效果的测定与反馈对于公司员工培训十分重要。通过对员工培训活动的效果评估，既可以了解培训产生的效益，进而肯定成绩、找出差距，进一步改进培训工作；又可以为未来的培训打好基础，改进培训工作和提高培训工作的水平。可见，员工培训的效果评估有利于公司人力资源的进一步开发。

一、柯式评估模型

对于培训效果评估的研究，最早是由威斯康星大学（Wisconsin University）的柯当纳（Donald L. Kirkpatrick），于1959年提出的四层次模型（本书简称柯式模型），它也是目前最常用的评估方式。这四个层次分别为：一级评估即反应层评估，这是培训评估的最低层次，主要了解学员对于培训项目的看法，包括对培训项目的设计、培训师、培训组织、培训环境和条件、培训方法等的主观感受，一般可以通过问卷调查或者访谈的形式进行；二级评估即学习层次评估，主要评估学员通过培训学到了哪些新的知识、技能，一般采用笔试、现场操作、情景模拟和角色扮演等方式进行；三级评估即行为层次评估，一般由上级、同事、下属、专家或客户等观察学员经过培训后，行为是否有所改善，以及是否将培训中所学的知识和技能运用到工作之中；四级评估即结果层次评估，这是培训评估的最高层次，主要是对经过培训学员的个人绩效以及公司绩效的提高程度进行评价。一般通过一些具体指标如生产率、事故率、投诉率等来进行衡量。Kirkpatrick认为，这四层的信息是递增的，即低层的信息是更高层次评估的基础，越是往下就越接近实际，评估时要获得的信息就越大。具体内容如表5－1所示。

表5－1 柯式的四级评估模型

层次	标准	重点
1	反应	受训者满意程度
2	学习	学到的知识、技能、态度、行为
3	行为	工作行为改进
4	结果	受训者获得的经营业绩

这一模型不仅对培训结果进行评估，还涉及对培训过程的评估，是一个比较完整的模型，后来它成为最常用的培训评估模型。但是，这一模型主要侧重于培训结果的评估，对于培训过程涉及很少。而且，其评估是在培训完成后进行的，因此评估结果只能对以后的培训产生影响，而对于本次培训，则基本上没有价值。

二、CIPP 模型

Warr. P，Bird. M 和 Rackham. N 提出了 CIRO（由该模型四项评估的首字母组成）模型，将培训评估分成背景评估、输入评估、反应评估和输出评估四个层次。相对于柯式模型，这一模型增加了事前评估，开始向系统型培训模式所倡导的评估理念靠拢。其后，Stufflebeam D. L. 提出了 CIPP 模型，对 CIRO 模型进行了完善，将培训评估扩展到整个培训过程。这一模型亦包括了四个层次的评估，具体为：① 背景评估，这一过程的主要任务是确定培训需求以及设定培训目标，它具体包括了解相关环境，分析培训需求，鉴别培训机会，制定培训目标等；② 输入评估，主要任务是评估培训资源和培训项目，它包括收集培训资源信息，评估培训资源，评估项目规划是否有效地利用了资源，是否能够达到预期目标以及是否需要外部资源的帮助等；③ 过程评估，主要是通过评估，为实施培训项目的人们提供反馈信息，以使他们能在后续的培训过程中进行改进和完善；④ 成果评估，主要是对培训是否达到预期目标进行评估，它包括学员的满意度、知识和技能的增加、行为的改善以及个人和公司绩效的提高等。

相对于柯式模型，这一模型具有非常显著的优势：它真正将评估活动介入到培训的整个过程，不仅对培训的必要性和可行性进行分析，还注重对培训过程进行监控；并且，培训过程中的评估可以及时发现和总结本次培训的经验和不足，其反馈信息会对本次培训的后续项目产生积极影响。因此，这是一个比较完善的模型。

三、培训效果评估的其他方法

进行培训效果的评估，还可以分别运用问卷法、测试法、考核法和现场成果测定法等方法。其一，问卷法。用问卷法收集受训者的意见，然后由培训负责人和专家等组成评估小组，对提出的意见进行分析与评估。其二，测试法。用测试法测定受训者的学习成果，包括口试、笔试和工作现场的实际操作等形式。其三，绩效考核法。用绩效考核法测定受训者在接受培训之后的岗位工作中的行为变化。这种考核应当由对受训者的工作情况最为熟悉的上级、下级、同事和本人发表看法，进行分析和评估。其四，现场测定法。用这些方法测定经过培训后受训者对经营成果的具体而直接的贡献。当然还有其他的方法，如追踪法、对照法等。

范例:某公司 * * * * 年度培训计划

一、培训目的

(1) 提高员工的工作积极性和工作效率,提升员工个人素质。
(2) 规范员工服务标准,统一各部门流程。
(3) 建立完善的企业文化。
(4) 作为选拔公司中高层管理人员的考核依据。

二、年度培训计划

依据人力资源部培训工作制度,经人力资源部对本公司的培训需求进行调查和分析,特制订本公司 2010 年度培训计划,具体如表 5-2 所示。

表 5-2 某公司 2010 年度培训计划一览表

培训方向	培训项目	培训对象	1月	2月	3月	4月	5月	6月	7月	8月	9月	10月	11月	12月
企业文化培训	新进员工培训	新进员工		★	★	★	★	★	★	★	★	★	★	
	企业经营策略	全体员工			★					★				
	新近改动的制度	全体员工						★						★
	军训	全体员工					★							
	礼仪规范	全体员工				★						★		
业务知识培训	营运基础知识	新进员工		★		★		★		★		★		★
	陈列知识	全体员工			★			★			★			
	保卫部工作流程	保卫部员工		★			★			★			★	
	财务业务技能	财务部员工			★			★			★			
	信息技术技能	信息部员工			★			★			★			
其他	电脑知识	有需求的员工	★					★					★	
	高效能人士的习惯	全体员工					★							
	卓越团队建设	经理级以上员工				★								
	领导力与项目管理	主管级以上员工									★	★		
	其他需求	有需求的员工	依据员工培训需求调查的结果适当安排											

三、培训计划的实施

（一）准备阶段

某公司培训准备计划表如表 5－3 所示。

表 5－3 某公司培训准备计划表

时间	内容	责任人	备注
1～2 月	确定及聘用兼职培训讲师	王＊＊	参见《培训讲师管理办法》
2～3 月	收集、整理培训资料	郝＊＊	各培训讲师自行资料并交人力资源部备案
3～12 月	每月 25 日下发培训需求调查及下月培训计划工作细则	高＊＊	根据年度培训计划安排及每月培训需求调查制订月培训计划工作细则

（二）实施阶段

公司的培训工作主要由人力资源部组织开展，并根据不同的需求负责实施，其他相关职能部门协助配合。部门内部培训须先报人力资源部备案，由人力资源部组织，部门自己负责实施。

人力资源部对各项培训的实施过程进行跟踪，要求各部门参训人员签到，作为考核依据。

（三）培训考核阶段

（1）每项培训完成后，由人力资源部通过对参训人员的出勤统计、课堂表现、反馈意见表等进行初级考核。初级考核设“优”“良”“可”“差”四个级别，被评“差”者须重新学习相同或参加类似的培训课程。

（2）根据培训课时内容的不同，可设计笔试、现场实际操作等考核方式，由人力资源部及相关部门对参训人员进行考核，考核通过后方为培训完成，并将每次考核结果进行纪录；考核未通过者需要进行补考，总计三次考核仍未通过者予以降薪、降职直至待岗处理。

（3）培训完成后填写《员工培训记录卡》，纪录员工的培训成绩和表现，作为加薪、提升的考核标准。

（4）对企业内部培训讲师的考核主要通过授课教案的准备、授课技巧、参训人员的反馈意见及参训人员整体的考核成绩来进行。根据考核结果评定兼职培训讲师的等级，给予一定的培训奖金，并以此作为今后晋升、加薪的优先条件。

四、培训效果评估

（1）培训结束后，组织参训人员填写《培训效果调查表》，由人力资源部开展培训课程评估工作，并针对培训讲师的授课技巧、方式进行反馈意见收集，作为建立公司内部兼职培训讲师的考核依据。

（2）培训结束后，人力资源部要按照调查意见填写《培训效果评估表》，制订评估报告，并由人力资源部及其相关部门对培训效果进行为期三个月的跟踪反馈。

（3）通过课程评估及效果跟踪，将参训人员的反馈意见及效果评估转告培训讲师，指导培训讲师对培训的内容、方式进行及时调正，以便提高下次的培训效果。

五、建立培训档案

为每一位员工建立培训档案，将培训后的总结和结束后填写完毕的《培训成绩考核表》《培训效果调查表》等归入员工的个人档案中，完善员工个人档案。

案例分析

“快又好”快餐公司

“快又好”快餐公司创办三年，并且发展迅速，从开业时只有两家店面，到现在已经是具有11家分店组成的连锁公司了。

不过，公司分管培训工作的副总经理张慕廷却发现，直接寄到公司和由“消费者协会”转来的顾客投诉越来越多，上个季度投诉信竟达到80封之多。这些引起了他的不安和关注。

其实，这些投诉并没有什么大的问题，大多是些鸡毛蒜皮的问题，如顾客抱怨菜及主食的品种、味道、卫生不好、价格太贵等；但更多的还是有关服务人员的服务质量，不仅指服务态度欠热情，上菜太慢，卫生打扫不彻底，语言不文明，同时业务知识差，顾客有关食品的问题，如菜的原料规格、烹饪程序等常识一问三不知；而且有的还抱怨店规不合理，因此服务员听了也不予接受，反而粗暴反驳，更有甚者面对顾客提出饭菜不太熟，不仅拒绝退换，还强调已经吃过了的菜就不能退换，等等。

张副总分析，服务员业务素质差，知识不足，态度不好，不能全怪他们，由于生意扩展块，公司招入了大量的新员工，草草进行了半天或一天的岗前集训，有的甚至没有培训就上岗，一定会影响服务质量。

公司员工实施的是两班倒工作制。张副总指示人力资源部杨部长拟定一个计划，对全体公司员工进行两周的业余时间培训，每天三小时。

假如你是人力资源部杨部长，面对这种情况，你会怎样拟定这个培训计划呢？

模拟训练

制订培训计划

将全班分成三组，各组选出一位组长。请大家分别为模拟的华源电脑公司制作一份新员工培训计划、管理干部培训计划和销售人员培训计划。由各小组长整理本组培训计划的优劣，然后在班级讲解交流，最后由老师点评。该训练的目的是让学生掌握制订培训计划的方法及培训程序。

本章知识点

1. 人员招聘的概念及原则、招聘的意义、有效性、招聘的发展趋势；2. 制订招聘计划，确定招聘方案、发布招聘信息、作出录用决策；3. 员工选拔的概念、员工选拔的程序、员工选拔测试。

思考题

1. 什么是员工培训？
2. 什么是培训需求分析？它有哪些方法？
3. 培训计划的内容有哪些？
4. 常见的培训方法有哪些？他们各自有何优缺点？
5. 某公司组织了一次为期一周的 20 名工程维修人员的培训，总培训费用为 5 万元，训后测试时让受训者对一个已知故障的设备限时进行检查，同时选择了 20 名未受训者参与同样的测试。结果在限定时间内已受训者每人检查出的故障为 8 处，未受训者每人检查出的故障为 6 处，未受训者的工作结果的标准差是 2.4，评测者评分的相关程度为 0.96。培训效果可持续 3 年，维修工人的年工资为 10 000 元。试计算此次培训的投入回报率。

第六章　职业生涯设计

【学习目的与要求】

通过本章学习，着重掌握：职业生涯管理的概念、帕森斯的人职匹配理论、霍兰德的人业互择理论、施恩的职业生涯系留点理论、个人的职业生涯规划与公司职业生涯管理。

【基本概念与定义】

职业生涯管理；职业生涯管理的意义；职业生涯周期理论；帕森斯的人职匹配理论；霍兰德的人业互择理论；施恩的职业生涯系留点理论；个人的职业生涯规划；个人职业生涯规划的实施；个人职业生涯的发展；公司职业生涯管理的目标；个人与公司职业生涯规划的互动；公司职业生涯管理的实施。

【案例】

从营销员到副总裁

梁上燕，星河湾地产副总裁、品牌代言人，世界奢侈品协会中国俱乐部理事长、北京外商俱乐部执行理事长，CCIM（国际注册商业房地产投资师协会）中国总会主席，中国资深地产品牌及市场营销策划专家，暨南大学EMBA（高级工商管理硕士）。历任广东碧桂园集团销售部经理，广东宏富房地产有限公司副总经理，香港李颂熹测量师行执行董事、中国公司总裁，宏宇集团董事副总裁，贵州宏立城集团副总裁、董事长助理等职务。

本来是广东制药厂重点培养的政工干部，梁上燕却志向一转跑去做营销。一路从普通营销员做到营销科长，年销售额上亿元。当药品销售做到风生水起之时，梁上燕觉得职业生涯难再有超越，毅然选择离开。

其主持市场推广的广州星河湾打破传统，策动了中国房地产首次区域板块炒作，推出了中国房地产业界首份媒体楼书并且获得巨大成功，使得以星河湾为首的华南板块成为全国房地产业界的学习榜样。广州星河湾连续4年获得由市民投票的“广州市民十大最喜爱楼盘”榜首及全国强势媒体和中国房产界权威专家评选的“中国名盘30强”荣誉，并获得了由联合国规划署颁发的"国际花园社区金奖"。个人荣获建设部主办房地产权威传媒《中国建设报·中国楼市》颁发的"2002年度中国楼市推动力人物"。梁上燕从不走寻常路,年年有创新、日日有创新、时时有创新,并能将理念迅速变成现实。2005年由其主持策动的北京星河湾开盘更是将久负盛名的博鳌亚洲论坛搬到北京来,在强手云集的京城房地产市场上引发了一场星河湾营销风暴,刚刚初生的北京星河湾就被建设部权威机构和资深专家评为"中国人居国际影响力楼盘",半年后即获得联合国环境规划署认可的"国际花园社区"金奖,使星河湾成为世界上唯一蝉联国际金奖殊荣的社区,同年获得北京所有行业大奖。同时通过一系列创新的营销模式,演绎了开盘半年即销售15亿的营销神话,且业主均为国际化素质客群,在很短时间内,即令星河湾得到业主认可、市场认可、行业认可、政府认可。

2006年,从不因循守旧的梁上燕通过创新的理念与踏实的作风,正引导着星河湾登上国际化高峰。坚持打造品质地产。

成功的楼盘是城市一道靓丽的风景线,它会提高业主的生活质量。遵守行业标准及对文化的倡导,是我们打造产品的标准,"全成品"理念是品质地产的保证。一个社区从规划设计到园林、室内装修以至物业服务的各个环节,不是彼此割裂,而是互相交融的。我相信一个很朴实的道理,只要你做出让业主看得见、摸得着、感受得到的好房子,就会得到认同和欣赏。我们只担心自己做得不够好,不够精,不够完美,从来不担心市场对高品质的住宅产品有没有鉴赏能力,更不担心像北京星河湾这样的好产品没有市场。

梁上燕拥有国际化视野,她结合市场的实际情况及需求,以务实的精神、创新的思维以及不拘一格的方式,充分整合国内外相关优势资源,将创新理念落实到实际操作过程中,创造出地产行业的多个全国第一。她以其一贯的创新精神贯穿于星河湾的整个营销推广工作中,使项目取得了最高的社会效益及经济效益,在一定程度上推动了行业的发展。

随后,北京星河湾因其产品的高品质及连续2年成为高端项目的销售冠军而震撼京城;2007年,梁上燕三进星河湾,任星河湾地产副总裁,此时的星河湾已经开始在第N城谋篇布局。而梁上燕也完成了职场生涯完美的跨越。

第一节 职业生涯管理概述

一、职业生涯管理的概念

(一)职业

有关"工作(Job)"、"职业(Occupation)"和"事业(Enterprise)"这几个词的含义在理论上仍然存在着一定程度的争议,不过我们可以大致将它们定义如下。

工作(Job),是指通过体能或心智上的努力,以产生某事或某结果。工作在人类生活中具有重要作用,人类是透过工作以掌握生活。个人所追求的工作目标可能是工作本身所带来的愉悦感,工作所提供的经济支持,或者是其所伴随的休闲状态。工作可能完成经济、社会及心理上的目的。

事业(Enterprise),是指值得个人投注一生心力,以获得最大实现可能性的生涯目标。事业通常包含较广泛的职业范畴。例如,教育事业、慈善事业、医疗事业、科技事业、文化事业等。

职业(Occupation),是指不同时间、不同公司中工作性质类似的职务的集合,是指人们在社会上从事赖以获得物质报酬作为生活来源的具体工作,是随着人类社会进步、生产力的发展和社会劳动的分工而产生的。此外,职业是联系社会与个人、公司与个体的桥梁。公司与个人、社会与个人都是通过职业紧密联系起来的。一方面,公司的发展和壮大离不开每一个从事不同职业的人所做的努力,每一个人在不同职业岗位上所取得的成绩推动了社会的进步。另一方面,个人的职业是由公司和社会提供的,社会越发展,公司越壮大,给个人提供的职业机会就越多。也就是说,个人职业发展的好坏离不开社会的进步和公司的发展。

一个人的一生都是与职业紧密相关。一个人在早期接受学校教育是为自己将要从事的职业在做准备;从大学毕业就开始进入社会参加工作开始直到退休,则处于职业生涯时期。当然退休以后也有人从事着其他的职业,他们依然与职业脱不了关系。

一个人的职业生涯往往要持续几十年,职业的选择往往关系到一个人的命运。如果选择的职业好,获得的报酬就高,就能过上宽裕的物质生活,如果从事的职业不是自己的兴趣所在,就会找不到归属感,感觉不到生命价值的实现和生命的意义;反之亦然。可见,职业对于个人来说是多么重要。

对于公司来说,能否把员工配置到适合的职位上,使公司的每一位员工都能够从事适合自己或自己喜爱的职业,关系到公司能否最大限度地调动员工工作的积极性和主动性,也最终关系到公司是否具有凝聚力和向心力,关系到公司的生存和竞争能力。因此,对于公司来说,研究公司内部职业科学配置的问题是非常重要的。

(二)职业生涯

职业的发展伴随个人的一生,这个过程包含个人所选择的工作、职业以及各种相应的活动,它受到个人家庭状况、学校教育、宗教信仰以及其他各种社会因素的影响,这就是我们所说的职业生涯。

职业生涯(Career)这个概念的含义曾随着时间的推移发生过很多变化。在20世纪70年代,职业生涯专指个人生活中和工作相关的各个方面。随后,又有很多新的意义被纳入到"职业生涯"的概念中,其中甚至包含了生活中关于个人、集体以及经济生活的方方面面。

从经济的观点来看,职业生涯就是个人在人生中所经历的一系列职位和角色,它们和个人的职业发展过程相联系,是个人接受培训教育以及职业发展所形成的结果。

从职业发展的过程来看,职业生涯被看成是"在个人的一生中,由于个人心理、社会环境、经济状况、生理条件和机遇等因素相互作用所形成的工作、职业的发展变化。职业的发展是个人发展中的一个最主要的方面,它跨越人的整个一生并涵盖个人的自我概念、家庭生活以及个人所处的环境、文化氛围的方方面面”。这种观点试图把工作和职业的发展作为一个整体——看成个人生活的一个部分,而不应该是辅助性的,只是以赚钱生活为目的的活动。

知名学者舒伯(Super)曾将职业生涯定义为:职业生涯是生活中各种事件的演进方向与历程,结合个人一生中各种职业与生活的角色,由此表现出个人独特的自我发展类型。职业生涯是人生自青春直到退休之后,在连续的有酬或无酬职位过程的综合分析,除了职位之外,还应该包括任何和工作有关的角色,如副业、家庭和公民的角色等。

职业是一种静态的描述,职业生涯则是一个动态过程。职业生涯是指一个人一生中在不同职业岗位上工作过的所有经历。职业生涯不仅包含工作或职业,还包含了个人的生活风格,及个人在一生中所从事的所有活动。职业生涯既有时间上的含义,也有空间上的含义。从时间上讲,职业生涯是指一个人一生中工作的时间总和;从空间上讲,职业生涯是指一个人一生中所从事的各种职业之和。

我们通常所说的职业生涯是针对个人而言的。由于时间和空间的变化转移,决定了职业生涯会受多方面的影响。总的说来,这些影响包括外界因素和内在因素。一个人的价值观念、态度、需要、动机、气质、能力、性格等属于内在因素,一个人的学习环境(选择的专业)、家庭环境(父母对子女职业的期待,妻子或丈夫对对方职业的影响),所进入的公司的环境以及社会的变化等均属于外在因素。无论是内在因素还是外界因素对一个人的职业生涯都会产生重要的影响。

(三)职业生涯管理

职业生涯管理主要是指对职业生涯的设计与开发。从个人的角度来讲,职业生涯管理就是一个人对自己所要从事的职业进行规划和设计,并为实现自己的职业目标而积累知识、开发技能的过程。一般通过选择职业、选择公司、选择工作岗位、提高工作技能、晋升工作职位、发挥个人才干等途径和方式来实现。

我们每个人都是自己职业生涯的管理者,在对个人的职业生涯进行设计和开发的过程中,个人起着主要作用。但是,我们每个人又属于一定的公司,对于每一位员工来说,其所属的公司会对其职业生涯产生重要的影响。由于公司有用人权,因此,任何人并非想到哪个单位、哪个部门去上班都能如愿以偿。因为公司往往要考虑到不同的职位所需要的人应该具备的特定条件,比如文化水平、专业知识、动手能力、身体状况、个人气质以及道德品质等。并非人人都能够适应任何一种职业。也就是说,不同的职业会选择不同的人。总的说来,公司对员工的选择和对员工在职业生涯管理上的影响与每一个人所具有的职业能力和职业品质密不可分,与每一个人自身的潜能、兴趣、价值和需要密不可分。只有公司认为某个人自身的能力和素质适合该项职业,公司才会选择这个人作为自己的员工。

另一方面,也说明我们每一个人在选择公司、选择职业时,应该联系自己的兴趣、专业知识、综合能力等,选择有利于发挥自身优点的职业,这样才能发挥自己的潜能,将之转化为动力,使自己的职业得到较好的发展。

公司是其员工职业生涯赖以存在的载体,如果没有公司,员工个人职业生涯设计得再好,英雄也无用武之地,职业生涯就不可能实现。同时,公司的存在和发展也依赖员工个人具体职业的实现。员工个人职业生涯的开发与发展是公司命运的基本保障。

公司的人力资源部门,对员工职业生涯的管理不仅体现在分析每一位员工的特质和能力,应该为公司挑选到适合具体职业的员工,把员工分配到合适的部门、合适的职业上,而且还参与到员工的职业生涯管理中,包括充分帮助员工激发兴趣,调动积极性,发挥全部的潜能,促进员工成长。公司进行职业生涯规划的根本目的,就是为公司选到适合的人才,同时要发挥出员工最大的能力,帮助员工进行职业规划,推动员工职业不断发展。例如,分析员工适合的工作岗位,进行有针对性的培训。公司可以通过参与员工职业生涯管理为公司找到适合的人才;同时,还可以分析员工职业发展的需求,设法满足这些需求,帮助员工进行更科学的职业生涯规划和设计,从而实现公司和个人的双赢。公司可以从员工职业生涯的发展中获得更多利益,员工也可以从公司为员工进行更好的职业生涯管理中得到帮助,从中找到更适合自己的职业,寻求更大的发展。

二、职业生涯管理的影响因素

一个人所选择的职业道路、职业发展方向和事业成功程度,是与个人、家庭和社会密切相关的。总的说来,影响一个人职业生涯的主要因素包括以下几种。

(一)教育背景

教育是帮助人们学习文化知识,塑造人格魅力,赋予个人才能,促进个人发展的社会活动,它几乎可以奠定一个人的基本素质,对今后个人的职业生涯影响是巨大的。首先,获得不同教育程度的人在个人职业选择与被选择时面临的广度和深度是不一样的。其次,人们所学的专业对职业生涯往往起着决定性的作用。此外,不同院校的教育思想不同,其学员的思维模式和意识形态也会不同,最终使得职业的选择和职业生涯的规划与设计方向不同。

(二)家庭影响

家庭对一个人的职业生涯影响也是重要的。人来到人世就开始受到父母的影响,家庭的熏陶,长期的潜移默化,就会使人形成一定的价值观和行为模式;人还会通过受家庭的影响,学习到一定的职业知识和职业技能。这些价值观、行为模式、职业知识和职业技能,必然会影响一个人的职业理想和职业目标,影响其职业生涯管理中的具体行为,如选择职业方向,对职业岗位的态度,从事具体职业的行为等。

(三)个人需求与心理动机

人们在就业时出于不同的职业评价和价值取向,需要从社会众多的职业中选择一项职业,就业后也会由于各种不同的状况进一步调整自己的职业生涯。

不同年龄阶段的人,其选择职业的个人需求和心理动机是不同的。一般来说,年轻时,人对于事业成功的心理期望和个性需求比较大,年轻人富有进取精神,敢于冒险,愿意付出,其成功的目标和选择职业的标准比较高。到了中年,人就会变得越来越现实,因为已经有了相当多的职业实践和较为丰富的社会阅历,更容易看到社会环境的制约因素,对于事业成功的心理期望和个性需求减小,选择职业的标准会降低,并趋于实际,主要是适应社会与所在公司的状况,而不会轻易的下决心去努力改变这种状况,寻求职业的突变和飞跃。

(四)机会

机会是一种随机出现的、具有偶然性的事物。机会既包括各种就业岗位,也包括公司提供的培训机会、发展条件和向上晋升的职业环境。有许多成功人士就是把握了机会取得了成功。但是机会不是凭空而来,机会实际上是个人平日努力奋斗的结果。

(五)社会环境

社会环境通常是指社会的政治经济文化等状况,包括职业管理体制、社会文化与习俗、职业的社会评价以及社会时尚等因素。这些因素决定着社会职业岗位的数量、结构,决定着其出现的随机性与波动性,从而决定了人们对不同职业的认同和步入职业生涯、调整职业生涯的决策。社会环境的变化决定着职业结构的变迁,也决定了个人职业生涯的变动规律。

除了宏观的因素之外,社会环境还包括个人所在的学校、社区、家族关系、个人交际圈等较小的因素。这些小的社会因素决定着一个人的社会活动范围、内容及其所受到的限制,从而也决定了个人职业生涯的具体内容和发展方向。

三、职业生涯管理的意义

从20世纪50年代末60年代初正式出现“职业生涯”概念开始,西方学者从各个角度对职业生涯理论进行了探讨,提出了各种各样的理论和观点,如萨柏的职业发展阶段理论、约翰·霍兰德的职业性向理论、施恩的职业模型论等。综合他们的各种观点,可以认为,职业生涯管理既能够最大限度地规划好个人职业,挖掘发展潜能,争取事业上的成功,又能够为公司提供充足的人力资源保证,有效地遏制公司内部人才的流失,进一步加强员工对公司的忠诚度。总的说来,职业生涯管理能够实现个人职业生涯目标与公司发展目标的高度统一,又能极大地促进社会的繁荣和进步。职业生涯管理具有以下意义。

(一)提升员工职业能力,促进员工成长

个人和公司在设计和实施职业生涯规划的过程中,都需要依据员工的个体特点、成长需求以及公司的发展需要,有针对性地制定员工的职业生涯规划,设计出适合的职业发展路径,提供有针对性的培训和学习机会,促使员工的职业能力不断提高。

(二)调动员工积极性,促进公司发展

根据马斯洛的需求层次理论,人们寻求职业的最初目的可能仅仅是寻找一份养家的工作,进而可能追求财富、地位和别人的尊重。职业生涯管理可以使员工超越财富和地位之上,追求更高层次的自我价值实现。同单纯的奖惩措施相比,职业生涯管理具有更强的独特性和排他性,公司不仅根据员工的个体特征为其制订职业发展规划,还为其明确职业发展方向,并提供必要的指导，因而能起到更好的激励作用，在提高员工积极性的同时，提升公司效率，促进公司发展。

（三）为社会培养人才，促进社会进步

员工职业能力的提升，是国民素质提高的表现；员工在公司之间的流动，也是社会资源实现优化配置的一个过程，它使个人有机会寻找到更适于自己的岗位，为社会财富的增长作出更多的贡献。因而公司在实施职业生涯管理、提高员工职业能力、提升公司效率的同时，也在为社会培养人才。事实上，公司发展和个人发展是社会进步的前提，社会进步又为公司和个人提供了更好的发展平台，职业生涯管理的整体功能，就是促进员工、公司和社会的共同发展。

第二节　职业生涯管理的相关理论

一、职业生涯周期理论

根据每个人不同的人格性向（包括实际性向、技能性向、社会性向、艺术性向、商业性向、常规性向等），其职业选择和职业生涯路径也是各不相同的，但是，都有一个共同点，就是都会经历成长、探索、职业确立、维持和下降等几个阶段。每个人只要能结合自己的性格、特长等多方面因素来认真剖析自我，就必然能找到适合自己的职业生涯发展路径。但是每一个阶段的工作都应该有高度清晰的规划感和层次感，要能够清楚地明确每个阶段应该干的具体工作。

职业生涯的发展常常伴随着年龄的增长而变化。尽管每个人从事的具体职业各不相同，但在相同的年龄阶段往往表现出大致相同的职业特征、职业需求和职业发展任务，据此可以将一个人的职业生涯划分为不同的阶段。

关于职业生涯周期理论主要有代表人物金兹伯格的三阶段理论和萨伯的五阶段理论。其中最著名的是萨柏的五阶段理论。萨柏认为，一个人的职业生涯分为以下五个阶段。

（一）成长阶段（从出生到14岁）

在这个阶段，个人逐渐通过对家人、朋友和老师的认识，与他们相互作用，形成自我的概念，了解自己的兴趣和能力，到这个阶段结束时，才开始从现实的角度思考自己选择各种职业的可能性。

（二）探索阶段（15～24岁）

人们开始认真思考自己将来可能选择的职业。他们将会了解各种职业，并将自己的兴趣和能力结合起来，思考适合的职业。一开始，他们选择的并不是某一项具体的职业，而是圈定一个职业范围，可能包括好几种职业。随着对所选职业的深入认识以及对自己的进一步了解，他们会对最初圈定的职业范围进行细分，到这一阶段结束的时候又变为选择某一项具体的职业，这表明他们已经准备开始工作了。这个阶段最重要的任务就是尽可能地了解各种职业信息，并对自己的能力和天资进行评价。

（三）确立阶段（25～44岁）

属于职业生涯的核心阶段。在这个阶段，大多数人能够寻找到适合自己的职业，投入到这项职业，通过自己的努力取得事业上的成功。

这个阶段又分为三个子阶段。第一，尝试子阶段（25～30岁）。在这个阶段，个人会对所选择的职业是否适合自己进行确定，如果发现不适合，就会选择别的职业。第二，稳定子阶段（30～40岁）。在这个阶段，人们通常会确定自己的职业目标，制订明确的职业计划。第三，职业中期危机子阶段（可能会发生在30～40岁的某个时期）。在这个阶段，人们会对自己的职业状况进行重新考量，思考是否已经实现了自己最初设定的职业目标，工作、职业对自己而言的重要程度，以及如何处理工作与生活的关系等。通过这样的思考去确认自己到底需要什么，要达到什么目标，以及达到这一目标需要作出多少努力。

（四）维持阶段（45～65岁）

在这个阶段，人们往往已经在自己的工作中取得了一定的成绩，在这一时期，他们主要是要保持自己的地位。不愿意由于自己的失误失去正常晋升的机会。

（五）下降阶段（65岁以后）

这个阶段是60岁退休以后就开始显露出的问题，刚退休时虽然会产生失落感，但是由于当今社会60岁的老人精力和阅历还很旺盛，他们无论在任何方面还刚刚显露下降的趋势，但65岁以后，人们必须适应责任减少甚至失去权力的状况，在不需要工作去获得财富维持晚年生活，如何打发精力和时间就是他们考虑的主要问题。

总的来说，不同的职业生涯阶段特点不同，面临的职业任务和职业问题不同，职业规划的具体内容也是不一样的。

二、帕森斯的人职匹配理论

1909年美国波士顿大学教授帕森斯在著作《选择一个职业》中提出了人职匹配理论。该理论认为，每个人都有自己独特的人格模式，每种人格模式都能找到与其适应的职业类型，就是人与职业相匹配，即寻找与自己特性相一致的职业。帕森斯还认为正确的职业选择需要具备三个要素：第一，了解自己的能力倾向、兴趣爱好、气质性格、身体状况等个人特征；第二，分析各种职业对人的要求，以获得有关的职业信息；第三，上述两个因素的平衡，即在了解个人特征和职业要求的基础上，选择一种适合个人特点又能够获得的职业。由以上可见，注重个人差异和职业信息的收集与利用是该理论的基本特点，实现人职匹配是该理论的核心。

帕森斯的人职匹配理论对于职业生涯管理具有很强的现实意义。通过这个理论，我们可以在职业选择时对自己所选择的职业进行适宜性分析，通过分析、了解每个人的个性特征和不同工作的性质、特点，为每个人找到适合的职业。

职业适宜性分析主要包括两方面的工作，一方面是获取职业信息，另一方面是分析人的个性，然后将这两个方面进行比较，并作出人与职业是否适宜的判断。

(一)获取职业信息

职业信息指的是与职业相关的信息。进行职业适宜性分析需要的职业信息主要包括职业分类,特定职业的性质、任务、操作程序、资格要求、工作环境等具体信息。

可以按照不同的标准对职业进行分类。通常的分类是按照工作者的性质和受教育的程度进行的。我国的第六次人口普查是我国自建国后最大规模的一次普查,从人口素质看,此次普查发现,每 10 万的居民中受过大学教育的 8 900 多人,10 年前只有 3 600 多人,这次普查文盲率只有 4.08% 了,比 10 年前下降了很多,这说明我国居民的受教育程度有了很大提高。从总数看,有大学程度的人口 2010 年比 2000 年增加了 7 393 万人。从人员年龄结构看,按照统计口径,0 ~ 14 岁叫少儿人口,不是劳动力资源;60 岁以上的人进入了退休年龄,也不是劳动力资源。满 16 岁而不到 60 岁人口是劳动力资源,这次人口普查全国劳动力资源人口是92 148 万。

按照人们从事工作的性质把我国现有职业分为 8 个大类,64 个中类,301 个小类。8 个大类分别为:① 各类专业技术人员,指专门从事各种专业和科学技术工作的人员;② 国家机关、党群组织、企事业负责人;③ 办事员和有关人员,指在机关和企事业组织中,办理各种具体业务的工作人员;④ 商业工作人员,指从事商品有关工作的人员;⑤ 服务性工作人员,指在饮食、旅馆、旅游、修理及其他服务行业从事服务性工作的人员;⑥ 农、林、牧、渔劳动者,指直接从事农业、林业、畜牧业、渔业生产以及农业机械操作、狩猎的人员;⑦ 生产工人、运输工人和有关人员;⑧ 不便分类的其他人员。

(二)个性分析

个性心理学家麦边认为:个性是决定每个人心性和行为普遍性与差异性的那些特征及倾向的较稳定的有机组合。需要、动机,兴趣、价值观、爱好、能力、气质、性格等都属于个性的具体内容。一个人只有进行正确的个性分析,了解自己的个性特征,才可能选到自己适合的职业。

三、霍兰德的人业互择理论

人业互择理论是美国约翰·霍普金斯大学心理教授,著名的职业指导专家约翰·霍兰德于 1959 年提出的。霍兰德认为职业选择是个人人格的反映和延伸,世界上存在着六种基本类型的人格,与此相对应,也存在着六种类型的职业,人格与职业的相互作用决定了一个人的职业选择,如表 6 - 1 所示。

这六种人格类型与职业类型的对应关系也并非绝对的。通过多次实验,霍兰德发现虽然大多数人可以主要归为某一类人格,但是由于个人适应能力很强,他的人格类型也与另几种类型存在一定的相似性,也能够适应这几种类型的工作。每一种职业类型和其他职业类型既存在着相关性,又相互排斥。霍兰德用一种六边形图对这六种职业类型的相互关系进行了直接的描述,如图 6 - 1 所示。

表 6－1 霍兰德的六种人格类型及相应的职业

人格类型	人格特点	职业兴趣	代表性职业
实际型	真诚坦率，重视现实，讲求实际，有坚持性、实践性、稳定性	手工技艺、机械的、农业的、电子的技术	体力员工、机械操作者，飞行员、农民、卡车司机、木工、工程技术人员等
研究型	分极性、批判性、好奇心、理想的、内向的、有推理能力的	科学、数学、化学、物理、计算机、控制、生物、医学	物理学家、人类学家、化学家、数学家、生物学家、各类研究人员等
艺术型	感情丰富的、理想主义的、富有想象力的、易冲动的、有主见的、直觉的、情绪性的	语言、艺术、音乐戏剧、书法	诗人、艺术家、小说家、音乐家、雕刻家、剧作家、作曲家、导演、画家等
社会型	富有合作精神的、友好的、肯帮助人的、和善的、爱社交和易了解的	与人有关的事、人际关系的技巧、教育工作	临床心理学家、咨询者、传教士、教师、社交联络员等
公司型	喜欢冒险的、有雄心壮志的、精神饱满的、乐观的、自信的、健谈的	领导、人际关系的技巧	经理、汽车推销员、政治家、律师、采购员、各级行政领导者等
传统型	谨慎的、有效的、无灵活性的、服从的、守秩序的、能自我控制的	办公室工作、营业系统的工作	出纳员、统计员、图书管理员、行政管理助理、邮局职员等

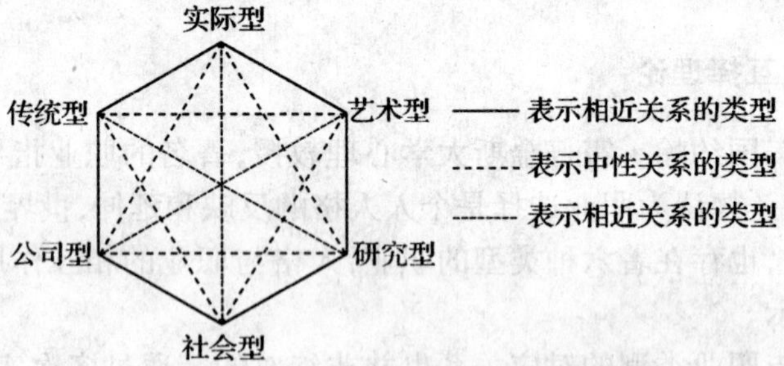

图 6－1 霍兰德六种人格类型图

霍兰德的人业互择理论认为：只有当一个人选择的职业环境恰好与他的人格类型相重合时，才算是找到了最适合自己的职业。只有在这种情况下，个体才容易得到精神上的满足，才可能在工作中完全发挥自己的才能。当一个人不能找到和他的人格类型完全一致的职业环境时，他可以去寻找和自己的人格类型相近的职业环境。

如研究型与实际型和艺术型相近，传统型与实际型和公司型相近。个人只有选择了与自己人格类型相近的职业，才能够适应其职业环境。如果选择了和自己人格类型相斥的职业，就很难感受到这项职业带给自己的乐趣，很难适应这种工作环境，甚至完全胜任不了这份了作。如公司型人格的人在研究型的职业环境中就很难适应。但这只是一般的推论。

霍兰德运用人业互择理论编制了两种测评方法对个人人格类型进行分析评定。第一种测评方法是于1953年编制设计的“职业偏好问卷（VPI）”，主要是通过测定受测者对不同职业的态度差异确定其职业兴趣领域。这份问卷在1975年和1977年进行了修订。第二种测评方法是在1970年编制的“职业自我探索量表（SDS），通过对受测者的职业愿望、具体职业需要的能力、能力倾向和自我评估等方面进行了解和评估，确定与其人格一致的职业类型。

霍兰德的理论主要是通过研究人格类型与职业类型的匹配程度来阐释职业选择和职业适应问题。不仅人格特征对一个人职业选择和职业成功与否起着重要的影响，除此之外，许多其他因素如个人所处的社会背景和公司也会对其职业选择和职业能否成功产生影响。

四、施恩的职业生涯系留点理论

（一）职业生涯系留点理论

职业生涯系留点理论是美国学者施恩等人对麻省理工学院管理系毕业生进行了长达十几年的追踪研究，进行了大量采访、面谈和态度测量等研究分析得出的。该理论认为，人们大学毕业时的就业动机与职业价值观与十多年以后的心理需求和职业价值观存在着一定的差异。这主要是由于大学毕业生对自己的认识和对外界的认识存在盲目性和不准确性，这种盲目性和不准确性只有经过一段时间的实践才能矫正。此外，施恩还认为，只有真正有了职业经历和工作体验，个人才可能正确、清楚地感知到自身的才能。

施恩的职业生涯系留点理论是职业生涯理论的重要内容。这个理论说明了人们只有具备了丰富的工作阅历，才可能找到自己真正乐于从事的职业，并成为自己终身的职业。只有经过长期的职业实践，人们才可能真正认识到自己的“需要与动机、才能、价值观”，寻找到自己最适合的职业特性，即形成人们终身认定的，假定再次进行选择职业时仍然是最不肯舍弃的因素，即职业生涯系留点（Career Anchor）。通过寻找到自己最适合的职业特性即职业生涯系留点，最终确定与自己相适应的职业，我国学者把这一理论形象地称为职业锚理论，指人们选中了一种职业，就好像船“抛锚”一样，从此确定下来不再改变。

（二）管理人才的职业生涯系留点

施恩把麻省理工学院管理系毕业生的系留点划分为五种类别。

（1）技术性能力毕业生。这种人的职业生涯核心是追求自己在技术或职能领域得到不断发展。虽然他们在职业生涯中也会涉及一些管理职责，但是他们在内心深处根本看不起或惧怕管理工作，对于这种人来说，管理工作只是其愿意从事的技能性职业的辅助手段。这种人从事的职业包括科学研究、工程技术、财务分析、营销系统等。

(2) 管理能力毕业生。这种人通常具有成为管理者和获得权威的强烈动机,相信自己具备成为管理者的能力,他们的职业目标是获得较高的职位。这种类型的人往往具备较强的分析问题能力、人际交往能力和情感驾驭能力。他们追求的目标多为总裁、经理等职位。

(3) 创造力毕业生。这种人大多具有建立或创造某种新鲜事物的能力。其整个职业生涯的核心都围绕着为创造某种新东西而努力。这种努力的结果是他们创造了新技术、新产品和新的服务,这是一个非常具有挑战性的艰难过程。

(4) 安全与稳定毕业生。这种人极为重视长期职业稳定和工作保障性,比较愿意从事能提供丰厚的薪酬、体面的工作职位和可靠的未来生活保障的职业。这种职位能够实现长期就业、前途稳定,个人的收入有保障并且薪金较高、能够为家庭成员提供较好的物质生活,有较好的养老保险计划等。

(5) 自主性毕业生。这种人不愿受人摆布,希望最大限度地摆脱公司约束,愿意自己决定命运,寻求自由和自主的工作。具体来说,这种人希望能够自己安排时间,按照自己的意愿安排工作方式和生活方式。他们不愿意成为某个公司的成员,而喜欢单打独斗,游离于公司之外;就算属于公司的一员,也会和公司保持一种非常松散的关系。这样的人可能成为作家、自由撰稿人、咨询专家、教师或者个体老板等。

(三)其他职业的系留点

上述研究结论是针对名牌大学管理人才而言的。此外,施恩还提出了不同于名牌大学管理人才的社会从业人员可能具有的四种职业生涯系留点:第一,基本认同,指社会阶层较低的职业人,把头衔、制服和其他可能显示比自己的实际职业更好的标记作为“自我”定义的基本依据,如清华大学的清洁工,从不说自己是清洁工是他的职业,只是强调自己“在清华大学工作”的身份;第二,服务,也就是劳务;第三,权力欲望及其扩展;第四,工作追求的多样性。

第三节 个人职业生涯规划

一、个人职业生涯规划的影响因素

(一)进取心

进取心是决定一个人目标指向性和智谋活力的内部能源。如果说踏实工作是一个人事业成功的前提条件,那么进取心则是一个人事业成功的心理基石。具有较强进取心的人往往能够确定较高的事业目标,并持久地追求这个目标,其事业就容易取得成功。

(二)自信心

自信心是指个人在逆境中开拓、创新的信心和能力,是帮助自己有效克服困难、增强信心的能力。自信心强的人容易取得成功,缺乏自信心的人更容易遭受挫折。自信心强的表现是喜欢挑战、容易克服困难。

(三)自我力量感

自我力量感是指一个人通过运用自己的能力和智力,以及自己的主观努力,不断总结经验教训,改进策略方法,取得成功的能力。

(四)自我认识和自我调节

自我认识和自我调节是指一个人对自己的情况和所处的环境进行充分了解,并对自己的职业生涯规划进行调整的过程。因为一个人的状态和所处的环境是不断变化的,相应地,其最开始制定的职业生涯规划也会随之改变,这有助于个人职业生涯目标及早实现。

(五)情绪稳定性

情绪稳定性是指稳定情绪为工作的开展提供了一个较为冷静的情绪环境,思考问题不容易受到打扰,也不容易出错。焦虑、抑郁、恐惧和急躁等情绪则会让人陷入紧张、烦恼、无力的局面,会扰乱人的思绪,容易使人出错。

(六)社会敏感性

社会敏感性是指个体对人际交往性质和发展趋势具有的洞察力和预见性。社会敏感性较高的人善于把握人际交往的逻辑关系,能设身处地地体察他人的感受,容易与人交往,形成良好的人际关系。

(七)社会接纳性

社会接纳性是指在承认人与人有差别和缺点的前提下,接纳他人的能力。社会接纳性是建立良好的人际关系的基础,具有良好社会接纳性的人对人真诚,当别人进行言语表达时能够认真倾听并注视对方,表现出尊重他人和对他人的言语感兴趣的真情。

(八)社会影响力

社会影响力是一个人所具有的影响社会、影响他人的综合能力,包括以正直和公正为基础的说服力,使他人发展和合作的精神,一致性和耐力,善于沟通和交流,具有自信心、幽默等对情感的感染力,仔细、镇静、沉着等对行为的影响力,仪表、身姿等对视觉的影响力,忠诚和正直等对道德品德的感染力。

二、个人职业生涯的规划

个人职业生涯规划是根据员工个人自身情况和外部环境制定的发展方向和目标,并设计出实现目标的可行性方案。它是一个通过自我认识、自我肯定、自我成长,最终达到自我实现的个人发展过程。

(一)自我认识

自我认识,是指每个员工通过对自身情况的分析,找出自己的专业特长、优点、兴趣点,发现自己的缺点和不足。正确的认识自己,重视全面性和客观性,不回避缺点,同时要虚心听取别人的意见。

(1) 发现自己的优点,从自己具有的人生经历和体验,如在校期间曾担当的学生职务,曾经参与或经历过某一公司的实践活动，获得过的奖励等方面来分析自己的优点和特长，从中挖掘自己的能力和潜力。通过分析，发现自我性格优势的一面，如坚强、果断、智慧等，为个人职业规划提供基础。在自我分析时，还要善于利用过去的经验去选择和推测未来的工作方向与机会。

（2）了解自己的弱势。通过寻找自己个性的不足或缺陷，以及自己失败的经历或欠缺的经验等方式对自己的弱势进行充分的了解和分析。对于性格中存在的不足，卡耐基曾说，人性的弱点并不可怕，关键是要正确认识，认真对待，尽量寻找弥补、克服的办法，使自我趋于完善。如果曾经历过失败，也不用着急。所谓“金无足赤，人无完人”，这说明我们经验欠缺并不可怕，怕的是自己认识不到，不懂装懂。正确的态度是，认真学习，虚心请教，努力丰富自己的人身经历和经验。此外，还要对自己所处的社会形势、政治环境、经济发展趋势等大环境，所处公司的小环境以及自己的人际关系等进行认真分析，发现自己存在的专业、能力、知识等方面的欠缺，并不断完善，以便及早适应不同的环境。

（二）职业生涯的目标设计

职业生涯的目标设计是指在进行自我分析的基础上，确定自己的职业方向和目标。职业方向与目标的确定是职业生涯规划的核心与前提。职业方向直接决定着一个人的职业选择和前途，因而需要非常慎重。通常说来，一个人一生中可以选择职业的机会不止一次，往往会有好多次，但大多数人的职业选择最终会受到自身专业的限制。所以说从专业特长出发，尽早确定自己热爱的职业，减少职业规划的盲目性是非常必要的。

职业生涯目标的确定，是把个人的理想进行具体化和可操作化，是指确定一个可以预想到的、有一定实现可能的长远目标。按照马斯洛的需求层次理论，人一般具有生理需求（基本生活资料需求，包括吃、穿、住、行、用）、安全需求（人身安全、健康保护、财产安全）、社交需求（社会归属意识、友谊、爱情）、尊重需求（自尊、荣誉、地位）、自我实现需求（自我发展与实现）五种依次从低层次到高层次的需求。职业生涯目标可以相应地化分为多项交叉并不互相排斥的目标，如经济目标，以经济和协作为判断依据，如在30岁时计划实现经济收入年薪10万；职务目标，以个人职务作为评判依据，如在30岁时计划被提升为处长；能力目标，以自我自助的提高为判断标准，如在30岁的计划自己的组织能力、领导能力都取得很大的进步；价值目标，以实现自我价值为判断依据，如在30岁的计划要创立自己的公司。

职业目标的选择有很多种，最关键的是要看是否适合自己的发展。此外随着社会的发展，个人要不断修订自己的职业目标，以便适应社会的要求，使自己在职业生涯中不致落伍。

由于现实社会发展迅速，职业规划的时限不宜太长，除了要设定长期职业目标以外，还要考虑到目标的可操作性和灵活性，要把长期的目标分解成短期目标。通常职业生涯规划会设定长期目标、中期目标和短期目标。长期目标通常是10年以上，中期目标一般为5～10年，短期目标则为3～5年。

（三）自我肯定与成长

设定了职业生涯目标以后，需要实现它。实现自己的职业目标，需要在实践中不断纠正错误,克服缺点和弱势,发挥优势,不断自我肯定和成长,才可能达到目标。尤其是当弱势和不足之处离实现目标所需要的实际水平差距较大时,完善自我,弥补不足,就显得更为重要。

三、个人职业生涯的发展

个人职业生涯的发展即是职业生涯计划的实施。职业生涯计划好之后,个人要着手实施职业生涯设计。在实施职业生涯设计的过程中,个人将沿着原来设计的发展通道,不断地从一个岗位转移到另一个岗位,从比较低的层次上升到比较高的层次,直至实现职业生涯目标。伴随着岗位和层次的变化,个人必须不断接受新的岗位和新的层次的挑战,不断提高自身素质,改善素质结构。此外,个人的发展总是属于某一公司,员工个人目标应与公司目标具有同步性和一致性,因此,在个人的职业生涯发展过程中,公司也会不断地为员工成长提供帮助,如提供培训的机会。

第四节 公司职业生涯管理

一、公司职业生涯管理的目标

(一)员工的公司化

员工的公司化。员工融入公司,即进入公司成为合格员工的过程。在这一过程中,个人要实现对公司职业岗位的适应、对公司的适应和职业心理转换,公司要把没有职业阅历或者有其他单位职业经历的新招聘人员,通过培训和企业文化塑造成为基本符合本公司需要的员工。

(二)协调公司与员工的关系

任何公司都是由从上到下的各层级的员工组成,因此,公司与员工之间的协调至关重要。协调公司和员工的关系,即承认员工个人的利益和目标,这能够使员工的个人能力和潜能得到较大的发挥,使他们努力为公司工作,实现“双赢”的目标。推行职业规划是协调公司与员工关系,并使公司目标和员工目标达到统一的重要途径。

(三)为员工提供发展机会

人力资源是一种能动性的资源,具有巨大的开发潜力。通过职业生涯规划,可以使公司更加了解和科学合理地开发员工的潜能。在公司正常发展的情况下,实行职业生涯规划和管理措施,尽量考虑员工的个人意愿,为员工提供发展机会,也是公司发挥员工主动精神的重要手段。

(四)促进公司事业的发展

实行职业生涯规划的目的,还在于提高员工的综合素质,进而提高公司的效益和应对外部变化的能力。从根本上说,就是要促进公司的发展。如果要做到这一点,就必须依靠公司中各方面人员的努力,包括睿智的领导者。

二、个人与公司职业生涯规划的互动

(一)个人与公司职业生涯规划的互动性

(1) 个人职业生涯和公司职业生涯规划是一种双向互动的关系。第一,职业目标与公司目标的互动性。与相对具体的公司目标相比个人目标更为抽象。个人目标受公司目标的影响和制约。当个人目标符合公司目标时,会促进公司目标的实现;反之,则会阻碍公司目标的实现。第二,个人发展与公司发展相互选择。个人和公司是一个相互选择的过程。个人职业发展不仅取决于个人的追求和努力,也取决于公司的政策、制度和竞争环境。个人选择公司,同时公司也选择个人,相互间的发展是一个"寻找平衡点—平衡点被打破—重新选择—寻找新的平衡点"这样一种动态选择的过程。个人如果想得到所在公司的认可,获得更高的职位,则必须首先要根据自己所在职位的要求作出适当的调整,其次还应该认同所在企业的文化、价值观念和规则,然后要投入自己所具有的各种资源,如时间、金钱、社会关系等因素,付出相应的努力,才可能有希望在激烈的竞争中胜出。如果个人不能及时融入公司中去,其结果必然是被公司淘汰。公司如果想得到众多个人的认可,就必须积极吸纳个人的智慧来管理公司。鼓励个人对公司的发展方向、管理运作等提出想法和建议,并及时根据调查结果给予积极的反馈,以提高个人对公司的信任度。通过定期会议等多种渠道使个人及时了解公司的策略和最新发展情况,增强个人对公司管理的参与意识。只有这样,个人与公司之间的平衡点才不会被打破,两方在相互选择的过程中才能共同进步。

(2) 个人和公司需共同完成职业生涯的规划,在职业生涯管理中,作为个人应保持进取与竞争意识,为将来可能的公司变革提前做好准备。个人应着眼于自己的职业理想、职业兴趣、职业能力等来确定自己的职业生涯规划,但同时必须了解和掌握有关公司各方面的情况,如公司的发展规划、经营观念、人力资源制度和供求情况、职位的空缺等。作为公司可以重新进行人力资源的配置,吐故纳新,以保持其持续经营与发展。公司可以依据自身的发展规划和经营需求,关注如何从环境设置入手帮助个人制订、实施职业生涯规划,同时也需要全面掌握个人的情况,如个人的性格、潜能以及价值观等。这样有利于个人和公司按照职业生涯规划的具体要求做好各项工作,满足各自的需求。由上述分析可见职业生涯规划是一个互动的过程,个人和公司必须承担相应的责任,同时考虑对方的具体情况,共同完成对职业生涯的规划。

(二)个人与组织职业生涯互动的本质:利益的统一性

有效的职业生涯设计与开发,要求个人与公司之间相互配合,这表现为所设计的职业生涯能够满足个人和公司的需要和利益。个人要依靠公司提供就业机会和物质精神的奖励,公司则要依靠个人的努力工作实现自身的发展,二者相互依存缺一不可。个人和公司职业生涯规划的侧重点有所不同,之所以能够进行有效的互动,原因在于其根本利益是一致的,其最终目的都是要实现职业生涯发展的效用最大化。

个人发展的成功需要公司。个人只有加入公司,利用各种"关系"才能从事某项职业工作，才能使个人的职业可能得到发挥。公司应当根据对个人的分析与定位，给予其合适的岗位。人与岗位的合理调配，在公司发展中，一直是个至关重要又特别困难和复杂的问题。职业是否与个性特征匹配，对个人的工作成效和对社会的贡献有着重要影响。在经济飞速发展的今天，人们不再把自己的工作乃至命运与所在公司简单地捆绑在一起，而是越来越注重所在行业的宏观发展前景，从单纯重视选择公司和行业转变为选择适合自身条件并具有发展潜力的职业及工作岗位。因此，对于公司而言，在考虑个人技能随工作经验的积累而增长的同时，还要考虑如何设计和取得最适于个人发展成长的职业生涯目标与发展机会，这是一个至关重要的问题。

同时，公司的发展也离不开众多的"个人"。众多个人发展的合力，推动着公司的发展。公司本身就是由"人"组成的，离开了忠诚的个人，公司将只剩一副空的"框架"，失去市场竞争力。IBM 公司有一句名言："员工能力与责任的提高，是公司发展的成功之源。"现代公司看到了个人职业发展道路的开发对公司的巨大利益；能发现人才，就保证了公司在管理层和技术岗位质量的连续性；能实现人尽其才，充分开发本公司的人力资源潜力，才能为公司省下大量的招聘与培训资金；只有不断满足个人的荣誉、自尊与自我发展的需要，引导个人与公司目标一致，才能够保证个人的积极性、创造性和对公司的忠诚及归属感。

总之，一个好的职业生涯规划会随着个人和公司的具体情况和所处环境的发展变化而相应改变，这是一个动态变化的过程。但是个人和公司的利益统一性是不会改变的，职业生涯规划应该始终是同时满足个人和公司需要，促成公司目标和个人目标实现的互动过程。

三、职业生涯管理的实施

（一）制定职业生涯规划表

职业生涯规划表，是公司对员工实施职业生涯规划与管理的第一个步骤。由于个人所处的公司不同，职业生涯规划与管理的需要就不同，从而制定的职业生涯规划表是不同的。马士斌对职业类别、生涯目标体系内容和生涯通道等进行综合考虑，设计了职业生涯规划表，如表 6－2所示。

（二）员工的自我分析

员工自我分析是指员工在正确分析自己的基本情况（包括个人的优势、弱点、经验、绩效、好恶等）的基础上，确定职业目标，制订职业规划。通常需要经过较长时期的自我观察、自我体验和自我剖析才有可能进行正确的自我分析和自我评价。

（三）公司对员工的评估

公司对员工的评估是公司指导员工制定职业生涯规划的关键。公司评估的方法主要有三种：① 从选择员工的过程中收集有关的信息资料，作出评估；② 收集员工在目前工作岗位上表现的信息资料并作出评估；③ 通过心理测试和评价中心作出评估。这三种方法在许多发达国家的各大公司都被采用，而且效果较好。

表 6－2　职业生涯规划表

第　　次生涯计划，上次计划时间：　　年　　月　　日

姓　名		员工编号	
年　龄		性　别	
所学专业		学　历	
目前任职岗位		岗位编号	
目前所在部门		部门编号	
计划制订时间		部门负责人	

职业类型（在选定的题号上划勾，可选择两个或两个以上）

1. 管理　2. 技术　3. 营销　4. 操作　5. 辅助

如选择的职业类别更具体、细化，请进一步说明：

人生目标

人生目标结构：

1. 岗位目标：
2. 技术等级目标：
3. 收入目标：
4. 社会影响目标：
5. 重大成果目标：
6. 其他目标：

人生通道：

(1) 图示（简略）：

(2) 简要文字说明：

实现人生目标的战略要点

长期目标（通常在 10 年以上）

长期目标结构：

长期通道：

实现长期目标的战略要点：

中期目标（通常在 3 年以上）

中期目标结构：

中期通道：

实现中期目标的战略要点：

短期目标（通常在 1 年以上）

短期目标结构：

短期通道：

出现短期目标的战略要点：

此外，年度评价也是公司对员工进行评价的一种重要方法。年度评价不仅是对公司员工职业生涯规划与管理进行的周期性总结和审视，它还有利于检查公司和员工职业生涯规划与管理工作的效果，发现存在的问题，并把公司与环境变化的新情况及时传达给员工，帮助员工调整其职业生涯规划。年度评价有三种具体方法，包括自我评估、直线经理评估和全员评估。自我评估是个人对自己进行评估，这种评估是自觉进行的，若发现问题后往往能够马上调整，容易取得实效；直线经理评估则是直接分管的经理从公司和部门发展的需要出发，对员工进行评估，这种评估能够与公司的需要有机结合；全员评估则是公司的人力资源部门按照科学的评价体系进行评估，评估结果比较全面和客观。年度评价以后，公司人力资源部门往往会与员工进行谈话，并采取一定的措施帮助员工调整职业生涯规划。

（四）提供职业岗位信息

员工进入公司后，为了使员工制订的个人职业规划与公司的实际需要和发展方向相符合，公司人力资源部门有必要将有关员工职业发展方向、职业发展途径以及有关职位候选人在技能、知识等方面的要求及时地利用公司内部报刊、公告或口头传达等形式传递给广大员工，方便感兴趣的员工公平竞争公司提供的职位。此外，公司还要创造更多的岗位或新的职位，以帮助更多的员工实现自己的职业目标。

（五）进行职业生涯发展咨询

制定职业生涯发展规划时，员工往往有许多问题需要咨询。如需要掌握哪些技能，技能水平如何，能否胜任目前的工作岗位，胜任这个工作岗位需要具备哪些素质和能力，能否为自己设定更高的职位，想要晋升到更高的职位需要做哪些准备，如何才能将公司的发展目标和个人的职业目标相结合。这些问题都需要公司人力资源开发与管理部门的工作人员对员工进行解答。

对于公司来说，做好员工的职业生涯发展咨询或指导，需要公司对从各方面收集到的信息资料进行分析，对员工的能力和潜能作出正确评价，根据员工的兴趣爱好，公司的实际情况和发展方向，协助员工制订出切实可行的职业规划，并对其职业规划目标的实现和途径进行具体指导，提供必要的支持。

职业生涯咨询还包括职业生涯面谈，一般是公司人力资源部门的职业生涯管理人员与员工面谈。其作用主要在于：第一，有利于员工职业生涯规划与管理的深入；第二，弥补直线经理在员工职业生涯规划与管理方面的不足；第三，发现员工在职业生涯中的问题，并帮助解决。

案例分析

大学生应该怎样进行职业生涯设计？

高建民是某高校学工商企业管理专业大三的学生，学习成绩不仅在班级优秀，就是在全校也属于佼佼者，他的理想是毕业以后当职业经理人。听学兄、学姐说在毕业应聘时，大多数用人单位都喜欢招聘有经验的求职者，于是他想利用暑假去一些大企业应聘管理干部，积累自己管理工作的经验。可是应聘了许多公司，都把他拒之门外，这是为什么呢？他百思不得其解。后来经过名人指点，有朋友告诉他这些公司之所以会拒绝他，不是因为他不够优秀，而是他们不需要一来公司就想当领导的大学生。

高建民面对现实感到非常茫然！心想国家的培养、父母的希望，我付出十年苦读不就是为了当职业经理人吗？为什么所有的公司都不给我机会？我为什么行不通呢？我今后的人生之路到底应该怎么走？

模拟训练

个人在公司中的生存和发展

在任何一个公司中，每一名员工都想知道自己应该如何适应公司未来的需要，并通过个人的努力与贡献在公司中获得更好的发展。在这个练习中，参与者要根据对职业生涯管理的了解，详细地描述一下影响公司成员职业成功的因素有哪些，以及怎样开发潜力与规划职业生涯，在公司发展壮大过程中同时获得个人的发展和职业的成功。

请在模拟华源电脑公司任职的同学就自己所从事工作的岗位，谈一谈今后的职业发展规划。时间控制在5分钟/人。最后老师点评。

本章知识点

1. 职业生涯管理的概念、特点、影响因素和意义；2. 职业生涯管理的相关理论；3. 个人职业生涯规划；4. 公司职业生涯管理。

思考题

1. 什么是职业生涯、职业生涯管理、职业生涯设计？

2. 你认为一个人的职业成功与哪些因素有关系？有人说，性格是决定一个人职业成功的关键，你同意这种说法吗？

3. 你是否对自己的职业生涯作过正确或错误的决策？

4. 有人观察了许多大学毕业生的职业发展道路，发现他们的职业成功与否与在校学习成绩并没有必然的联系，你同意这样的看法吗？

第七章 绩效管理

【学习目的与要求】

通过本章的学习，应着重掌握：绩效和绩效管理的基本概念，绩效管理与薪酬管理的联系，绩效管理的内容、目的、原则和作用，绩效管理计划的制订及实施过程，绩效的反馈与改进，绩效考核的方法等内容。

【基本概念与定义】

绩效的含义，绩效的性质；绩效管理的含义；绩效管理与绩效考核；绩效管理的目的；绩效管理的内容；绩效管理的原则；绩效管理的作用；制订绩效管理计划；影响绩效考核的因素；绩效考核时间和方法的确定；绩效反馈的方法；绩效考核中容易出现的问题，如标准不明确、晕轮效应、趋中效应、近因效应、偏见效应；比较法，量表法，描述法。

【案例】

绩效管理

某公司将一名年轻的大学离职的管理专业教师A升任公司人力资源部经理，虽然A没有人力资源管理方面的实践经验，但在理论上还是比较熟悉的，也具有良好的个人素质和认真、勤奋的工作精神。在就职后的工作中干的还是挺好，在人力资源管理方面提出了一些创新的建议。总经理对这位有着管理专业的大学教师很欣赏，交给他一个重要的任务。在面谈时，总经理希望人力资源部经理尽快完善人事资源管理的各项管理制度和措施，总经理要求人力资源部经理拿出一套新的员工考核方案，促进公司人力资源管理工作的科学化、正规化、特别是对员工的绩效考评方面，总经理希望A拿出一套新的员工考评方案，发挥员工考核应有的作用。

人力资源部A经理很清楚总经理对2010年的年末考评，那次人力资源部的考评花费了挺大的精力，但结果却令人失望，因为这次考核没有获得能够说明员工和人力资源部白领绩效的真实信息。人力资源部A经理查阅了几年来的考评方案，咨询了一部分具有代表性员工的意见，最后人力资源部A经理拿出了一套考核方案。这是一套什么样的具体方案呢？

第一节 绩效管理概述

一、绩效管理概述

（一）绩效的概念

由于绩效考核和绩效管理都是在绩效的基础上进行的，因此我们首先应对绩效有所了解。总的来说，绩效可以分为公司绩效、团队（部门）绩效和个人绩效。其中，个人绩效是公司绩效和团队绩效的基础。在本章中，我们所讨论的绩效都是指个人绩效。

1. 绩效的含义

绩效（Performance）是指员工在工作过程中所表现出来的与公司目标相关的并且能够被评价的工作业绩、工作能力和工作态度。公司通过对绩效进行考评，能够获得反馈信息，并据此制定相应的决策和改进措施。因此，绩效的考评对公司是具有监控作用的。我们在理解绩效的含义时，应注意：

（1）绩效是与工作过程相关的，工作过程之外的行为和表现不属于绩效的范畴；

（2）绩效应与公司的战略目标相关；

（3）绩效应该是能够被评价的，不能被评价的行为和表现不是绩效；

（4）研究绩效必须考虑时间因素。

2. 绩效的性质

根据绩效的定义，绩效可以理解为是员工自身的综合素质与工作因素相互作用的结果。因此，绩效会因为时间、工作环境、工作任务等因素的变化而发生相应的改变，呈现出明显的多因性、多维性和动态性。

（1）多因性。绩效的多因性是指员工的绩效并不是由某种因素单方面决定的，而是受到主观、客观等多方面因素的影响，用公式表示为 $P=f(A,M,E,O)$。其中，P（Performance）是指绩效；A（Ability）是指技能；M（Motivation）是指激励；E（Environment）是指环境；O（Opportunity）是指机会。技能、激励、环境和机会是对绩效产生影响的最主要的四种因素。

① 技能。技能就是员工所具备的与工作相关的专业知识和技术的能力。员工自身的综合素质、曾经接受的教育、经历、参与过的培训等因素都会对员工的技能水平产生影响。员工的技能水平是可变的，公司可以通过培训、鼓励员工学习等方式不断提高员工技能。

② 激励。激励是指员工在工作过程中所受到的鼓励。激励能够改变员工的工作积极性，公司应根据员工的实际情况，选择适当的激励方式以促进员工工作绩效的提高。

③ 环境。环境可分为公司的内部环境和外部环境。公司的内部环境包括工作环境、公司规划和公司制度、领导方式、工资福利水平、培训与晋升的机会等。公司的外部环境包括外部的政治经济环境、行业的竞争等。环境主要是通过影响员工的工作能力和工作态度对绩效产

生影响。

④ 机会。机会是偶然的,如果公司员工抓住了机会,就有可能创造在公司的工作岗位上创造新的工作绩效。管理者应该尽力为员工创造机会。但对于个人机会不能只是等待,许多机会实质上的是个人平时努力的结果。只有经过勤奋努力,才会在偶然中遇到机会。

(2) 多维性。多维性是指应该从多个方面去分析和评价员工的绩效,工作结果和工作过程都属于绩效考核的范畴。例如,考核一名普通的员工,不仅包括工作业绩的考核,还包括出勤、团队意识等方面的考核,通过综合评价得出结论。考核者应根据绩效考核的不同目的和不同对象,选择不同的指标对员工进行考核。

(3) 动态性。员工的绩效不是固定不变的,仅仅是对一段时期内工作内容的反映。随着时间、环境等因素的变化,绩效也会发生相应的改变。公司应该确定恰当的考核周期,以便真实、客观地掌握员工绩效。

(二)绩效管理的内涵

1. 绩效管理的含义

绩效管理这一概念的是 20 世纪 70 年代后期提出的,而后随着人力资源开发与管理的发展逐步得到人们的重视。对绩效管理概念的定义也经历了一个逐步完善的过程,历史上人们对绩效管理的定义主要有以下三种观点:

(1) 绩效管理是管理公司绩效的系统;

(2) 绩效管理是管理员工绩效的系统;

(3) 绩效管理是管理公司绩效和员工绩效的综合系统。

在市场化的发展中,人们对绩效管理的概念由认识到不断的完善,董克用教授在《人力资源管理》一书中提出,绩效管理(Performance Management)是:制定员工的绩效目标并收集与绩效有关的信息,定期对员工的绩效目标完成情况作出评价和反馈,以改善员工工作绩效并最终提高公司整体绩效的制度化过程。在理解绩效管理的含义时,需要注意:绩效管理不是简单意义上的任务管理,任务管理只是为了实现公司某一时期的任务而进行的管理活动;绩效管理则是针对公司的整个战略目标而对员工进行的管理工作。因此,绩效管理具有重要的战略意义。

2. 绩效管理与绩效考核

绩效考核是指根据人力资源管理的需要,运用相应的制度和系统化的方法,来测评员工在一定考核周期内对规定职责的履行程度,并评价其工作业绩的过程。

绩效管理是人力资源管理的核心内容,绩效考核是绩效管理的关键环节。绩效管理与绩效考核是密切相关的,但二者并不是等价的。绩效管理是在传统的绩效考核基础上的延伸和发展,是一个包括了计划、沟通、考核、反馈等环节的完整系统;而绩效考核只是绩效管理的一个环节、绩效管理是一个管理者和员工之间持续双向沟通的过程,最终通过提高员工的绩效来实现公司的规划目标;而绩效考核只是对员工在考核期内工作的总结和评价。二者的具体区别可如表 7 - 1 所示。

表 7-1 绩效管理与绩效考核的区别

绩效管理	绩效考核
完整的管理过程	绩效管理过程中一个环节或手段
结果与过程并重	阶段性总结
公司与个人双赢	排序、确定优势
规划性、前瞻性	回顾过去
完善的计划、监督、控制手段	只有考核一个手段
注重能力的培养	注重成绩的大小
事先的信息沟通和承诺	判断和评估,强调事后评价

因此,在具体的管理工作中,不能简单地认为绩效管理就是绩效考核。与绩效考核相比,绩效管理更注重对员工潜力的培养,更利于领导者与员工之间协作关系的建立。如果只注重考核结果,而忽视了计划、沟通、反馈等环节,必然会偏离实施绩效管理的初衷,有效的绩效考核依赖于整个绩效管理过程的成功开展。

3. 绩效管理的目的

进行绩效管理的直接目的在于提高公司绩效。科学合理的绩效管理体系不仅能帮助公司完成战略目标,更能实现员工和公司的双赢。但绩效管理的目的并不是固定的,人们对绩效管理的认识是一个不断变化的过程,并且公司根据自身实际情况和需要的不同,进行绩效管理的目的或侧重点也有所不同。归纳起来,绩效管理的目的一般包括以下三点。

(1) 战略目的。绩效管理将员工的工作和公司的规划目标联系在一起。绩效管理的前提是公司经营战略目标的确定。绩效管理应当起到沟通公司规划、指引奋斗方向、层层落实推进公司战略实现的作用。公司员工个人绩效的提高能够推动公司整体绩效的提高,绩效管理应使员工工作和公司的战略目标始终保持一致,以达到实现公司战略目标的目的。此外,当公司的战略目标发生变化时,绩效管理系统还应及时进行调整。

(2) 管理目的。公司的多项管理决策都会使用绩效管理信息,尤其是绩效考核的结果。绩效考核结果是公司进行薪资管理、晋升、解聘、奖惩等重要的公司人力资源管理决策时的重要依据。因此,绩效管理的信息必须公开透明、客观公正。绩效管理的直接目的在于更直观地了解公司员工的工作绩效,并给予相应的奖惩。但是,在实际的绩效考核工作中,管理者一般倾向于给员工基本一致的得分或评价,这样不仅会使绩效管理失去意义,也使得公司的管理决策失去了宝贵的事实依据。

(3) 开发目的。人力资源开发与管理目的在于开发员工的潜力。绩效管理能够发现员工的不足之处,进行有针对性的培训,使员工更有效地完成工作并得到进一步的发展。绩效管理通过公司目标的设定、与员工的沟通以及绩效审查与反馈,能够明显提高员工的工作业绩,最终提升公司整体的工作绩效。

值得注意的是,绩效管理不是为了对员工工作上的差错进行惩罚,而是为在工作过程中发现问题并进一步解决问题,提高员工绩效。绩效管理不仅看重绩效的实现结果,更看重实现的过程。

二、绩效管理的内容

绩效管理的内容不仅包括绩效考核,还包括绩效计划、绩效沟通和绩效反馈,绩效管理是由以下四个部分组成的一个完整的系统,如图 7－1 所示。绩效考核的结果广泛应用于公司人力资源开发与管理的各个环节。

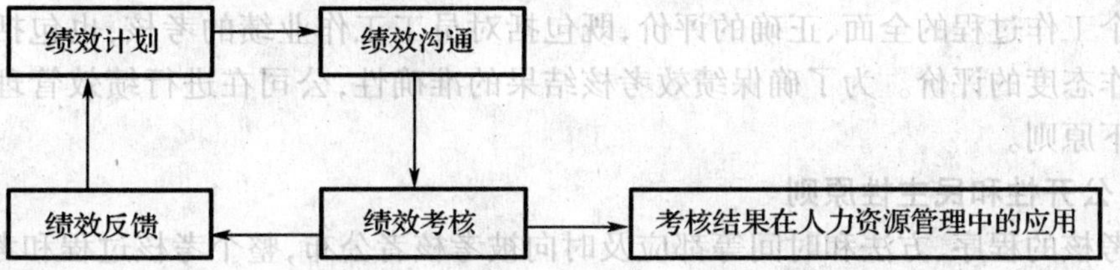

图 7－1 绩效管理系统示意图

(一)绩效计划

绩效计划是指公司管理者和员工进行沟通、协商,共同制订评价期内的公司工作目标、评价标准和行动方案。公司绩效计划是整个绩效管理工作的起点,也是用于指导公司员工工作的计划书。通过绩效计划的制订,员工可以了解公司绩效周期内的战略目标和具体的工作安排,并且知道该如何达到所设定的工作目标。

(二)绩效沟通

绩效沟通就是在绩效考核期内,通过领导者和员工之间持续的沟通,及时发现和解决考核过程中所出现的问题,确保公司战略目标的实现。绩效沟通的缺乏是绩效管理过程中最常见的问题。在绩效考核之前,考核主体和被考核者之间缺乏绩效沟通,被考核者对考核标准、工作目标等缺乏了解,都会直接导致绩效管理的效果不佳。

(三)绩效考核

绩效考核是指按照事先确定的工作目标及其衡量标准,评价员工在实际完成既定工作目标以及克服所遇到的问题的程序。考核主体在绩效考核的过程中应严格遵循考核标准,依据客观事实对员工绩效进行考核,要避免主观因素对考核结果的影响。考核结果应公正、客观。绩效考核按其周期可分为月度、季度和年度考核。考核方法包括等级评定法、强制分配法、排序法、配对比较法、关键事件法以及行为锚定等级法等。这些考核方法会在第三节详细介绍。

(四)绩效反馈

绩效反馈就是让员工了解自己在本绩效周期内是否达到了既定目标,管理者与员工共同探讨绩效不合格的原因并制订绩效改进计划,向员工传递公司的期望。如果没有绩效反馈这一环节,绩效管理也就失去了意义。绩效反馈的目的在于帮助员工认识到自己的优点和不足,以便提高绩效。管理者应及时向员工反馈绩效考核的结果,并和员工一起分析、讨论,这样有助于员工接受考核结果,也有助于工作业绩的改进。

(五)绩效结果的应用

绩效考核的结果具体可应用于改进工作绩效、薪酬奖金的分配、职务调整和是否继续留用、培训与再教育、员工的职业生涯规划等方面。

三、绩效管理的原则

绩效管理(尤其是绩效考核)的结果广泛应用于公司的各项管理决策中。绩效考核是对员工的整个工作过程的全面、正确的评价,既包括对员工工作业绩的考核,也包括对员工工作能力和工作态度的评价。为了确保绩效考核结果的准确性,公司在进行绩效管理的过程中必须遵循以下原则。

(一)公开性和民主性原则

绩效考核的程序、方法和时间等都应及时向被考核者公布,整个考核过程和考核结果应该客观、公正。绩效考核标准的确定应以工作分析所确定的工作内容和职责为依据。考核主体应该对所有的员工一视同仁,避免主观臆断和个人情感等因素对考核结果的影响。

(二)全面性原则

由前面提到的绩效本身具有的多维性我们可以知道,员工绩效受到多种因素的影响,并从多个方面表现出来。公司在对员工进行绩效考核工作时,应进行全面性的、综合性的考核,不能只凭片面的考核结果而作出相关的管理决策。

(三)差别性原则

绩效管理的过程应自上而下实施,在实施过程中,对不同类型人员进行考核的内容是有差别的。在一般情况下应该从公司的高层管理者到中层管理者,再到基层员工,绩效管理的关注点应逐渐从财务结果转移到偏重内部运营,而衡量的指标也应从结果型指标转向偏重过程型指标。

(四)持续性原则

对任何公司来说,绩效考核工作不是只进行一次就可以一劳永逸的。员工绩效的改进和公司绩效的提高是一个持续不断的过程。绩效考核的目的在于促进员工和公司的持续发展,而不是为了进行惩罚。绩效管理系统应建立在清晰明确的公司战略的基础之上,具体实施时应兼顾公司的长期利益和短期利益。

(五)关联性原则

绩效管理不仅是人力资源开发与管理部门的工作,每位管理者在绩效管理工作中,都要善于和员工共同商议,确定员工的主要工作目标,并进行指导,以确保绩效制度的实现。同时,绩效管理过程中还应做好与员工的沟通工作。

（六）及时反馈原则

绩效考核的结果通常与员工的薪酬和晋升相关。但是，奖惩并不是绩效考核的直接目标，绩效考核的目的在于使员工全面认识自己的优缺点，明确自己今后的努力方向；更好地改进绩效。因此，绩效考核的结果应及时反馈给员工。如果绩效管理工作中缺乏了绩效反馈这一关键环节，绩效考核也就失去了意义。

（七）常规性原则

公司人力资源管理部门应将绩效管理工作纳入日常管理，成为公司人力资源的常规性管理工作。此外，绩效管理还必须与薪酬激励体系和员工职业发展体系进行有机结合。

四、绩效管理的作用

公司的兴衰与绩效管理的作用具有相关性。具体来说，绩效管理主要在以下几方面发挥作用，促进公司的发展。

（一）绩效管理在公司管理方面的作用

1. 绩效管理能够提高公司绩效

公司绩效是以员工的个人绩效为基础，公司通过绩效管理对公司员工个人绩效促进，可以得到提高公司整体绩效的目的。绩效管理工作已经日益成为公司增强自身竞争力的有力工具。美国翰威特（Hewitt）公司曾经对美国所有的上市公司进行调查，发现进行绩效管理工作、建立绩效管理系统的公司在许多方面占有明显的优势，具体数据如表 7－2 所示。

表 7－2 绩效管理对公司绩效的影响

指　标	没有绩效管理系统	设有绩效管理系统
全面股东收益	0.0%	7.9%
股票收益	4.4%	10.2%
资产收益	4.6%	8.0%
投资现金流收益	4.7%	6.6%
销售实际增长	1.1%	2.2%
人均销售	126 100 美元	169 900 美元

2. 绩效管理能够促进质量管理

质量管理是指确定质量方针、目标和职责，并在质量体系中通过诸如质量策划、质量控制、质量保证和质量改进，而实施的管理职能活动。质量管理是公司绩效的一部分，是一个与公司中所有成员都有关的管理职能活动。绩效管理为管理者提供了进行质量管理的方法和工具。

科学合理的绩效管理过程本身就是一个追求“质量”的过程,其目的就是要达到客户的期望,使员工将精力放在质量目标上。

3. 绩效管理有助于公司管理效果的改进

除了利润、成本等关键指标外,从绩效考核的结果也可以看出公司的整体状况。如果员工的整体绩效都比较低,就反映出了公司可能在工作设计、管理制度等方面还存在着一定的问题,需要进一步改进。此外,绩效考核的结果也是公司设计薪酬制度、人事决策、员工培训等管理决策的重要依据。

4. 绩效管理有助于公司结构的不断调整

公司发展处在竞争激烈的市场环境中,许多公司都需要在适时调整自身结构以适应外部环境的变化,如缩减规模、减少管理层次、适度授权、团队工作及发展战略性业务公司等。公司结构的调整会导致管理思想及管理风格的变化,如适度地授权给员工,以便更快更好地满足顾客需求;让员工更多地参与管理,提高工作满意度等。而这一切都必须通过绩效系统的建立才能实现。

(二)绩效管理对管理者的作用

公司绩效管理虽然不能解决所有的管理问题,但通过绩效管理可以为管理者理性地处理大部分问题提供科学、可靠的依据,有利于促进公司的发展。

1. 绩效管理有助于明确目标和减轻负担

绩效管理使员工明确自己的工作任务和工作目标,减轻了管理者的工作负担。绩效考核标准的制定为员工明确了工作的努力方向,避免了传统的人力资源管理中所出现的责任不清、职责不明的现象。员工只要依据绩效标准努力工作,就能够获得满意的薪酬。例如,在以产出结果为衡量标准的传统制造行业,绩效管理不仅能减轻管理者的工作负担,还能够为公司节约大量的监督成本。

2. 绩效管理有助于促进沟通

绩效管理有助于促进管理者和员工之间的沟通,及时了解工作信息,避免工作误差。在后面绩效管理方案实施中我们将会讲到,绩效沟通是整个绩效管理工作的一个重要环节;贯穿于绩效管理工作的整个过程。绩效考核标准制定的前提条件是管理者和员工之间的良好沟通:管理者需要充分了解员工的工作能力,从而制定出一个科学合理的绩效考核标准;员工需要充分了解管理者对下属的工作期望,并将工作中遇到的困难、发现的问题等信息反馈给管理者。绩效管理者能够有效地促进管理者和员工之间的沟通,使管理者和员工都能及时了解工作信息,避免因信息传递失误而带来的工作误差和损失。

(三)绩效管理对员工的作用

1. 绩效管理有助于员工的个人发展

员工通过对绩效考核结果的了解,能够了解自己的优势和不足,并据此制订更具体实际的自我发展计划,不断提高个人能力。

2. 绩效管理对员工具有激励作用

绩效考核是对员工工作成绩的肯定和鼓励,员工能够得到与自己的付出相匹配的奖励。绩效管理还能使员工了解取得一定绩效后会得到的奖酬,从而努力提高自己的期望值,如主动参加培训等,提升自己的工作能力、通过绩效管理能够达到员工参与管理与公司目标统一、工作目标按时完成等一系列目的,这些都是为了提高公司效率,最终实现公司战略目标。

第二节 绩效管理的实施过程

绩效管理是按照一定的步骤来实施的,包括制订绩效管理计划、实施绩效管理方案以及绩效的反馈与改进等。我们将按照绩效管理的实施步骤来介绍绩效管理的过程。

一、制订绩效管理计划

制订绩效管理计划是整个绩效管理过程的起点。制订绩效管理计划的目的在于明确公司的战略目标,以保证公司战略的顺利实施和目标的实现。绩效管理计划需要管理者与员工共同参与、共同协商、共同制定绩效目标并实现绩效目标。

绩效管理计划的内容包括绩效标准、绩效目标和绩效权重,绩效标准是指公司对员工工作的各项要求;绩效目标是指公司对部门和个人的具体要求,绩效权重是指在考核期内公司的重点目标。绩效标准和绩效目标的区别在于,绩效标准是针对工作提出的要求,绩效目标是针对部门和员工提出的要求。

绩效标准、绩效目标和绩效权重共同构成了绩效计划的主要内容,它们是指导员工在考核期内努力工作、达到考核目标的主要依据。值得注意的是,绩效计划的修改应该在计划执行前完成。若计划执行期内绩效标准、绩效目标和绩效权重有所变更,则会影响绩效考核的顺利执行,而绩效考核是整个绩效管理中最重要的环节。

绩效计划是通过激励员工个人绩效的提高,促进整个公司目标的实现。由于绩效管理同时也是管理者和员工进行持续的双向沟通的过程,所以绩效计划的制订需要人力资源部门、其他部门和员工的共同参与。一般情况下,绩效计划期为一年。

总之,绩效计划的制订是绩效考核的第一步,也是最重要的一步。绩效计划的其他部分就是对公司战略目标的进一步细化,是对公司目标实现过程的进一步规定。由于公司的实际情况和管理者的风格不同,绩效计划的具体内容也不相同。

二、绩效管理方案的实施

绩效管理计划的制订工作完成之后,就进入绩效管理方案的实施阶段,这一阶段主要包括绩效沟通和绩效考核两项任务。

（一）绩效沟通

绩效沟通就是管理人员和员工共同工作，并分享与工作有关的信息的过程。虽然本书将绩效管理计划作为绩效管理方案实施的一个步骤，但需要指出的是，绩效沟通不是仅仅存在于绩效计划的制订阶段，而是贯穿于绩效管理的全过程。

随着竞争的加剧，公司必须不断地调整经营战略、改变生产经营模式来适应不断变化的外部经营环境。因此，工作计划和工作内容也会进行相应的调整。为了增强员工的适应性和公平性，管理者需要和员工进行持续有效的沟通，了解工作的进展情况、掌握工作中潜在问题和存在的障碍等信息，尽力的帮助员工把问题解决在萌芽之中，共同努力为公司的战略目标奋斗。

绩效沟通的目的就是为了提高绩效。对管理者而言，持续的绩效沟通能够帮助他们更多地了解员工的工作信息，更好地辅导下属的工作；对员工而言，绩效沟通可以使员工了解到自己的工作情况，解决工作中遇到的困难；更好地改进工作。

绩效沟通的方式可大致分为正式沟通和非正式沟通两大类。正式沟通是由公司的管理制度规定下来的各种定期进行的沟通形式，包括书面报告、管理者和员工的定期会面、管理者参与的各种会议等。非正式沟通是指管理者与员工在工作过程中的信息交流。非正式沟通没有固定的形式，管理者和员工在工作过程中或工作之余的各种非正式会面，都可以进行非正式地沟通。非正式沟通的最大优点在于它的及时性，通过管理者与员工之间简短的交谈，就能够及时地解决问题。随着互联网的普及，员工还可以通过网络中的交流工具与管理者沟通，探讨工作中出现的或者潜在的各种问题。

在绩效管理的过程中，缺乏绩效沟通是一个很常见的问题。绩效计划制订的顺利完成并不意味着绩效的实施过程也会顺利。管理者不仅要将最后考核的结果告诉员工，在考核过程中，还应使员工准确地了解自己的工作标准和目标，保证整个绩效管理过程的顺利进行。

（二）绩效考核

绩效考核就是对员工的工作绩效进行评定。绩效考核是整个绩效管理过程中耗时最长也是最为重要的一个环节，绩效考核的失效会导致整个绩效管理工作的失败。

1. 确定考核主体

考核主体是指对员工绩效进行考核的人员。考核主体的选择会对绩效考核结果的信度和效度产生直接的影响。考核主体应满足以下条件：了解员工的工作内容、工作要求，公司的相关政策以及考核标准；最好有直接观察员工工作情况的机会，能够将观察结果转化为有用的考评信息，并给出客观公正的考评结果；有助于实现一定的管理目的。

一般情况下，考核主体在以下五类人中进行选择，即员工的直接上级、同级同事、直属下级、员工本人和客户。

（1）员工的直接上级。这是最主要，也是最为常见的一种考核方式。选择员工的上级进行考核的优点在于：第一，由于上级担任着对员工的日常工作进行指导和监督的领导责任，对员工平日的工作表现十分了解,能够依据事实对员工的绩效进行评价;第二,有利于将员工的绩效考核结果与奖励、培训等更好地结合起来;第三,通过直接上级对员工的绩效进行考评,虽然有利于保持领导的威信,实现公司管理目的,但是这种由直接上级进行的绩效考核的方式,由于信息来源的渠道单一,考核结果容易受到个人情绪的影响。

(2) 同级同事。由于日常工作的频繁接触,同事之间对于彼此的工作情况十分了解。当员工知道绩效考核是由同事来进行时,会明显提高日常工作的积极性。不足的是,员工间的私人关系的好坏常常会影响到考核结果的公正性;而且这种考核方式很容易引起同事间的关系紧张,导致不正当竞争的产生。

(3) 直属下级。这种考核方式有助于帮助管理者改进工作,提高绩效。让下级对领导的绩效进行考核,可以促进领导者关心下级的工作,建立融洽的工作关系,有利于绩效沟通;从下级的角度关注领导工作,也有利于问题的及时发现。它的缺点是:可能出现领导迁就员工的现象出现,削弱领导威信;也可能使有些员工碍于领导的面子,不敢真实地反映情况。

(4) 员工本人。让员工本人根据相关的绩效考核标准对自己的工作情况进行考核,有利于增强员工的参与感和自觉性,有利于员工工作的改进和对考核结果的接受。这种考核方法的缺点是:由于评价标准不一致,员工对自己的评价往往过高;此外,当员工本人和其他考核主体的评价差异过大时,容易引发矛盾。

(5) 客户。让员工所服务的客户对员工绩效进行考核,有利于员工服务质量和工作责任心的提高。但由于很多公司的客户群体不是固定的,随机性较大,在实施中难以操作。此外,考核结果也比较片面。

随着绩效管理体系的完善,也可以邀请外界考绩专家或顾问对员工绩效进行考评,还可以进行电脑系统考评和360度绩效考评。

外界考评专家或顾问在绩效考评方面有扎实的理论基础和丰富的经验,在公司里也没有任何人际关系的纠葛、能够解除因绩效考评带来的人际矛盾,而且考核结构更加客观公正。这种考核方式的缺点在于成本较高,而且考核主体可能对被考核公司所涉及的专业比较陌生。

电脑系统考评是指用电脑监察设备观察员工工作表现,并通过电子方法进行考评。这种方法曾在西方被广泛使用,但因涉及侵犯员工的个人隐私受到严厉的批评。

360度绩效考评方法是为了给员工一个更加公正的考评结果而产生的,结合了所有信息,包括上级、同事、下属、客户和员工自己。360度绩效考评方法更重要的目的在于使员工能够全面了解自己的优势、劣势,在今后的工作中能够更好地改进。360度绩效考评方法更显公平公正性,能够加强部门间的沟通,这样的考核结果更容易让被考核者心悦诚服,目前已在我国广泛使用。

2. 绩效考核的衡量标准

进行绩效管理的关键在于考核结果的公正性和准确性。绩效考核的有效性对于整个绩效管理体系而言是至关重要的,不同的公司衡量绩效考核有效性的标准不同。绩效考核的衡量尺度主要包括五个方面。

(1) 战略一致性。战略一致性是指公司所设定的绩效考核标准与公司的战略目标、企业文化等相匹配的程度。例如,一家公司强调在行业内的技术领先,那么它的绩效管理系统就应该在员工的开拓创新方面作出评价。战略一致性强调的是员工应通过自身的努力,促进公司战略目标的实现。因此,与之对应的绩效考核系统应具有灵活性,以适应公司战略目标的不断调整。

(2) 信度。绩效考核的信度是指考核系统的一致性和稳定性。信度首先包括考核者的信度,即对员工的绩效进行评价的多人之间的一致性程度,不能因为考核主体的变化而导致考核结果的不同。如果不同的人对同一个员工的绩效考核结果是相同或相似的,则证明该公司具有评价者信度。实践表明,多数由直接上级进行主观考核的结果的信度较低。信度对于体现公司绩效考核系统的公正性具有重要的作用。

此外,绩效考核的信度还包括时间的信度,即不能因为考核时间和考核方法的变化而导致考核结果的不同;短时期内重复考核的结果应该是相同的。

(3) 效度。绩效考核的效度是指考核结果与被考核者实际工作绩效的关联程度。一个绩效考核系统要想做到有效,就应该是完善的并且不会受到任何因素的影响。绩效考核的效度差,则表示考核结果中包含了大量的无效信息,有可能导致整个绩效管理过程失效。此外,绩效考核要能够衡量出与员工工作绩效相关的所有方面的内容,才算是有效的。例如,目前国内许多高校是根据教师的科研成果来进行评价,而不是教学成果,这样就直接导致了教师科研工作压力增加,使教师对教学的积极性下降。

(4) 接受度。绩效考核的接受度是指员工对公司的绩效考核系统的接受程度。许多复杂的绩效考核系统虽然具有较高的信度和效度,却往往不容易被接受,因为这样的考核会耗费管理者大量的时间和精力。此外,如果绩效考核系统缺乏公平性,也不容易被员工所接受。因此,在进行员工绩效考核系统的设计时就应该做好绩效沟通工作,听取员工意见。

(5) 明确度。绩效考核的明确度是指绩效考核系统所能传达的公司对员工的期望程度,以及员工如何才能达到这些期望的要求。绩效考核的明确度对于公司绩效管理系统的战略目的和开发目的都具有非常重要的作用。如果绩效考核的明确度低,员工不明白怎样才能帮助公司实现战略目标,就很可能会进一步导致整个绩效管理系统的失效。

3. 影响绩效考核的因素

(1) 考核主体。考核主体本身的特点,如个性、喜好、态度和情绪等,以及与被考核者的关系等因素都会对绩效考核的结果产生直接影响。

(2) 考核标准和考核方法。考核标准是否恰当,考核方法是否适合、是否具有科学性,也会影响到考核的结果。

(3) 公司条件。公司条件包括领导者对绩效考核的重视程度,考核制度的正规性,考核结果是否最终用于相关管理决策等。

4．确定考核时间和考核方法

绩效管理的考核时间没有唯一的标准，较常见的考核周期是一季、半年或一年。考核周期过密，会造成精力、时间和管理费用的浪费，给员工带来不必要的心理负担；考核周期过长，又达不到通过考核信息的及时反馈来改善公司绩效的目的。公司应根据自己的实际情况和被考核者在公司中的职务等因素具体确定考核时间和办法。

绩效考核的方法大致包括比较法、量表法和描述法三种类型，将在第三节详细讲述。

三、绩效的反馈与改进

绩效反馈是现代绩效管理与传统绩效考核的区别之一。绩效管理并没有随着绩效考核工作的结束而结束，还需要将考核结果反馈给员工。绩效反馈的目的是为了让员工更清楚地了解自己在考核期内的工作完成情况，以便进一步改善绩效，发挥潜能。绩效反馈应该是经常性的，而不是一年一次；反馈只能针对工作本身而不是员工个人。

（一）绩效反馈的方法

1．绩效考核面谈

绩效考核面谈是管理者就绩效考核结果与员工进行面对面的交流。绩效考核面谈是反馈绩效考核结果的一种主要方式，也是现代绩效管理区别于传统人事管理的一个重要方面。现代人力资源开发与管理强调在员工充分了解绩效考核结果的基础上，不断提高工作绩效，促进公司的发展。

绩效考核面谈是一个双向沟通的过程，管理者和员工可以针对考核结果，共同制订改进绩效的方案。为了保证面谈的有效性，人力资源管理者和员工事前都必须做好充分的准备工作。

（1）确定面谈对象。参加绩效考核面谈的对象是考核主体和被考核的员工。如果考核主体是被考核员工的直接上级，则由上级主管和员工进行面谈。有时候也可以由公司人力资源部的专门人员与员工进行面谈。

（2）整理和分析绩效考核资料。在正式进行绩效考核面谈之前，考核人员应收集整理被考核者的相关资料，全面了解被考核者的相关信息。这些相关资料具体包括被考评员工从事工作的工作说明书、工作目标、工作业绩完成情况等。

（3）准备面谈提纲。考核主体对面谈内容进行大致规划，确定面谈中的重点问题，以及做好面试安排等，如安排面试的时间和地点。

（4）通知员工参加面谈。提前一段时间通知员工做好面谈的准备工作，包括心理准备和相关的资料准备，还要做好自我分析等工作。

绩效考核面谈的准备工作完成之后，就进入面谈的实施阶段。管理人员和员工都应抓住这次面谈机会，通过沟通解决工作中存在的问题。在面谈中，员工的工作业绩、下一步工作目标的确定、给员工的工作提出改进建议等内容应成为面谈工作的重点。

绩效考核面谈对于员工来说也是一个激励的过程。在与员工进行面谈的过程中，管理者应充分尊重员工，既要肯定员工的工作业绩，也要诚恳地提出工作建议和今后的期望，与员工一起确定下一步的工作目标，不能直接指责员工，要鼓励员工多说话。

2. 自我反馈

自我反馈是指员工根据绩效考核标准，自觉地将工作表现与考核标准自行进行对照检查，发现问题就不断改进的过程。自我反馈是一种特殊的绩效反馈方式，是对绩效面谈的重要补充。

（二）绩效考核中存在的问题

绩效考核并不是一件容易完成的工作。由于多种原因，绩效考核的结果也许会出现与员工的实际工作不一致的现象，由于出现这样的失误，会导致降低绩效考核结果的信度和效度。这是由于绩效考核标准不明确，或者在绩效考核中出现晕轮效应、趋中效应、近因效应和偏见效应，这些问题的出现都会导致绩效考核结果的误差。

1. 绩效考核标准不明确

绩效考核标准不明确是导致绩效考核失效最常见的原因之一。不同的考核主体对各个等级的考核标准的理解不同，或对每个具体考核指标的理解不同，都会造成考核结果的差异。若绩效考核的结果与员工的实际工作相差太多，整个绩效考核体系也就失去了作用。

因此，管理者应主动采取措施，减少绩效考核标准不明确所带来的影响。最常见的改进方法就是使用一些描述性的语句对绩效考核标准进行界定，使得考核主体更明确地了解考核标准，使考核结果更符合实际。

2. 晕轮效应

晕轮效应（Halo Effect），也叫哈罗效应，是指在绩效考核的过程中，如果考核主体对下属的某一绩效指标的评价较高（如与人交往的能力），就会导致对此人所有的绩效指标的评价偏高。当直接上级对员工进行绩效考核时，尤其是对与上级关系较好的员工进行绩效考核时，最容易产生晕轮效应。避免晕轮效应的关键在于考核主体本人要意识到这一问题。此外，对管理人员加强培训也有助于避免晕轮效应的产生。

3. 趋中效应

趋中效应是指考核主体对所有的员工都给出一致的评价或接近中等水平的评价。趋中效应是我国公司进行绩效考核时最容易出现的现象之一。如果公司的绩效考核体系包括 7 个等级，即从第 1 级到第 7 级，那么考核者可能避开较高的两个等级（第 6 级和第 7 级）和较低的两个等级（第 1 级和第 2 级），而把大多数员工评定为第 3 级、第 4 级和第 5 级。趋中效应其实是降低了绩效考核的等级，达不到绩效管理的激励和奖惩的目的；有可能降低员工的工作积极性。

要避免绩效考核趋中效应的出现，首先应加强对管理者的培训，使他们准确地理解和掌握绩效考核的标准；其次，应采用先进科学的绩效考核方法，制定多维、清晰的绩效考核标准，如使用等级评价法，就可以有效的避免趋中效应。

4. 近因效应

近因效应是指在公司进行绩效考核的时期内，员工有意识或无意识地改善自己的行为，导致近期工作绩效的上升。考核主体也会受到近因效应的影响，以员工近期的工作表现和工作业绩作为员工整个绩效考评期内的成绩。最近的事件也会对考核主体的记忆产生直接的影响，这也是在考核中一件很自然的事情。

为了避免近因效应对绩效考核产生影响，导致考核结果高于员工实际的工作绩效，公司应选择正确的绩效考核方法，以及对管理者进行培训等，尽量采取有效的预防措施，防止偏差的出现。

5. 偏见效应

偏见效应是指员工的差异对绩效考核结果产生的影响。这些偏见主要包括两个方面：一方面是指员工的个人差异，主要包括员工的年龄、学历和性别等差异，这些差异有时会直接导致员工的绩效考核结果与实际工作绩效不符，以年龄为例，研究表明，一般情况下，老员工的"工作完成能力"和"发展潜力"这两个绩效考核指标的得分都偏低；另一方面是指考核主体对被考核者在观念上持有的不符合实际的印象，例如，在直接上级对员工进行考核时，与上级关系不好的员工的绩效考核结果就容易受到上级的主观偏见的影响。

此外，员工过去的绩效考核成绩也会对他们当前的绩效考核结果产生直接影响，使得最后的绩效考核成绩过高或过低。要减少偏见效应对绩效考核的影响，除了加强对管理人员的培训，增强其责任心外，还应增强绩效考核标准的科学性，避免主观的评价标准对绩效考核的影响。增加考核主体的人数，最后根据多个考核结果取平均值，也是减少偏见效应的有效方法。

（三）绩效改进

绩效改进是整个绩效管理系统中的一个重要环节。绩效改进就是根据绩效考核的结果，分析并找出影响员工绩效的主要因素，并制订有针对性的计划进行改进，以达到提高员工绩效的目的。现代绩效管理的目的在于持续改进员工绩效，因此绩效改进工作成功与否，决定了整个绩效管理系统能否发挥作用。

绩效改进的内容关系到员工工作绩效及工作能力的改善和提高。一般情况下，都是由管理人员和员工就绩效考核的结果进行充分的沟通后，由员工根据自身的实际情况具体制订绩效改进计划。绩效改进计划的具体内容通常涉及需要改进的工作内容、改进的原因、目前的工作水平和改进后期望能够达到的工作水平、改进的方式和途径、完成期限等。绩效改进计划虽然是由员工个人制订的，但管理人员在员工进行绩效改进期间应给予充分的帮助，使得绩效改进计划能够顺利完成，最终达到提高整个公司绩效的目的，如表 7-3 所示。

表7－3 绩效改进计划实例

姓名:王力	部门:售后服务	直接主管:李洪	时间:2011.3.16－2011.6.16
改进项目:沟通技巧	目前水平:1.8		期望水平:3.2
改进原因:客服人员应具备良好的与客人沟通的能力和技巧,由于本人性格较为内向,在这方面欠缺,需要改进			
改进措施			评估时间
1. 虚心向本部门的优秀员工王颖请教			2011.3.26
2. 参加有关“沟通技巧”的培训			2011.4.19
3. 阅读相关书籍			2011.5.16
……			……

首先,公司人力资源部门应根据“以岗定级,体现差异”的原则,构建公司职位的管理体系。

一是优化岗位设置,明确岗位职责。根据发展战略、公司结构、业务流程及人力资源发展规律来建立岗位,规范岗位名称,明确岗位设置目的,确定岗位数量,划分岗位的主要工作内容和应承担的职责,明确所需任职资格条件。

二是划分岗位类别,细分岗位序列。根据实际情况以及岗位职责和业务特点,按照“职类—职种—岗位”的分类体系,将全部岗位划分为服务类、营销类、专业类、管理类和复合类五大职类,并针对不同类岗位的特点,在各职类内部细分。

三是评估岗位价值,确定岗位职级。在工作分析和岗位说明书的基础上,系统、客观地比较和评价不同岗位在公司中的相对价值,建立一个岗位职级体系,也为员工提供较为清晰的职业发展道路。

其次,要根据“以级定薪,拉开差距”的原则,构建薪酬管理体系。

一是建立岗位绩效工资。员工的具体薪酬由“岗位工资＋绩效工资＋长期激励＋福利”构成,其中,岗位工资和福利是固定薪酬,岗位价值将取代行政职级作为确定岗位工资水平的决定性因素,内部福利将根据岗位等级拉开差距,以取代平均化的分配方式;绩效工资和长期激励是浮动薪酬,根据岗位类别、公司和个人绩效水平决定。

二是构建差异化的薪酬结构。在统一的薪酬体系中,基于岗位分类构建差异化的薪酬结构,进而根据地区收入差异形成差异化的薪酬水平。

三是完善长期激励机制。进一步完善公司年金和忠诚基金制度,通过员工在职期间的长期积累,建立个人退休保障基金,提高退休待遇水平,逐步建立薪酬长效激励和约束机制;试点进行股权激励,按照分步实施的方案试行股票增值计划。

最后,公司人力资源部门还要根据“以绩定奖,突出贡献”的原则,公开构建绩效管理体系。

一是构建战略导向、分类考核的绩效指标体系。从战略目标出发,通过从上到下的层层分解,建立从公司到部门、最后到岗位的指标体系,将个体绩效同整体绩效紧密联系起来,从而更好地发挥绩效考评的促进作用。在操作层面上,绩效指标体系要与岗位职级体系和薪酬管理体系相配套,按照岗位类别进行差异化的设计和管理。从战略和操作两个层面出发,逐步形成兼具战略性和操作性的绩效指标体系。

二是推行结构完整、科学有效的绩效管理流程。绩效管理作为一个完整的动态管理过程,由绩效目标与计划、绩效沟通与指导、绩效评估与讨论、绩效应用与发展四个环节构成。在制定绩效计划、设定绩效目标时要与员工进行充分的沟通,共同分析员工发展的可能方向;在完成绩效计划的过程中要做好随时反馈、沟通和指导等日常管理工作;绩效评估完成后,要将评估结果与薪酬、培训、晋升等激励措施相联系,发挥绩效管理评估和发展的双重作用。

第三节 绩效考核的方法

一、比较法

比较法又称为排序法,是通过员工之间工作业绩的相互比较而得出考核结果的一种相对考核方法。比较法是最简便的评价方法,评价结果也一目了然,适合作为奖惩的依据。但由于不能提供有效的反馈信息,难以实现绩效管理的目的。比较法的弱点还在于:不是对员工的工作业绩、能力和态度进行的考核,而是靠一种整体印象得出的结果,容易给员工造成较大的心理压力,也无法对不同部门的员工作出比较。按照实施绩效比较的过程不同,比较法包括简单排序法、交替排序法、配对比较法和强制分配法等。

(一)简单排序法

简单排序法是将员工的工作业绩按照由好到坏的顺利依次排列,由此得出评价结果的方法。简单排序法的优点在于管理成本低,操作也很简单,还能够有效地避免趋中倾向和宽严误差;其缺点在于适用范围窄,只适合考核同类职务的员工,评价过程的主观性强,考核结果易引发争议,如表 7-4 所示。

表 7-4 简单排序法

顺序	等级	员工姓名
1	最好	李一凡
2	较好	张立波
3	一般	王胜利
4	较差	赵国荣
5	最差	刘胜强

简单排序法只适用于被考核对象较少、公司规模较小、工作任务单一的情况。

（二）交替排序法

交替排序法又称间接排序法，是一种运用得非常普遍的绩效考核方法。交替排序法的具体操作方法是：考核主体依据考核标准，根据自己的总体印象，先从所有被考核员工中选出最好和最差的两名，然后在剩下的员工中再选出最好和最差的两名，依此类推，直到排序完成。交替排序法在被考核员工少时使用，能够简单、迅速地得出考核结果。使用交替排序法进行考核时所用的表格如表 7－5 所示。

表 7－5　交替排序法

顺　序	等　级	员工姓名
1	最好	李一凡
1	最差	张立波
2	较好	王胜利
2	较差	赵国荣
3	一般	刘胜强
3	差	钱伟国

在实际考核过程中，考核者的主观因素，如碍于人情、面子等，都会影响绩效考核结果，所以考核者往往都不会给被考核者较低的评价，容易造成“趋中效应”，从而影响绩效考核结果的准确性。

（三）配对比较法

配对比较法就是将每一位员工的工作业绩与其他员工一一配对，分别进行比较得出结果的考核方法。具体操作时，就是按照某种绩效标准，将员工的工作绩效两两进行比较。每一次比较完，绩效优者记 1 分，绩效劣者记 0 分。最后将每个人的总分相加，得分越高的绩效越高。配对比较法的具体操作如表 7－6 所示。

表 7－6　配对比较法

比较对象	A	B	C	D	E
A	—	1	0	0	1
B	0	—	1	1	1
C	1	0	—	1	1
D	1	0	0	—	1
E	0	0	0	0	—
比较结果	2（中）	1（差）	1（差）	2（中）	4（优）

配对比较法最适合于评选最佳员工,能够有效地避免集中化趋向,其缺点在于若考核对象过多,比较次数也随之增多,如果要考核 N 个员工,就需要进行 N(N—1)/2 次比较。配对比较法的考核结果也只是考核者的主观判断,缺乏科学性和公平性,难以和公司的战略目标相联系。

(四)强制分配法

强制分配法的使用建立在一个有争议的假设之上:凡是有人的地方,就有好、中、差的区别。强制分配法是将员工绩效分为若干个等级,每一个等级强制规定一个百分比,最后按照员工的绩效进行归类。使用强制分配法的重点在于要先按照一个分配比例将员工分配到每一个工作绩效的等级中去。

强制分配法的具体操作过程是:先将被考核者的姓名分别写在一个小纸片上,然后根据考核标准对员工进行逐步的考核,最后根据考核结果将员工的姓名纸片分别放在实际设定的相应的工作等级上去。强制分配法的使用如表 7 - 7 所示。

表 7 - 7 强制分配法

绩效等级	最好	较好	一般	较差	最差
比例/(%)	10	20	40	20	10
员工姓名	张国庆	王胜利	李刚	赵越	黄琨
		薛伟强	谢立强	许继学	
			范学伟		
			白若学		

强制分配法适用于规模较大、职务种类较多的公司,使用简单,成本较低,能够有效避免考核过宽、过严或者趋中的趋势。尤其引入了末位淘汰制的公司,能够明确地筛选出淘汰对象。强制分配法的缺点在于平均主义,不利于激发员工积极性,绩效好和绩效差的部门之间得出的结果都差不多。因此我们在使用强制分配法时,应根据部门业绩来决定部门员工的绩效分配比例,绩效考核的结果要能够反映出部门绩效对公司的贡献程度。

二、量表法

量表法是指将绩效考核的指标和标准制作成量表,据此对员工的绩效进行考核的方法。量表法可以不使用文字描述而只使用数字,甚至可以只列出一个均等刻度与分段的标尺,令考评者适当勾选就可以了。量表法也是最简单、最常用的绩效考核方法之一。量表法的优点包括能够将不同部门的考核结果进行比较,了解员工存在的具体问题等;缺点在于制定量表的成本较高,只有确定了合理的指标考核才有效。量表法主要包括以下几种。

(一)评级量表法

评级量表法是指在量表中列出需要考核的绩效指标,并将指标分为不同的等级,每个等级都有一个对应的分数。考核主体根据考核过程中员工的表现,在每个指标上选择一个等级,汇总分数后就可得出考核结果,如表 7-8 所示。

表 7-8　评级量表法举例

考核内容	考核项目	说　明	评定等级
基本能力	知识	是否具备现任职务的基础理论知识和实际业务知识	A B C D E 10 8 6 4 2
业务能力	理解力	是否能充分理解上级指示,干脆利落地完成本职工作,不需要上级反复指示	A B C D E 10 8 6 4 2
	判断力	是否能无分理解上级意图,正确把握现状,随机应变,恰当处理	A B C D E 10 8 6 4 2
	表达力	是否具备现任职务所要求的表达力(口头文字),能否进行一般联络、说明工作	A B C D E 10 8 6 4 2
	交涉力	在和企业内外的人员交涉时,是否具备使双方诚服,接受同意或完成协议的能力	A B C D E 10 8 6 4 2
工作态度	纪律性	是否严格遵守工作纪律和规章,如不早退、缺勤等。是否严格遵守工作汇报制度,按时进行工作报告	A B C D E 10 8 6 4 2
	协作性	在工作中、是否能充分考虑别人的处境,是否能主动协助上级、同事做好工作	A B C D E 10 8 6 4 2
	积极性 责任感	对分配的任务是否不讲条件,主动积极,尽量多做工作,主动进行改进,向困难挑战	A B C D E 10 8 6 4 2
评定标准: A. 非常优秀,理想状态 B. 优秀、满足要求		分数换算 A. 63 分以上 B. 48 ~ 63 分	合计分:
C. 基本满足要求 D. 略有不足 E. 不满足要求		C. 47 分以下	等级:

（二）行为锚定法

行为锚定法是指将某一职务可能发生的各种典型行为进行评分度量，建立成一个评分量表；评分量表上有一些典型的行为描述语句与考核标准的等级相联系（即“锚定”），考核时作为评定的依据。行为锚定法的实质是关键事件的量化，即把量表评分法与关键事件法相结合。

在行为锚定评分表中，有代表着最差绩效和最优绩效的具体的典型性说明词，不仅能使员工深切了解到自身的现状，还能找到明确的改进目标。行为锚定法的优点在于考核指标之间的独立性高、考核尺度精确以及具有良好的反馈功能；缺点在于设计比较麻烦，会花费大量的人力和物力，使用的范围较小，因此仅适合一些相对简单的工作类型。

运用行为锚定法对员工的绩效进行考核，通常需要经过五个步骤：确定代表绩效优良或较差的关键事件→初步建立绩效评价等级→重新分配关键事件→确定关键事件的考核等级→最终建立行为锚定考核体系。公司主管行为锚定等级标准举例如表 7－9 所示。

表 7－9 公司主管行为锚定等级标准举例

考核等级	考核要素：工作计划的制订与实施
	行为锚定
7 优秀	能够制订完整的工作计划，并获得上级批准，及时将工作任务布置给下属员工
6 较好	能够编制工作计划，偶尔出现操作问题
5 好	了解工作任务，能够作出安排
4 一般	虽然制订了工作日期，但没有记载工作完成情况，出现疏漏不向上级汇报
3 较差	没有制订完整的工作计划、工作计划的完成缺乏现实性
2 很差	没有工作计划和工作安排，对工作任务的分配很随意
1 不能接受	没有制订工作计划，对工作漠不关心，很少完成工作任务

（三）行为观察量表法

行为观察量表法是指先描述与各个考核项目相对应的有效行为，考核主体通过观察员工出现有效行为的频率来进行绩效考核的方法。使用行为观察量表法的关键在于界定不同工作的成功绩效所要求的有效行为。

行为观察量表法的使用首先要收集关键事件，并按照维度进行分类。例如，一个 5 分的量表被分为由“极少或从不”到“总是”五个相应的等级，分值 1～5 分。考核者只需将员工每一项的得分相加后就能得到绩效考核成绩，分值越高表示员工表现出合乎期望的行为的频率越高，如表 7－10 所示。

表7-10 运用行为观察量表法对公司管理人员的管理技能进行考核

<table>
<tr><td colspan="2">说明：判断被考核者在考核周期内出现下列有效行为的频率，用下列评定量表在指定区间内给出相应的评分
5=总是
4=经常
3=有时
2=偶尔
1=极少或从不
公司管理人员的管理技能考核表</td></tr>
<tr><td colspan="2">管理技能</td></tr>
<tr><td>有效行为</td><td>得分</td></tr>
<tr><td>主动与员工沟通，并提供相应的培训以提高绩效</td><td></td></tr>
<tr><td>能准确地向下级员工分派工作任务</td><td></td></tr>
<tr><td>关心工作进度</td><td></td></tr>
<tr><td>认可员工的工作表现</td><td></td></tr>
<tr><td>能够将工作调整安排及时告知员工</td><td></td></tr>
<tr><td>能够虚心接受员工的工作意见，及时调整工作</td><td></td></tr>
</table>

行为观察量表法能够将公司的发展战略和对员工的期望相结合，因此能够向员工提供有效的信息反馈，有利于正确引导和监控被考核者的行为。但是，这种考核方法也存在一定的缺陷：

(1) 需要花费大量的时间和精力用于行为观察量表法的开发，因此只适用于比较稳定、不太复杂的工作；

(2) 考核者对于“极少、总是”的理解有差异性，绩效考核结果的稳定性差；

(3) 行为观察量表法的使用要以工作分析为基础，并且每一个职务的考核都要单独进行，成本较高。

(四)混合标准测评法

混合标准测评法是由美国学者布兰兹(Blanzi)于1965年创立的。这种考核方法先要描述与各个考核项目相对应的不同考核等级的有效行为，然后将这些描述有效行为的语句混合起来随机排列在考核表中，由考核主体选择出与被考核者的行为特征相符合的选项，再对被考核者进行考核。

混合标准测评法适用于对员工的行为进行考核。在混合标准测评量表中，有许多组概念上相容的描述句用来描述同一考核项目的高、中、低三个层次，通常是三个一组。这些描述性语句在测评量表中是随机排列的，考核者只需要指出被考核者的行为表现是“好于”、“相当于”或“差于”量表中所描述的行为。

混合标准测评法的具体做法为：首先要确定绩效考核的指标，然后对每一个考核项目中分别代表好、中、差绩效的有效行为进行描述，最后将所有的描述性语句混合在考核量表中供考核主体在具体考试时使用。如表7－11所示就是用于测评保安工作状况所使用的一个混合标准测评量表。

表7－11 混合标准测评量表

本部分的每一个项目都涉及保安工作不同侧面的绩效水平。请仔细阅读每一项目，确定该被评价保安的工作表现是“正适合于”、“优于”还是“劣于”项目中的描述；并请分别在相应的被考核保安号码下的圆括号中划上“0”、“＋”或“－”来表示这三种情况。	
保安号码：1 2 3 4 5 6 7 8 9 10	
( )( )( )( )( )( )( )( )( )( )	1. 行为有时紧张，但并不影响发挥职责
( )( )( )( )( )( )( )( )( )( )	2. 尽管有时因工作繁忙，制服略有不整，但大多数时间穿着整齐
( )( )( )( )( )( )( )( )( )( )	3. 工作报告良好，但偶尔需要深入或条理化；有时有表达方面的困难
( )( )( )( )( )( )( )( )( )( )	4. 在社区采取大量措施预防和遏制犯罪，帮助社区业主掌握防止犯罪的技巧；对社区预防安全措施有广泛的知识
( )( )( )( )( )( )( )( )( )( )	5. 与本社区业主极少或几乎没有接触，未能告诉他们防止犯罪的技巧
( )( )( )( )( )( )( )( )( )( )	6. 几乎在社区任何场合都能作出适当的判断，以预先采取、选择或表现适当的行为
( )( )( )( )( )( )( )( )( )( )	7. 对于与什么人共事或不与什么人共事很挑剔。难以与其他保安相处
( )( )( )( )( )( )( )( )( )( )	8. 在任何时候、任何场合下都能表现出最大的热情和努力
( )( )( )( )( )( )( )( )( )( )	9. 即使在极端紧张的情形下，也镇定自若，没有紧张的表现
( )( )( )( )( )( )( )( )( )( )	10. 令人满意地执行任务。几乎从不投机取巧或曲解规则

表7-11 （续）

保安号码:1 2 3 4 5 6 7 8 9 10	
( )( )( )( )( )( )( )( )( )( )	11. 格外注意形象。几乎常常表现出一种为业主服务的自豪感
( )( )( )( )( )( )( )( )( )( )	12. 干净利落地解决大多数安全问题,尽管有些是比较棘手的。在工作中善于运用以往经验,以求尽善尽美
( )( )( )( )( )( )( )( )( )( )	13. 跟其他人在一起时表现出深刻的见识和技能,常能防止和解决冲突,缩短了业主与保安的距离
( )( )( )( )( )( )( )( )( )( )	14. 能与任何合作者友好相处,愿意帮助新保安并指导他们准确无误地执行任务
( )( )( )( )( )( )( )( )( )( )	15. 在大多数情况下,有判断能力,表现得当。满足业主需要
( )( )( )( )( )( )( )( )( )( )	16. 了解法律的新变化,但偶尔忽视
( )( )( )( )( )( )( )( )( )( )	17. 严格监督其工作表现,否则可能不符合标准
( )( )( )( )( )( )( )( )( )( )	18. 外表向业主表露出一种对工作漫不经心的态度
( )( )( )( )( )( )( )( )( )( )	19. 在任何情形下意识到法律及其适用性。对社区有全面的了解
( )( )( )( )( )( )( )( )( )( )	20. 工作报告对于业主安全并无用处。工作报告中材料重复
( )( )( )( )( )( )( )( )( )( )	21. 其行为说明在许多场合下经常缺乏适当判断。经常作出草率粗心的判断
( )( )( )( )( )( )( )( )( )( )	22. 在社区做一些努力加强预防犯罪的工作。对预防设备有比较全面的知识
( )( )( )( )( )( )( )( )( )( )	23. 不去主动了解与工作相关的信息。有时在本社区内迷路
( )( )( )( )( )( )( )( )( )( )	24. 标准地完成职责,并在没有监督的情况下坚持,能公正的处理问题
( )( )( )( )( )( )( )( )( )( )	25. 在一场冲突中如果出现麻烦几乎不能恢复秩序
( )( )( )( )( )( )( )( )( )( )	26. 把保安工作只当作一时之计,随时准备跳槽。几乎没有表现出工作热情
( )( )( )( )( )( )( )( )( )( )	27. 尽管与有些人格类型的人难以相处,但能同大多数人共同工作

具体实施考核时，考核者要将被考核者的实际表现与作为绩效考核标准的描述性语句进行对比，凡是达到要求的记"+"，未能达到要求的记"-"。最后统计符号，按照评分规则，就能较为准确地得出被考核者的绩效考核成绩。

混合标准测评法的优点在于能够避免考核主体受到考核标准等级的影响，降低了考核结果受到考核主体主观性影响的概率。但是，由于描述性语句本身固有的局限性，很难全面反映被考核者复杂的实际表现。

三、描述法

描述法是指考核主体用描述性的文字来记录被考核者在工作业绩、工作能力、工作态度两个工作业绩等方面的优缺点，以及需要对被考核者进行指导的方面和关键事件等。描述法的设计和使用比较容易，成本适中，是一种实用性的考核方法，适合对任何人进行单独评价。但是使用描述法进行考核，缺乏统一的考核标准，被考核者之间无法比较，而且考核结果与考核主体的能力有很大的关系，因此描述法一般是作为其他考核方法的辅助方法来使用的。

根据记录方法的不同，描述法可以具体分为能力记录法、态度记录法、工作业绩记录法、指导记录法以及关键事件记录法五种。

（一）能力记录法

能力记录法是指考核主体通过对被考核者日常工作的观察，记录其所表现出来的工作能力的绩效考核方法。在整个考核过程中，考核主体不仅要记录下被考核者所表现出来的工作能力方面的优点，还应记录下被考核者仍存在的缺点，以便进行进一步的指导，以提高其绩效，如表7-12所示。

表7-12 工作能力记录表

员工姓名		职位编号		职位名称	
所属部门		考核日期		记录人	
考核项目		观察情况			
		优点		缺点	
专业知识					
专业技能					
沟通能力					
团队协作					
……					

（二）态度记录法

态度记录法是指考核主体通过对被考核者日常工作的观察，记录其对待工作的态度的绩效考核方法。同能力记录法一样，态度记录法也要记录被考核者工作态度方面的优缺点，便于今后的绩效辅导，如表 7－13 所示。

表 7－13　工作态度记录表

员工姓名		职位编号		职位名称	
所属部门		考核日期		记录人	
考核项目		观察情况			
		优　点		缺　点	
工作积极性					
工作责任感					
对客户态度					
……		……		……	

（三）工作业绩记录法

工作业绩记录法就是要求考核主体观察被考核者的工作过程，并记录下被考核者每个阶段所达到的工作业绩。此外，工作业绩记录法还可记录下员工在工作过程中是否遵守了公司的规章制度，是否有迟到早退等现象。工作业绩记录法常常与目标管理法结合使用，如表 7－14所示。

表 7－14　工作业绩记录表

员工姓名		职位编号		职位名称	
所属部门		考核日期		记录人	
工作目标		工作进度		完成情况	
目标一：……		一月： 二月： ……		……	
目标二：……		……		……	
……		……		……	
缺勤记录					
迟到					
早退					

（四）指导纪录法

指导记录法是指被考核者的上级将其平时对员工的工作指导记录下来的考核方法。这种方法通常用于开发性评价，如表 7－15 所示。

表 7－15　工作指导记录表

员工姓名			职位编号		职位名称	
所属部门			考核日期		记录人	
时间	地点	相关事实	指导意见		改进目标	

（五）关键事件法

关键事件法是由美国学者弗拉赖根（Flanagan）和伯恩斯（Baras）共同研究提出的。关键事件是指那些会对公司或部门的整体绩效产生积极或消极影响的重大事件，一般分为有效行为和无效行为。关键事件法是指考核主体通过观察、记录被考核者的关键事件，而对被考核者进行绩效考核的方法。

使用关键事件法的步骤为：① 在专门的绩效考核表上记录关键事件；② 摘要评分；③ 与员工进行评估面谈，以进一步纠正员工行为。

关键事件法的优点是：对员工的考核以事实为依据，避免了考核主体的主观判断对绩效考核结果的影响；考核结果更具公正性和客观性，容易被员工所接受。其缺点在于：如果漏记了员工的积极行为，会引起员工不满，产生抵触情绪，增加了管理者的工作负担。

范例:基层人员绩效考核制度(见表7-16)

表7-16 基层人员绩效考核制度

<table>
<tr><td rowspan="2">制度</td><td colspan="3" rowspan="2">基层人员绩效考核制度</td><td>受控状态</td><td></td></tr>
<tr><td>编　　号</td><td></td></tr>
<tr><td>执行部门</td><td></td><td>监督部门</td><td></td><td>考证部门</td><td></td></tr>
<tr><td colspan="6">

第一章　总则

第一条　目的

通过对公司员工的工作业绩、工作能力及工作态度进行客观、公正的评价,促使员工不断改善工作绩效,提高自身能力,从而提高公司的整体运行效率。

第二条　适用对象

本制度适用于从事非领导岗位的基层员工,但考评期内累计到岗不超过三个月(包括请假与其他原因缺岗)的员工不参与年度考核。

第三条　考核原则

1. 公平公开原则

人事考评标准、考评程序和考评责任都应当有明确的规定且对企业内部全体员工公开。

2. 定期化与制度化

绩效考核既是对员工工作情况的过去和现在的考察,也是对他们未来的工作行为进行预测,将员工绩效考核定期化、制度化,有助于全面了解公司员工的潜能,及时发现公司中的问题,从而促进公司的发展。

3. 定量化与定型化相结合

班组长考核指标分为定量化与定型化两种,并分别赋予不同的权重。

4. 沟通与反馈

考核评价结束后,人力资源部或各部门负责人应及时与被考核者进行沟通,将考核结果告知被考核者。

第四条　考核实施部门

人力资源部门组织并指导员工的考核实施工作,按照公司要求,各部门负责人对员工进行评估。

第二章　绩效考核内容

第五条　工作成绩

主要考核员工实际完成的工作成果,包括工作质量、工作数量、工作效益等。不同的工作岗位,其考核的重点是有所不同的。开发类重点考评项目进度与质量,营销类重点考评销售额和市场潜力,事务类则重点考评日常工作的数量和质量等。

第六条　工作能力

根据本人实际完成的工作成果及各方面的综合素质来评价本人的工作技能、水平,如专业知识掌握程度、业务能力、创新能力等。

</td></tr>
</table>

第七条 工作态度

主要是对员工平时的工作表现予以评价，包括协调性、主动性、责任感等。

第三章 绩效考核内容

第八条 考核频率

根据企业经营的需要，将对基层员工的考核分为月度考核、季度考核、年度考核三种。

（1）根据岗位的需要，分别对员工实施月度考核或季度考核，其实施时间分别是下一个月的 x～y 日、下一个季度的 z 月的 x～y 日。

（2）所有员工都应该接受公司对其实施的年度考核，考核实施时间一般为下一年度的 z 月的 x～y 日。

第九条 设定考核指标及评价标准

根据前期制订的绩效计划及职位说明书等文件，分别制定各岗位的考核指标、评价标准及考核项的分值等内容。

第十条 考核实施

（1）考核者依据制定的考核指标和评价标准，对被考核者的工作业绩、工作能力、工作态度等方面进行评估，并根据考核结果确定其表现等级。

（2）绩效考核者要熟悉绩效考核流程级考试制度，熟练使用相关考核工具，做到与被考核者的及时沟通与反馈，客观、公正地完成考评工作。

第十一条 其他说明

（1）有下列事迹之一者，根据其事由、动机、影响程度报请升级、记大功、嘉奖、晋级级奖励，并记入考核记录。

① 对本公司业务或技术上有特殊贡献，并经采用而获显著绩效者。

② 遇有特殊危急事故，冒险抢救，保全本公司重大利益者。

③ 对有危害本公司产品或设备的意图，能防患于未然，并妥为防护消灭，因而避免损害者。

（2）有下列行为之一者，视其情节轻重程度，报请免职、记大过、申诫、降级等处罚，并记入考核记录。

① 行为不检、屡教不改或破坏纪律，情节重大者。

② 遇特殊危急事件，畏难逃避或救护失时，导致本公司或公众蒙受重大损害者。

③ 对可预见的灾害疏于觉察或临时救急措施失当，导致本公司遭受不必要的损害者。

④ 觉察到对本公司的重大危害，因徇私不顾或隐匿不报而耽误时机导致本公司遭受损害者。

第四章 绩效考核面谈

第十二条 绩效考核面谈应由应有被考核者的直接上级与被考核者单独进行，人力资源部工作人员根据需要可有选择的参加。

第十三条 如果被考核者认为考核结果不公正且与考核沟通无效，并确有证据证明的情况下可以启动考核结果申述程序。考核结果申述一般有两个途径：一是越级向考核者上级反馈情况，二是通过人力资源部反映。人力资源部要在接到员工考核申诉后的 x 个工作日内给予解决。

第五章　考核结果划分

第十四条　根据员工的考核结果，将其划分为如表A.1所示的五个等级。

表A.1　考核结果等级划分

等　级	考核得分	说　明
A—优秀	90~100分	各项工作完成出色，成绩显著
B—良	80~89分	积极主动地完成各项工作，并取得较好的成就
C—好	70~79分	能较好的履行工作职责，完成本职工作
D—合格	60~69分	能完成本职工作
E—待改进	60分以下	不能完成本职工作或工作表现较差

第六章　考核用途

第十五条　了解员工对公司的业绩贡献。

第十六条　为员工的薪酬决策提供依据。

第十七条　了解员工和部门对培训的需求。

第十八条　为员工的晋升、降职、轮岗等提供依据。

第七章　附则

第十九条　本年度由公司的人力资源部制定，报总经理审批后实施，修改时亦同。

第二十条　本制度自××××年××月××日起执行。

案例分析

通用电气公司的绩效考核方法

通用电气公司名列全球五百强前十名，完善的管理、辉煌的业绩，使其得到全球范围的尊敬，被誉为"组织界的航空母舰"。它的管理之道，一直被人们奉为管理学的经典之作，成为产业界和学术界学习研究的对象。

通用电气(中国)公司的考核内容包括"红"和"专"。"红"是软性的内容，主要是考核价值观；"专"是硬性的内容，是考核工作业绩。这两个方面结合的结果就是考核的最终结果，用二维坐标来表示。通用电气(中国)公司每年用四张表格对其员工一年的工作表现进行评价，其中前三张是自我鉴定，第四张是经理评价。

第一张是个人学历记录。第二张是个人工作记录(包括在以前公司的工作记录)。第三张是每一位员工对照年初设立的目标自己评价任务的完成情况，如根据自己一年中的表现、取得的成绩,对照通用电气公司的价值观,技能要求等确定自己哪方面是强项,哪方面还有不足。哪些方面需要通过哪些方式来提高,需要得到公司的哪些帮助,在未来的一年或更远的将来有哪些展望等。前任总裁韦尔奇在当年刚加入通用电气公司时就他的个人展望中表达了他要成为通用电气公司全球总裁的愿望。

经理在参考前三张员工自评的基础上填写第四张表格。经理填写的鉴定必须与员工沟通,取得一致的意见,必须有足够的理由来说服对方;如果员工对经理的评价有不同的意见,员工可以与经理沟通但必须用事实来说话;如果员工能够说服经理,经理可以修正其以前的评价意见;如果双方不能取得一致的意见,将有上一级经理来处理。在相互沟通、交流时必须用事实来证明自己的观点,不能用任何想象的理由。

考核的目的是为了发现员工的优点与不足,激励与提高员工,有效的提高公司的效率。考核的结果与员工第二年的薪酬、培训、晋升、换岗等利益相关,员工的综合考核结果在二维表中的不同区域时的处理如果如下。

(1) 当员工的综合考核结果是在第四区域时,即价值观和工作业绩都不好时,处理非常简单,这种员工只有走人。

(2) 当员工的综合考核结果在第三区域即业绩一般,但价值观考核良好时,公司会给员工第二次机会,如换岗、培训等。根据考核结果制订一个提高完善的计划,在三个月后再根据提高计划考核一次,在这三个月内员工必须提高完善自己,达到目标计划的要求;如果三个月后的考核不合格,员工必须走人。

(3) 如果员工的综合考核结果在第二区域时,即业绩好但价值观考核一般时,该员工也会被辞退。

(4)如果员工的综合考核结果是在第一区域,即业绩考核与价值观考核都优秀,那他(她)就是公司的优秀员工,将会有晋升、加薪等发展机会。

公司的全年考核与年终考核结合,考核贯穿在工作的全年,对员工的表现给予及时的反馈,在员工表现好时及时给予表扬肯定,表现不好时即使与其沟通。

讨论题

你从此案例得到怎样的启示?

模拟训练

制作绩效考核评价方案

将全班同学分为四组,各组选出一位组长,请大家分别为模拟的华源电脑公司制作管理干部绩效考核评价方案、职员绩效考核评价方案、销售人员绩效考核评价方案和维修技术人员绩效考核评价方案,由各小组长整理本组绩效考核评价方案的优劣,然后在班级讲解交流,最后由老师点评。

该训练的目的是让学生掌握制作考评量表的方法及测评程序。

本章知识点

1. 绩效的含义与性质;2. 绩效管理的含义、内容、原则及作用;3. 绩效管理与绩效考核;4. 绩效管理计划的制订与绩效管理方案的实施;5. 绩效反馈的方法;6. 绩效考核中容易出现的问题;7. 绩效改进的内涵;8. 绩效考核的方法。

思考题

1. 什么是绩效考评？判断型绩效考评与发展型绩效考评有何异同？
2. 绩效考评的方法有哪些？请比较他们的优缺点。
3. 绩效考评的主体有哪几类？它们如何影响绩效考评的结果？
4. 绩效考评包括哪些主要程序？
5. 产生绩效误差的原因是什么？如何预防？

第八章　薪酬管理与员工福利

【学习目的与要求】

通过本章的学习,应着重掌握:薪酬及薪酬管理的基本概念,战略性薪酬管理的意义、内涵及整体薪酬战略的建立步骤,薪酬体系的含义及三种基本的薪酬体系,薪酬体系设计的流程,可变薪酬计划的主要形式,员工福利的含义及主要福利项目,福利方案的设计流程及福利管理的主要内容,福利存在的问题及福利项目的优化设计。

【基本概念与定义】

薪酬的含义,薪酬的构成,薪酬的作用,薪酬管理及其主要内容,薪酬管理的原则;战略性薪酬管理;战略性薪酬管理的内涵;职位薪酬体系;技能薪酬体系;能力薪酬体系;薪酬体系设计的步骤;可变薪酬,群体可变薪酬计划,短期可变薪酬计划与长期可变薪酬计划,短期可变薪酬计划的含义,长期可变薪酬计划的内涵与形式;员工福利,福利的影响因素分析,福利方案的设计,福利管理;福利存在的问题分析;福利项目的优化设计。

【案例】

固定工资与福利

大学生A毕业后应聘为一家中日合资的推销员。刚进入公司时,A对这份工作很满意。因为这家公司给推销员的工资是固定工资而不是销售佣金,并且固定工资和福利加起来得到的报酬还挺高。这对刚刚参加工作的大学生来讲,不用担心自己专业不熟练,销售额少而影响收入,不用担心丢面子,他喜欢这种大锅饭式的工作,所以他高高兴兴地选择了这份职业。

刚上班时,大学生A虽然兢兢业业,但销售成绩一般。可是随着大学生A对业务和客户的熟悉,销售额渐渐上升了。到了第三年,他在近百人的销售员中已经位居前20名。到了第四年他的销售额在全公司就位居榜首。日本经理也明确的对他说:"公司中再有几个你这样的销售明星就更好了!"但是,大学生A的工资没有变化,他开始感到恼火,心里在问:"怎么合资公司也搞大锅饭?应该按劳取酬。"他向日方经理建议应将固定工资改成佣金制。但日方经理说:这是既定政策,是日方的文化特色。大学生A在第二天就辞职了。

第一节　薪酬与薪酬管理

一、薪酬的含义

从广义上来讲，薪酬作为等价交换的结果，包括了员工为某一公司所作出的贡献而获得的各种形式的回报。根据是否以金钱来衡量，这些回报可以分为两种类型：经济性报酬和非经济性报酬。经济性报酬，是指员工所获得的所有直接或间接的经济收入，包括工资、津贴、奖金和各种福利等。非经济性报酬则不能以金钱的形式来表现，如参与决策的机会、较大的职业发展空间、良好的工作氛围与工作环境等。

从狭义上来讲，薪酬则仅指经济类报酬。这也是我们经常所使用的薪酬概念，即员工为某一公司工作而获得的所有各种形式的经济收入。

二、薪酬的构成

（一）基本薪酬

基本薪酬是指公司根据员工所在的工作岗位、所具备的工作技能、能力或资历，而向员工支付的稳定性报酬。它是薪酬中相对不变的那部分。

对于员工来说，基本薪酬是非常重要的。因为它给员工提供了稳定的收入来源，为员工的基本生活提供了保障。基本薪酬变动主要取决于以下三个因素：一是社会经济的发展导致基本生活费用的变化，如通货膨胀的因素；二是市场薪酬水平的变化；三是技能、能力的增加，或由此导致的职位升迁。

（二）可变薪酬

可变薪酬又称为浮动薪酬或奖金，它是指根据员工是否达到或超过某一事先确立的绩效标准而浮动的报酬。这里的绩效标准既可以是员工个人的绩效，也可以是某一部门、团队甚至整个公司的绩效。

可变薪酬将员工所获得的薪酬与其绩效直接联系起来，因此具有很强的激励性，对于公司提高效率，实现公司目标，有非常积极的作用。因此在薪酬结构中，可变薪酬所占的比例越来越大。根据可变薪酬计划所涉及的时间，可以将其分为短期可变薪酬和长期可变薪酬两种。短期可变薪酬计划建立在员工近期绩效标准基础上，一般时间跨度在一年以内。长期可变薪酬计划则着眼于公司的长期发展，鼓励员工努力实现公司跨年度的绩效目标。

（三）福利

福利又称为间接薪酬。与基本薪酬和可变薪酬相比，福利有其明显的特点：一是一般与员工的劳动能力、绩效和工作时间等的变动没有直接联系；二是往往采取实物、服务或延期支付的方式支付。对于公司来说，福利更类似于一种固定成本。

福利计划一般都具有普遍性:只要是公司的成员就可以享受。但是,为了提高福利计划的激励性,现在很多公司对公司的一些特殊人才实行特殊的福利计划,以提高福利的激励性。一般的福利可以分为国家法定福利和公司自愿福利两种。国家法定福利是由国家法律强制性规定公司必须为其员工所提供的各种保障。我国的法定福利项目包括法定社会保险(养老保险、再就业保险、医疗保险、工伤保险和生育保险)、住房公积金和法定休假等。公司自愿福利是公司在法定福利的基础上,自主为公司成员提供的额外保障和服务。如公司为其员工提供的公司年金计划、补充的健康保险计划、心理咨询服务、子女教育补助等。

三、薪酬的作用

关于薪酬的作用,我们可以从三个方面来讨论。

(一)员工方面

1. 提供经济保障

市场经济社会,薪酬是绝大多数劳动者的主要收入来源。首先,薪酬满足了员工及其家庭吃、穿、住、行等基本生活的需要,从而保证劳动力的生产和再生产。其次,薪酬还能够满足员工更高层次的一些需要,包括娱乐、旅游、学习和自我发展等方面的需要。

2. 产生激励作用

根据激励理论,人的行为是由其生存需要引起的。合理的薪酬水平能够满足员工基本生活的需要,这也是公平的需要,同时也为其自我发展、自我实现需要的满足奠定了经济基础。这种为了需要的满足会激励员工更加努力工作,从而产生激励作用才可以提高其绩效水平。

(二)公司方面

1. 吸引和留住人才

根据美国某调查机构的调查结果显示,在影响就业选择的众多因素中,薪酬仍然是绝大部分人的第一选择。因此公司所提供的薪酬水平会直接影响到公司在劳动力市场上的竞争力。而具有竞争力的薪酬水平,更容易吸引并留住公司发展所需要的优秀人才。

2. 控制经营成本

虽然较高的薪酬水平会为公司吸引和留住更多的优秀人才,但较高的薪酬水平会提高公司的劳动力成本,影响公司产品在市场上的竞争力。因此,有效控制劳动力成本对于公司来说也是非常重要的。

(三)社会方面

对于整个社会来说,薪酬构成了全体成员的可支配收入。薪酬水平的高低将决定整个社会的消费水平,直接影响到国民经济的正常运行。同时,薪酬的公平分配也是一个重要问题。如果薪酬分配不公平,会引发很多社会问题,严重时甚至会引发社会的动荡,影响到社会的稳定。

四、薪酬管理及其主要内容

薪酬管理,指公司对固定员工所应得到报酬的管理过程。在这一管理过程中,公司人力资源部门需要就以下重要问题作出决策。

(一)薪酬体系

薪酬体系的确定,需要涉及以下三个方面的决策。

1. 确定制定公司基本薪酬的基础

目前,国际上比较好的薪酬体系主要有三种:职位薪酬体系以工作本身的价值来确定基本薪酬,技能薪酬体系和能力薪酬体系它们分别以员工所掌握的技能水平和员工所具备的能力来确定基本薪酬。

2. 确定薪酬水平

薪酬水平是指公司支付给各职位、各部门或整个公司的平均薪酬水平。薪酬水平决定了公司的外部竞争力。公司需要根据市场或竞争对手的情况,结合本公司的支付能力,来决定采取领先型、追随型、滞后型还是混合型的薪酬水平政策。

3. 确定薪酬结构

薪酬结构指同一公司内部不同职位或不同技能等级所获得的薪酬之间的相互关系。薪酬结构实际上反映了不同职位或技能对于公司的价值。薪酬结构决定了薪酬的内部一致性。

(二)薪酬形式

薪酬形式指员工获得的总薪酬的组成成分。如前所述,薪酬形式一般表现为基本薪酬、可变薪酬和福利。

(三)特殊群体的薪酬

在相对复杂的公司中,存在着不同的员工群体,如销售人员、技术人员、管理人员等。这些不同的员工群体之间在工作目标、工作内容和工作方式等方面都存在区别,因此,需要根据不同员工群体的工作特性制订不同的薪酬方案。

(四)薪酬管理政策

薪酬管理政策主要涉及薪酬成本的控制、薪酬预算以及薪酬沟通等问题。

五、薪酬管理的原则

(一)公平性原则

薪酬的公平性是员工对公司薪酬制度和薪酬管理过程是否公平的一种感知,一般可以分为以下三个层次。

(1) 外部公平性。指本公司的薪酬水平应该不低于同一行业、同一地区或同等规模的不同公司中的类似职位。

(2) 内部公平性。指同一公司内部不同职位所获得的薪酬应该与其所作出的贡献成正比。

(3) 个人公平性。指个人所获得的薪酬与同一公司内部其他相同或相似职位的人所获得的薪酬具有可比性。

(二) 激励性原则

虽然薪酬管理要尽量做到外部、内部和个人三方面的公平,但公平不是平均主义。应该根据职位的重要性、技能和能力水平以及绩效水平等要素,适当拉开薪酬水平的差距。这样,才能激励员工更加努力工作和学习,提高绩效水平和技能、能力水平,获得更好职位,从而真正实现按照贡献分配的原则。

(三) 竞争性原则

在当今市场经济时代,公司所提供的薪酬水平必须具有竞争力,才能够在劳动力市场上吸引到本公司所需要的人才,也才能留住优秀人才。如前所述,公司根据市场或竞争对手的薪酬水平,公司所需人才的供求状况以及本公司的支付能力等因素,确定本公司的薪酬水平应该在市场价格的具体范围。但是一般来说,要具有竞争力,公司所提供的薪酬不能低于市场平均薪酬水平。

(四) 经济性原则

虽然较高的薪酬水平可以提高公司的竞争力和激励性,但是,也会导致公司经营成本的上升,影响公司在产品市场上的竞争力。因此,薪酬水平的制定,一定要考虑到本公司的实际支付能力,尽量控制劳动力成本,在竞争力、激励性和经济性之间寻求一个平衡。

(五) 合法性原则

所谓合法性,指公司的薪酬制度和薪酬管理过程必须符合国家法律和相关政策的规定。相关的法律主要涉及《最低工资规定》、《反歧视法》和《社会保险法》等。

六、战略性薪酬管理

"当跨进21世纪后,如何将薪酬管理与公司战略结合起来,通过报酬体系来支撑战略,是公司在薪酬管理方面所遇到的最大的挑战。"这是 Hay 管理咨询公司在对未来薪酬管理趋势的一项研究报告中得出的结论。在传统的薪酬管理中,很多公司往往把目光和精力投向了薪酬管理的技术层面,更加关注薪酬基本制度的设计以及相关的方法。而对于其薪酬制度是否能够为公司赢得竞争优势,支持公司战略目标的实现等问题,则很少真正地去思考。这样,就使公司陷入一个"错把手段当目的"的误区。

在现实的管理实践中,战略是公司关于其经营方向及相应目标的选择,回答的是"做什么"的问题,这是整个组织层次的决策;而具体到各业务部门,则回答的是"怎么做"的问题,即组织如何赢得和保持竞争优势,以在竞争中取胜;具体到人力资源管理部门,则其回答的问题是"人力资源体系应如何设计,人力资源管理应如何进行,以支持组织经营目标的实现";接下来,具体到人力资源管理中的薪酬管理,组织就需要考虑即"薪酬管理如何为组织赢得竞争优势,支持组织经营目标的实现”,这也就是战略性薪酬管理所关注的问题。因此,战略性薪酬管理的有效性,体现在其对组织战略目标实现的有效支持上。

(一)战略性薪酬管理的内涵

战略性薪酬管理由一系列战略性薪酬决策构成,这些薪酬决策相互影响,形成公司的薪酬战略。主要包括以下五个方面。

(1) 薪酬目标。即薪酬应怎样支持和推动公司战略目标的实现,薪酬如何实现与外界环境(如竞争环境、法律环境、社会环境等)的协调。

(2) 内部一致性。即本公司内部的薪酬体系如何体现工作性质、技能或能力水平之间的差异。

(3) 外部竞争性。即本公司在劳动力市场上的薪酬水平应如何定位,以赢得竞争优势。

(4) 员工贡献的认可。即加薪的依据是什么。是个人绩效还是团队绩效,是个人技能和能力的提高,还是职位的晋升,或仅仅是生活成本的上升。

(5) 薪酬管理政策。即谁负责设计和管理薪酬系统。对员工而言,薪酬决策的透明度如何。

(二)建立整体薪酬规划的步骤

(1) 全面评价公司内外部环境对薪酬的影响。外部环境包括公司所面临的社会环境、政治环境、经济形势以及竞争环境等,内部环境包括公司战略、组织文化和价值观、公司内部员工不同的需要等。在有些国家,工会在薪酬决策中扮演了非常重要的角色,因此,工会也是应考虑的一个重要因素。

(2) 根据公司内外部环境,制定薪酬决策,形成薪酬战略。薪酬决策包括前文所提到的薪酬目标、内部一致性、外部竞争性、认可员工贡献和薪酬管理政策五个方面的问题。

(3) 制定相应的薪酬系统来实现薪酬规划。薪酬规划是关于薪酬系统设计的理念和原则,只是提供的一种导向。因此,就需要通过具体的薪酬系统的建立和贯彻执行,来将理念转化为实践。

(4) 评价和调整薪酬系统以使其适应不断变化的内外部环境。公司的内外部环境是不断变化的,为了确保公司薪酬战略及相应的薪酬系统与公司战略的匹配,与内外部环境协调,定期对薪酬进行重新评估和调整是非常必要的。

第二节　薪酬体系及其方案设计

一、薪酬体系概述

对于薪酬体系,可以从广义和狭义两个方面理解。从广义来说,薪酬体系由决定员工所获得的总薪酬水平及其各部分构成比例的所有薪酬组成。狭义来说,薪酬体系则仅指基本工作薪酬的决定体系。本章使用的是薪酬体系的狭义定义。

由于基本薪酬是薪酬构成中相对稳定的收入，它为员工提供最基本的经济保障，因此，基本薪酬体系在整个薪酬制度中，也是非常重要的部分。基本薪酬如何决定、基本薪酬在薪酬构成中的比例大小等，反映了企业文化和公司薪酬管理的理念，同时，也是公司实现内部一致性的重要手段。

如前所述，目前普遍存在有三种基本薪酬体系。其中，职位薪酬体系以工作本身为确定本薪酬的依据，是目前运用得最广泛的一种薪酬体系。另外还有技能和能力薪酬体系，分别以员工所掌握的技能和所拥有的能力为确定基本薪酬的依据，是以人为基础的薪酬体系。

（一）职位薪酬体系

1．职位薪酬体系简介

职位薪酬体系，是指根据职位在公司内的相对价值，而为在该职位工作的员工支付相应薪酬的一种基本薪酬决定制度。

在公司中，不同职位由于其涵盖的职责和责任不一样，对人的技能和能力的要求不一样，它对于公司的价值和重要性也是不一样的。因此，在不同职位上工作的员工，应该根据他们所从事的工作对公司的贡献程度，来领取相应的报酬。在这种薪酬制度下，基本薪酬的确定基本上只考虑工作本身的因素，而对于个人所具有的技能或能力，则很少考虑。

2．职位薪酬体系的适用条件

（1）职位的职责和责任必须明确，而且是相对固定的。公司各项职位的职责和责任明确了，才能对这些职位进行工作分析，从而对其在公司中的相对价值进行判断。而只有职位的职责和责任相对固定，这一相对稳定的薪酬体系才有存续的基础。

（2）公司中有相对较多的职位等级。在职位薪酬体系中，员工要获得薪酬的增长，主要依靠职位的晋升。因此，公司必须通过相对较多的职位等级，为员工提供较多的职位晋升机会；否则，员工晋升的机会少，薪酬增加的空间小，会严重挫伤员工的工作积极性。

（3）有按工作能力安排工作岗位的制度。职位薪酬体系实际上暗含了这样一个前提，即在某一工作岗位上工作的员工恰好拥有该工作岗位所要求具备的能力水平。否则，个人能力不足，则不足以担任相应工作；个人能力超过岗位要求，则会产生不公平。因此，在这一体系中，随着个人知识、技能和能力的提高，其职位也会相应提升。

3．职位薪酬体系的评价

职位薪酬体系的优点：

（1）采用同工同酬的方式，较好地实现了内部公平；

（2）将薪酬的增长与职位的晋升联系起来，可以激励员工更加努力地工作以获得晋升的机会；

（3）按照职位体系进行薪酬管理，操作简单，管理成本低。

职位薪酬体系存在的缺点：

（1）可能因为晋升机会小而影响员工的工作积极性，由于将薪酬与职位直接挂钩，没有晋升机会的员工，就没有相应的薪酬增加，这样必然会影响员工的工作积极性；

（2）相对稳定的制度可能不利于对变化作出迅速反应，也不利于灵活地吸引和留住关键人才。

（二）技能薪酬体系

1. 技能薪酬体系简介

技能薪酬体系指公司根据员工所掌握的技能支付相应薪酬的一种基本薪酬决定制度。这种薪酬制度适合于所需技能比较容易被界定出来的技术型员工公司。

近年来，技能薪酬体系的运用已经越来越广泛，成为一种重要的薪酬决定模式。据统计，在1985年时，只有大约8%的美国公司报告说自己至少在下属的某一个工厂中实行了技能薪酬计划，而到1990年左右，在对《财富》500家制造业公司以及《财富》500家服务业公司进行调查的结果发现，51%的公司报告说自己实行了某种形式的技能薪酬计划。

技能薪酬体系通常又可以划分为深度技能体系和广度薪酬体系。两种薪酬体系对于员工技术发展方向的导向是不一样的。深度技能体系鼓励员工成为“专家”，要求他们在掌握某一类职位所要求的简单技能的同时，还要能够从事一些技能要求较高的工作。广度薪酬体系则鼓励员工成为“通才”，要求他们在具有某一类职位所要求的技能的同时，还要掌握其上游职位、下游职位或同级其他职位所要求的一般性技能。

2. 技能薪酬体系的评价

技能薪酬体系的优点：

（1）为专业技术人才提供了专业领域的职业发展通道，有利于留住专业技术人才，同时，还可以避免公司出现“多一个平庸的管理者，少一个优秀的技术专家”的现象；

（2）将员工所获得的薪酬与其所具有的技能联系起来，激励员工努力提升自己的知识和技能水平；

（3）员工知识技能水平的提高，也有利于对变化（特别是人员配置方面的变化）作出迅速反应，提高公司灵活性。

技能薪酬体系的缺点：

（1）技能薪酬体系要求公司对人力资源特别是培训给予更多的投资；

（2）技能薪酬体系的设计和管理都比较复杂，管理成本高。

（三）能力薪酬体系

能力薪酬体系，指公司根据员工所拥有的绩效行为能力支付相应薪酬的一种基本薪酬制度。绩效行为能力指达到某种绩效或表现出有利于绩效完成行为的能力。

能力薪酬体系实际上是技能薪酬体系的一种延伸，很多方面跟技能薪酬体系相似，这里不再赘述。但是，相对来说，能力比技能更加抽象，因此对于能力的界定和区分也就更加困难。目前，实际操作中通常将能力划分为三个层次：第一个层次是核心目的，指为了达到公司目标，其成员所必须具备的核心素质；第二个层次则是将核心能力转化为一些行为特征，这样便于观察；第三个层次则是将这些行为特征进行等级划分和定义。这样，不同职位对于能力的要求，可以转换为相应行为指标，从而形成一个指标体系。

二、薪酬体系设计

公司薪酬体系的设计，通常要考虑两个方面的问题：一是薪酬的内部一致性，主要通过职位评价来实现；二是薪酬的外部竞争力，主要通过薪酬调查来实现。公司在建立薪酬体系的过程中，尽量要在这两者之间寻求一个平衡。尽管如此，不同公司或同一公司内的不同职位等级，对于薪酬的外部竞争力和内部一致性考虑的侧重点也会不同。下面将以职位薪酬体系的设计流程为例进行介绍。

薪酬体系设计的第一个流程是工作分析。通过工作分析，收集工作信息，明确各职位的职责和责任，编写工作说明书。由于本书第二章对这个问题进行了详细的阐述，这里就不再赘述，直接从第二个流程——职位评价开始。

（一）职位评价

职位评价，指公司根据对职位之间相对价值的评价，建立一个职位等级结构的过程，职位评价的目的，是通过对每一职位的职责、责任等的相互比较，按照职位对公司的贡献，公平地确定各职位的薪酬水平。进行职位评价，首先要考虑以下两个问题：一是评价哪些职位；二是选用哪种职位评价方法。

一般来说，职位评价不可能对公司所有的职位都进行评价，特别是对于职位数量非常多的大型公司更是如此。因此，就要选择在职能、等级等方面都有代表性的关键性职位，对其进行评价。而非关键性的职位，则通过与关键性职位的挂钩，进行职位等级和薪酬等级的划分。

职位评价方法有很多种，具体可以分为非量化评价法和量化评价法。非量化评价法有排序法、分类法等，量化评价法有要素计点法、要素比较法等。

1. 排序法

排序法有简单排序法、交替排序法和配对比较排序法三种。评价工作可以由熟悉所有职位内容的某一个人进行，也可以由这些人组成一个工作委员会来进行。

（1）简单排序法：指按照职位在公司中的相对价值或重要性大小，简单地将公司所有职位从高到低或从低到高进行排序。这是最早，也是最简单的一种方法。

（2）交替排序法：指按照职位在公司中的相对价值或重要性大小，从所有待评价职位中选出一个最高职位，再选出一个最低职位。然后，在剩下的待评价职位中，再选出一个最高职位，选出一个最低职位，如此循环，直到所有的职位排列完为止。

（3）配对比较排序法：指按照职位在公司中的相对价值或重要性大小，将每项职位与其他职位逐一比较，然后根据职位的最终得分排定职为顺序。如表 8－1 所示分别将表列中的职位与表行中的职位进行比较，如果行中的职位比列中的职位重要，则在对应方格中标“√”；相反，

表 8－1　配对比较排序法举例

	A	B	C	D	E	F	总计
A	–	√	√	√	√	√	5
B	×	–	√	√	√	√	4
C	×	×	–	×	×	√	1
D	×	×	√	–	×	√	2
E	×	×	√	√	–	√	3
F	×	×	×	×	×	–	0

如果列中的职位比行中的职位重要，则在相应的方格中标“×”，最后，统计列中各职位所得的“√”个数，根据统计结果对职位进行排序。“√”最多表明该职位最重要，依此类推。则表 8－1中，最重要的职位是 A 职位，而最不重要的职位是 F 职位。

排序法的优点在于简单、快捷，费用较低。但是，其缺点也很明显。首先，由于只是笼统地从整体上对职位的相对价值进行判断，受个人主观意志影响较大。其次，排序结果只是解释了职位之间的相对重要性，而具体差异的大小，则无法解释。最后，仅仅适用于职位较少的小型公司，一般来说不能超过 15 个。

2. 分类法

这是预先设置职位等级，然后将具体的职位归入对应等级的一种评价方法。具体做法如下。

首先，根据公司内职位类型的多少，职位之间差异的大小以及公司薪酬理念等因素，决定合适职位等级数量。

其次，界定各职位等级，编写职位等级定义。由于不同职位等级包含各种不同类型的职位，因此职位等级定义对职位特征的描述，一般都是比较宽泛的。一般包括职位内容的简单描述、任务的复杂程度、任务的重要程度、对知识和技能的要求和所实施或接受的监管等。

再次，将公司内所有职位进行分类，如管理类、研发类、营销类、操作类等等，再将每个工作类别进行等级划分，并编写相应职位等级标准。例如，技术类的职位级别系统如下。

技术 1 级：简单操作，无特殊技能要求，无监管下属职责。

技术 2 级：简单工作，要求初级技工，有监管下属职责。

技术 3 级：中等复杂工作，要求中级技工，有监管下属职责。

技术 4 级：复杂性工作，要求高级技工，有监管下属职责。

最后，可以根据各类各级职位类别的相对价值或重要性程度分别归入公司事先确定的工作等级内，如表 8－2 所示。

表 8－2　分类法举例

工作等级	工作等级中的工作类型	等级分类标准
6 级	总经理	1 级：从事简单工作，通常处理程序性的问题。非程序性问题的处理一般需要交给其主管人员处理，除直接工作部门的同事和上司外，与外界接触很少。要求从事这一级工作的人员具备基本的技术和能力，并了解自己所从事的工作的办事程序
5 级	经理	
4 级	经理	
	技术 4 级	
3 级	主管级	
	技术 3 级	
	销售 2 级	
2 级	职员 2 级	
	技术 2 级	
	销售 1 级	
1 级	职员 1 级	
	技术 1 级	

分类法简单、快捷，容易管理。一旦这一等级体系建立起来，就很容易将大量职位纳入这一系统。当职位内容发生变化，或出现新的职位时，也很容易将其归入相应类别。这一方法尤其适用于存在大量相似职位的公司。

这一方法也有其缺点：首先，很难建立起通用的职位等级定义，特别是在职位类型较多，职位差别较大的复杂性公司中，难度就更大；其次，跟排序法一样，分类法也不能解释不同职位之间的具体差异的大小。

3. 要素计点法

这是根据各职位在预先设置的报酬要素上的得分，来判断它们相对价值的一种量化的职位评价法。

步骤一：选取报酬要素并对其进行定义。报酬要素即各职位中所包括的有助于公司目标实现的要素。常见的报酬要素有以下四种：工作技能、努力程度、工作责任和工作条件。通常情况下，在主要报酬要素选定以后，还会选择其相关子要素。如工作技能的子要素会包括专业知识、技术水平、经验等。报酬要素选定以后，还要对报酬要素进行定义，如表 8－3 所示。

步骤二：对每一报酬要素进行等级划分。等级划分的依据是公司中各职位在该报酬要素上的差异程度。差异越大，则报酬要素的等级数量越多。表 8－3 给出了一个关于技术水平要素定义及等级划分的例子。

步骤三：确定各报酬要素的权重。根据各报酬要素在整个评价体系中的重要程度，确定其所占的百分比。如表 8－4 所示前两列。

步骤四：确定各报酬要素及其内部各等级的点值。首先，要确定整个评价体系的总点数。一般来说，待评价的职位数量越多，总点数就越大。然后，根据各报酬要素所占权重，计算出各报酬要素相应的点数。最后，确定每一报酬要素内部各等级的点值。这一过程可以来取经验

表 8-3 外部沟通定义界定及等级划分

要素名称:外部沟通 要素定义:主要指职务要求的与直接工作部门以外的人员交往的强度。其主要依据与外界交往的程度和所要解决问题的重要性进行判断	
等级	等级定义
1	除直接工作部门的同事和上级外,极少与外界交往
2	与外界较少接触,沟通量不大
3	与外界有中等程度交往,解决常规性的问题
4	与外界有中等至频繁程度交往,一般解决常规性问题涉及少数非常规性问题
5	与外界有频繁交往,要求解决大量非常规性问题

判断的方法,但是为了保证评价的客观性,一般采用等比或等差等有规律的方法,如表 8-4 所示。

表 8-4 报酬要素等级点数确定

报酬要素	报酬要素权重/(%)	对应总点数	等级划分	等级点数
决策	25	250	1	50
			2	100
			3	150
			4	200
			5	250
监督管理责任	25	250	1	50
			2	100
			3	150
			4	200
			5	250
知识	20	200	1	40
			2	80
			3	120
			4	160
			5	200

表 8-4 （续）

报酬要素	报酬要素权重/(%)	对应总点数	等级划分	等级点数
技能	10	100	1 2 3 4 5	20 40 60 80 100
任务的复杂性	15	150	1 2 3 4 5	30 60 90 120 150
工作条件	5	50	1 2 3 4	14 26 38 50
合计	100	1 000	–	–

实际上，表 8-4 是以要素计点法建立的一个评价标准体系。

步骤五：运用报酬要素评价标准体系，评价各待评价职位，并根据评价结果建立职位等级结构。在进行评价时，评价者要考虑被评价的职位在各个报酬要素上所处的等级，然后加和这些等级所对应的点数，就得出该职位所获得的总点数，即最终评价结果，如表 8-5 所示。待所有待评价职位的总点数都计算出来以后，根据点数的大小对所有职位进行排列。

表 8-5 对某职位的评价过程及其结果

职位名称：* * * * * *		
报酬要素	报酬要素等级	点值
决策	4	200
监督管理责任	2	100
知识	3	120
技能	2	40
任务的复杂性	4	120
工作条件	1	14
合计	–	594

相对于非量化的职位评价方法，要素计点法有其明显的优点。首先，计点法的评价结果更加精确，且能够解释不同职位之间差异的大小，更容易被员工接受。其次，通过相同的评价体系，可以对不同类型的职位进行比较。正是由于这些优点，目前，这一方法成为运用得最为广

泛的职位评价法。

这一方法的缺点是成本高,方案的设计和应用需要投入相对较多的时间和资金。

4. 要素比较法

这是根据与标准职位付酬因素的比较,确定其他职位薪酬水平的一种量化的职位评价法。其具体做法如下。

步骤一:选择报酬要素。通过进行全面的工作分析,在得出标准、规范的职位说明书的基础上,根据公司的具体情况,选择报酬要素。在要素比较法中,常用的因素有技能、智力、体力、责任和工作条件等。

步骤二:选择典型职位并确定典型职位的薪酬水平。典型职位一般具有以下特征:① 职位内容众所周知、相对稳定,且得到从事该职位雇员的广泛认可;② 这些职位的供求相对稳定,且不受最近变化的影响;③ 这些职位能代表当前所研究的完整的职位结构;④ 这些职位上有相当数量的劳动力被雇佣。典型职位必须能够代表公司的职位结构,要覆盖到公司职位结构的各个类别和各个级别。在确定典型职位后,公司还要根据外部市场状况和公司实际情况,为这些典型职位定价。

步骤三:在每一个报酬要素上,对所有的典型职位进行排序。如表 8-6 所示,以对技能的要求来说,职位 A 对技能的要求最高,职位 C 对技能的要求最低;而从对体力的要求来说,职位 B 的要求最高,职位 A 的要求则最低。

表 8-6 典型职位在各个报酬要素上进行排序的举例

	技能	智力	体力	责任	工作条件
职位 A	1	1	2	1	2
职位 B	2	3	1	2	1
职位 C	3	2	3	3	3

步骤四:确定各典型职位每一报酬要素的薪酬。如表 8-7 所示,将步骤二确定的典型职位的薪酬水平,按照各要素对职位的重要性,分配到各要素上去。

表 8-7 按报酬要素分配薪酬举例

	技能	智力	体力	责任	工作条件	合计月薪/元
职位 A	800(1)	520(1)	200(2)	400(1)	80(2)	2 000
职位 B	360(2)	120(3)	360(1)	120(2)	240(1)	1 200
职位 C	320(3)	240(2)	80(3)	80(3)	80(3)	800

步骤五:对比步骤三和步骤四的两种排序结果,剔除不适合的典型职位。一般来说,步骤

三和步骤四所得出的各典型职位在各个报酬要素上的两种排序结果应该是一致的。如果差异太大,则该职位就不适合成为典型职位,应该剔除掉。

步骤六:建立典型职位报酬要素等级基准表,如表 8－8 所示。

表 8－8　报酬要素等级基准表举例

	技能	智力	体力	责任	工作条件
880					
840					
800	职位 A				
760					
720					
680					
640					
600					
560					
520		职位 A			
480					
440					
400				职位 A	
360	职位 B		职位 B		
320	职位 C				
280					
240		职位 C			职位 B
200			职位 A		
160					
120		职位 B		职位 B	
80			职位 C	职位 C	职位 A,C
40					
00					

步骤七:根据典型职位报酬等级基准表来确定其他职位的薪酬水平。如职位 D 对技能的

要求介于职位 B 和职位 C 之间，则其在这一要素上的薪酬可以确定为 340 元；同样地，确定职位 D 在其他四个要素上的薪酬分别为 180 元、220 元、100 元、160 元，则职位 D 的月薪为五个要素上的薪酬的总和，即 1 000 元。

要素比较法作为一种系统的量化职位评价法，比较客观，也比较准确；同时，比较容易向员工解释。但是，这一方法非常复杂，既耗费时间、精力，也耗费金钱。因此，在实践中这一方法并不常用。

（二）进行市场薪酬调查

所谓市场薪酬调查，就是公司人力资源部门通过收集、处理信息来了解市场薪酬状况的过程。如前所述，公司人力资源部门在建立薪酬体系的过程中，不仅要关注薪酬的内部一致性，还要关注薪酬的外部竞争力。公司人力资源部门必须提供不低于市场平均水平的薪酬，才能够保证公司对人才的吸引力。薪酬调查具体做法如下。

1. 调查之前要考虑的问题

调查之前应考虑：调查的目的是什么，调查是否有必要，调查采用哪种方式。

薪酬调查的目的不同，相应所需要的薪酬信息也会不一样，从而是否有必要进行调查，调查的职位、目标公司以及内容等的选择都会不一样。因此，公司必须首先明确这一问题。公司进行薪酬调查的目的一般包括① 了解竞争对手的薪酬水平，以便进行相应调整，保持本公司薪酬的竞争力；② 调整本公司的薪酬结构；③ 收集与薪酬有关的如保险、休假等相关信息。

在我国改革开放经历了 30 多年的今天，市场经济的发展得到极大的提高，我国每年都有很多机构进行各式各样的薪酬调查，例如，中国统计年鉴、中国科技统计年鉴和我国各省市的统计年鉴都可以查到。因此对于人力资源管理部门来说，国内各省、市的薪酬调查数据已经完全可以满足人力资源管理部门的需要，原则上就可以利用可以查到数据，但是，这种数据具有延迟性，最早也只能是前一年的数据，尤其要引起注意的是，在选择和利用任何一种统计年鉴的薪酬信息时，应注意信息对于自己公司的适用性。

如果现有的薪酬信息不能满足人力资源管理部门的需要，或者需要近期的数据，则需要考虑由谁来做调查的问题。可以考虑自己来做薪酬调查，也可以考虑聘请商业咨询公司来做，也可以采取人力资源管理部门主持，由商业咨询公司配合的方式来得到近期的薪酬信息。

2. 选择需要调查的职位

考虑到调查的费用和时间，人力资源管理部门也不可能对市场中所有的职位都进行调查。因此，根据调查的目的，公司首先需要确定需要调查的职位的级别和类型，然后，在准备调查的职位级别和类型范围内，选择典型职位进行调查。需要注意的是，在典型职位选定以后，最好提供一个关于典型职位的职位描述。这样，有利于提高调查的准确性。

3. 界定相关劳动力市场并确定调查的目标公司及其数量

现实中，公司在多个人力资源市场进行竞争。因此，公司人力资源管理部门需要根据薪酬调查的目的，界定相关劳动力市场，确定调查的范围。相关劳动力市场可能包括这样一些人力资源管理部门:与本公司竞争从事同一职业或具有相同技能的员工的另一公司,与公司在同一地理区域内竞争员工的其他公司,或与本公司竞争同类产品或服务的其他公司等。

虽然从统计学的角度来说,样本越大,参与调查的公司人力资源管理部门越多,所获得的信息就越接近真实情况。但是出于时间和预算方面的考虑,参与调查的目标公司人力资源管理部门数量又不可能太多。因此,公司人力资源管理部门应综合考虑调查的目的、预算、时间等因素,来选择调查的目标及其数量。

4. 选择需要调查的项目

调查项目的选择也是由调查目标决定的。一般来说,薪酬调查包含的项目有公司性质、市场需求、规模等方面的信息,典型薪酬构成方面的信息包括基本薪酬及其结构、可变薪酬的水平及形式、补充福利计划等,典型职位的职责、责任大小及在职者的个人信息,以及薪酬政策方面的信息等。

5. 进行薪酬调查

一般来说,需要首先设计好调查问卷,调查问卷应该包括所选定的所有调查项目。问卷调查时,可以采取面谈、网络交流或电话访谈的方式,也可以采取邮寄调查问卷的方式等。

6. 处理调查结果

首先要对收回的调查问卷进行审核,确定调查数据的有效性,剔除不合格的问卷。然后运用统计学处理方法,对问卷数据进行处理,得出相关市场薪酬的信息。

(三)将内部薪酬结构与外部市场薪酬水平结合起来

以要素计点法为例,通过职位评价,我们获得了有关职位结构的点数;通过薪酬调查,我们获得了相应典型职位的市场薪酬水平。我们用纵轴代表市场薪酬水平,用横轴代表职位评价点数,则可以得到如图 8-1 所示的散点图。

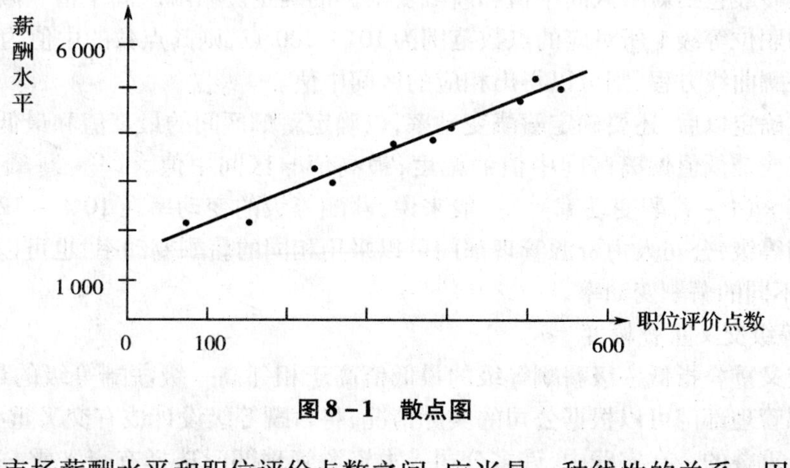

图 8-1　散点图

一般来说,市场薪酬水平和职位评价点数之间,应当是一种线性的关系。因此,可以通过最小二乘法对这两组数据进行拟合,得到薪酬曲线。假设 Y 为市场薪酬水平数据,X 为职位评价点数,则可以通过计算,得出薪酬曲线方程:$Y=a+bX$,其中,

$$\begin{cases} a=\dfrac{\sum X^2\cdot\sum Y\cdot\sum XY}{n\sum X^2-(\sum X)^2} \\ b=\dfrac{n\sum XY-\sum X\sum Y}{n\sum X^2-(\sum X)^2} \end{cases}$$

上述薪酬曲线方程是根据市场平均薪酬水平建立的,因此,公司应该根据自己的薪酬政策,对薪酬曲线进行调整。如果公司实行的是领先型的薪酬政策,则应该将薪酬曲线向上平移,平移的幅度取决于公司领先于市场平均水平的幅度,则相应的公司薪酬曲线方程为 $Y=a'+bX(a'>a)$;相反,如果公司实行的是滞后型薪酬政策,则应该将薪酬曲线向下平移,相应的公司薪酬曲线方程为 $Y=a'+bX\ (a'<a)$;如果公司实行的是跟随型薪酬政策,则薪酬曲线不移动,薪酬曲线方程不变。

(四)划分薪酬等级

如前所述,公司不可能对所有的职位进行职位评价和市场薪酬调查,也不能为每一个职位确定一个薪酬水平。因此,为了方便管理,在薪酬曲线确定以后,公司还要进行薪酬等级的划分。一般包括三个方面的内容。

1. 划分职位等级

职位等级划分的依据主要是职位评价的结果。同一等级中的职位,其职位评价结果应该是接近的。要素计点法则可以通过点数范围的划分来划分职位等级,如以 100 点为一个等级变动幅度。

2. 确定薪酬变动幅度

这一过程一般包括薪酬区间中值和薪酬变动率的确定。薪酬区间中值一般根据市场薪酬水平确定。如职位等级 1 所对应的点数范围为 101 ~ 200 点,则其点数的中值为 150 点,将 150 代人公司的薪酬曲线方程,则可以得出相应的区间中值。

区间中值确定以后,还要确定薪酬变动率,以确定薪酬区间的最高值和最低值。薪酬变动率表示最高值或最低值偏离区间中值的幅度,最高值 = 区间中值 ×(1 + 薪酬变动率),最低值 = 区间个值 ×(1 - 薪酬变动率)。一般来说,薪酬等级的变动率在 10% ~ 120%。当然,对于不同的薪酬等级,公司人力资源管理部门可以采用相同的薪酬变动率,也可以根据公司的实际情况,采用不同的薪酬变动率。

3. 设定等级交叉重叠幅度

等级的交叉重叠指低一级薪酬等级的最低值高于相邻高一级薪酬等级的最低值的情况。公司人力资源管理部门可以根据公司的实际情况,将薪酬等级设计成有交叉重叠的,也可以设计成没有交叉重叠的。在实践中,许多公司人力资源管理部门选择有交叉重叠的薪酬结构设计。因为薪酬等级的交叉重叠,意味着除了晋升,低一级的员工还可以因为技能或绩效等的提

高会获得与高一等级员工同样的薪酬水平,从而减少了因晋升机会不足而在员工中造成的不良影响。

第三节　可变薪酬——对员工绩效的奖励

可变薪酬是根据员工是否达到或超过某一事先确立的个体、部门、团队或整个公司的绩效标准而浮动的报酬。相对来说,可变薪酬在薪酬构成中,是激励性最强的一种薪酬形式,在战略性薪酬管理的理念下,可变薪酬在整个薪酬系统中作用越来越重要。

对于可变薪酬计划,我们一般可以从两个角度来进行分类。根据可变薪酬计划所激励的对象来看,可以分为个人可变薪酬计划和群体可变薪酬计划;从可变薪酬计划所涉及的时间来看,可以分为短期可变薪酬计划和长期可变薪酬计划。

一、个人可变薪酬计划

个人可变薪酬计划,指根据员工个人是否达到某一确定的绩效标准,来提供奖励的一种报酬制度。事实证明,个人可变薪酬计划能够有效激励员工提高生产率、降低生产成本,从而可以提高员工个人的薪酬收入。但是,在知识经济的今天,公司发展的成功越来越依赖于团队的合作,个人可变薪酬计划在实际中的运用有削弱的趋势。个人可变薪酬计划主要有以下几种形式。

(一)计件计划

计件计划即以员工个人的产出水平来支付相应薪酬的一种报酬制度。具体又可以分为以下几种形式。

1. 直接计件计划

这种计件计划首先确定单位产品的工资率,然后根据员工的实际产出数量来计算员工应得的报酬。显然,在这种制度下,员工所获得的收入直接取决于其生产率,这必然对员工产生极大的激励效应。但是,在实践中,工资率的确定往往是一件比较困难的工作;同时,员工又容易会只追求产品的数量,而忽视对质量的精益求精。尽管如此,这仍是目前运用得最为广泛的一种可变薪酬计划。

2. 差额计件计划

差额计件计划主要包括泰勒差额计件计划和莫里克多级差额计件计划。泰勒制的主要内容为:首先制定一个预定的产量标准,对于低于标准产量的员工,实行低工资率,而对于高于标准产量的员工,则实行较高的工资率。显然,相对于直接计件计划,这种制度的激励效应更大。

相对于泰勒制的两种工资率,莫里克多级差额计件计划包括了三种计件工资率:假定完成标准任务83%以下的员工,适用的工资率为R,则完成标准任务83%～100%适用的工资率是$1.1R$;完成标准任务100%以上的则适用$1.2R$的工资率。

（二）计时计划

计时计划即以员工完成工作的时间来支付相应薪酬的一种报酬制度。具体有以下几种形式。

1. 标准工时计划

这种计划首先确定完成某种工作任务的标准时间及相应的工资率。当员工在标准时间内完成工作任务时，仍然获得按标准工资率计算的工资。工作时间缩短，实际上也就相当于既定时间内的工资率提高。显然，这种制度对于激励员工缩短工作时间，提高生产率，有很大的激励作用。

2. 以标准工时为基础的收益分享计划

该计划主要包括海尔塞 50-50 奖金制和罗曼奖金制。

海尔塞 50-50 奖金制的主要内容为：如果员工在低于标准工时的时间内完成了工作任务，则员工可以分享因节约时间而产生的收益的一半。

罗曼奖金制与海尔塞奖金制的不同之处在于，随着所节约时间的增加，员工因节约时间而获得的收益分享比例也逐渐上升。如某项工作任务的标准工时为 5 小时，某位员工只用 4 个小时就完成了工作任务，他可以获得因节约时间而产生收益的 20%；如果只用了 3 个小时就完成了工作任务，他可以获得的奖金就是因节约时间而产生收益的 40%。

（三）佣金计划

佣金计划一般用于销售行业，即以销售人员所获得的总销售收入的一定比率来计发奖金的一种报酬制度。一般有以下几种形式。

1. 单一佣金计划

其薪酬计发公式为：

收入 = 产品单价 × 提成比率 × 销出产品数量

2. 混合佣金计划

其薪酬计发公式为：

收入 = 底薪 + 产品单价 × 提成比率 × 销出产品数量

3. 超额佣金计划

其薪酬计发公式为：

收入 =（销出产品数量 - 定额产品数量）× 产品单价 × 提成比率

（四）一次性可变薪酬计划

一次性可变薪酬计划即指根据员工的绩效考核结果，一次性给予员工基本薪酬一定百分比的奖金。一次性可变薪酬绩效考核的周期比较随意，可以按月、按季度，也可以按年度计发。例如，某位员工的基本薪酬为 3 000 元，月绩效考核为优秀，则按照规定，公司计发其基本薪酬 6% 即 180 元作为其一次性奖金，他以后各月的基本薪酬还是 3 000 元。

绩效加薪与一次性可变薪酬有明显的区别。绩效加薪属于基本薪酬范畴，是基本薪酬增长的因素之一。在绩效加薪计划下，如果某位员工的基本薪酬为 3 000 元，其第一年度绩效加薪的比率为 6%，则第二年度其基本薪酬就是 3 180 元。因此，与一次性可变薪酬相比，绩效加薪有以下三个特点：其一是对于公司来说，绩效加薪有累积效应，会给公司未来造成较大的成本压力；其二是绩效加薪的周期一般较长；其三是绩效加薪可能会导致某些员工的基本薪酬超过其等级的薪酬区间，影响公司薪酬制度的规范性。因此，对于公司来说，一次性可变薪酬的优势是很明显的。而对于员工来说，从长远来看，则更愿意选择绩效加薪，长期绩效加薪累积的数额会比一次性可变薪酬高很多。

二、群体可变薪酬计划

顾名思义，群体可变薪酬计划是指以部门、团队或整个公司的绩效为标准，来支付奖金的一种报酬制度。群体可变薪酬计划促使员工更多地从整体绩效角度来思考问题，促进团队合作，从而有利于整体目标的实现。在知识经济的今天，公司成功越来越依赖于团队合作，它在实践中的运用也越来越广泛。但是，群体可变薪酬计划也有一个非常重大的潜在问题，即经济学上所说的"搭便车"的行为。因此，在实践中，群体薪酬计划最好还是要辅以对个人绩效的考查，奖金在个人之间的分配，并不一定要绝对平均，适当考虑个人绩效效果会更好。群体可变薪酬计划主要有以下几种形式。

（一）利润分享计划

利润分享计划是指按照某一事先设计好的公式，在公司达到某种绩效指标（通常是公司的利润）时，向员工计发奖金的一种报酬制度。利润分享计划一般包括三个方面的内容。其一是员工能够分享的奖金数量。一般来说，公司会规定在利润达到一定标准时，员工可以分享公司整个利润或超过标准的部分利润的一定百分比。其二是奖金的分配方式。公司通常会采取平均分配或以职位级别等进行分配。其三是奖金的支付形式。一般有现金支付、与养老金相联系的延期支付、两者相结合的混合制三种形式。

利润分享计划有利于引导员工关注公司整体发展，团结合作以获取较高的利润，同时，也有利于公司根据经营状况灵活地控制成本。但是，利润分享计划的缺点也很明显。对于大多数员工来说，其努力工作对于公司利润增加并没有直接的影响，因此这一计划对于员工的激励效应就不会很大。相对来说，利润分享计划更适用于小型公司或大型公司中的小型经营单位。

（二）收益分享计划

收益分享计划是指按照某一事先设计好的公式，员工可以分享公司因生产率提高、成本节约和质量提高而带来的收益的一种报酬制度。比较典型的收益分享计划有斯坎伦计划、拉克计划等。

相对于利润分享计划，收益分享计划有其自身明显的特点。首先，收益分享计划使用的是某一部门或团队的绩效指标，其激励性更强，由于它与生产率、产品质量和成本节约等指标联系在一起，对于员工来说，相对于利润，这些具体的指标更容易被他们看成是他们可以控制的，员工的工作积极性也就更高。其次,收益分享计划奖金支付的周期更短,更为频繁,能够对员工的绩效进行及时的奖励,强化效应更强。

(三)成功分享计划

成功分享计划又被称为目标分享计划,指首先为某个经营单位制定一整套绩效目标,然后根据目标完成的情况进行奖励的一种报酬制度。

与利润分享计划、收益分享计划相比,成功分享计划有其自身明显的特点。首先,成功分享计划关注的目标是部门或团队层次上的广泛绩效指标体系,既包括财务指标,又包括质量、客户满意度、流程等各方面绩效的改善。而利润分享计划关注的主要是公司层次的利润指标,收益分享计划则主要关注部门或团队层次与成本有效性相关的财务指标。其次,成功分享计划通过上下级一起共同参与目标的制定,使员工对于这一计划的内容、自身努力与这一计划实现之间的关系等更加了解,从而激励效应更大。

三、短期可变薪酬计划与长期可变薪酬计划

根据可变薪酬计划所涉及的时间,可以将其分为短期可变薪酬计划和长期可变薪酬计划两种。

(一)短期可变薪酬计划

短期可变薪酬计划指根据员工短期(一般周期在一年以内)绩效目标完成的情况而提供奖励的报酬计划。上文介绍的个人绩效计划与群体绩效计划所涉及的周期基本都在一年以内,因此,都属于短期可变薪酬计划的范畴。

短期可变薪酬计划由于涉及的时间周期短,因此频率相对较高,而且又非常及时,这样,可以对员工有利行为进行及时的强化,使其保持工作积极性,从而促进短期目标的实现。但是,短期可变薪酬计划也有明显的缺点,即可能造成员工的短视,使其为了实现短期的绩效目标而损害公司长期的利益。

(二)长期可变薪酬计划

长期可变薪酬计划则指根据员工跨年度绩效目标实现的情况,提供相应奖励的报酬计划。长期可变薪酬计划主要采取股票所有权计划的形式,但也有其他的一些经济形式,如按照某一跨年度项目完成的情况,其工作团队可以获得项目收入一定百分比的提成。

股票所有权计划指通过股票的形式,对员工跨年度绩效目标的实现提供奖励的报酬计划。传统的股票所有权计划一般都只针对公司的高层管理人员,以促使他们关注公司长远的发展。但20世纪80年代以来,员工持股开始逐渐流行。虽然员工并不能看到自己努力工作与公司股票价格上涨之间的联系,从而不可能为了使股票价格上涨而更加努力工作。但是,通过员工持股,心理上使员工真正感受到自己所有者的身份,从而积极地参与公司决策,也更加努力地工作;经济上,股票升值也会增加员工的收益。在国外的一些公司特别是高科技公司,员工持股计划获得了极大的成功。美国相关调查显示,实行员工持股计划的公司与同类公司相比,劳

动生产率高出1/3,平均利润率高出50%,平均工资高出25%～60%。

常见的股票所有权计划主要包括:现股计划、期股计划和期权计划。现股计划是指通过公司奖励的方式向员工直接赠予公司股票,或参照股票当前市场价格向员工出售公司股票。这种计划下,员工立即获得了现实的股权,从而也就成为公司现实的所有者,拥有与其股票数量相应的表决权。同时,也就拥有了股票的增值收益权,也要承担相应的贬值风险。

期股计划是指公司和员工约定,在未来某一时期员工要以一定价格购买一定数量的公司股票。购买股票的价格一般参照股票当前市场价格确定。这样,如果未来公司股票价格上涨,员工则可以获得股票购买价格和市场价格之间的差价;如果未来公司股票价格下跌,则员工也要承担相应的损失。

期权计划和期股计划相似,但也有一定区别,在这一计划下,公司给员工在未来某一时期以一定价格购买一定数量公司股票的权利,但是,员工到时候可以选择行使这一权利,也可以选择放弃这一权利。购买股票的价格一般还是参照股票当前市场价格确定。这样,如果未来股票价格上涨,员工可以获得相应的收益;但是,如果未来公司股票价格下跌,员工可以选择放弃这一权利,从而可以规避股票贬值的风险。

在这三种计划下,一般都规定员工在购入股票的一定时期内,不能出售所持有股票,这样,就促使员工在实行股票购买权利之后,仍然努力工作以提高公司绩效,同时也更加关注公司长远的发展。

第四节　员工福利

一、员工福利概述

福利是指公司为更好地满足员工的生活需要,向员工及其家属提供的各种间接性经济报酬和服务。如前所述,与基本薪酬和可变薪酬相比,员工福利有其明显的特点:一是,一般与员工的劳动能力、绩效和工作时间等的变动没有直接联系;二是,往往采取实物、服务或延期支付的方式支付。因此对于公司来说,福利更类似于一种固定成本。

员工福利包括各种不同的福利项目,在不同的公司中,这些福利项目的选择和运用都是不一样的。一般来说,可以将员工福利划分为两大类:国家强制性福利和公司自愿性福利。

(一)国家法定福利

它是指由国家相关法律法规强制性规定的公司必须为其员工提供的各种福利保障。从我国目前的情况看,国家法定福利主要包括以下几个项目。

1. 法定社会保险

社会保险指国家通过立法的形式,在劳动者遭遇年老、再就业、疾病、伤残、生育和死亡等风险时,为劳动者及其家属提供物质帮助,以维持他们基本生活水平的一种保险制度。它主要包括基本养老保险、医疗保险、再就业保险、工伤保险和生育保险五大基本保险。

（1）基本养老保险。它是指依据国家相关法律法规所规定的，在劳动者达到法定退休年龄，退出劳动领域时，由社保机构或其他指定单位给付养老金的一种强制性保险制度。这实际上是国家为其劳动者建立的一种老年收入保障机制。目前，我国社会养老保险采取的是社会统筹和个人账户相结合的部分积累制模式。从资金来源看，公司缴纳的养老保险费比例最高不得超过其工资总额的20%，具体比例由各省、自治区、直辖市人民政府确定。

2011年7月1日起，我国将正式施行《社会保险法》。同一天，我国将正式启动城镇居民社会养老保险试点工作。国务院印发《关于开展城镇居民社会养老保险试点指导意见》，将不符合职工基本养老保险参保条件的16周岁以上城镇非从业居民，纳入社会养老保险范围。

城镇居民养老保险基金主要由个人缴费和政府补贴构成。个人缴费的最低标准为每年每人100元，让收入较低的居民也能参保。考虑到城镇居民收入水平和缴费能力普遍高于农村居民，有多缴多得的需求，因此规定缴费标准从100元至1000元10档，比新农保多5档。统一合并实施城乡居民养老保险制度的地区，可以不分城乡，由参保人在多档中选择，“弹性”更强，有利于适应不同收入水平群体的需求。

（2）基本医疗保险。它是指依据国家相关法律法规的规定，在劳动者遭遇疾病风险时，为其提供基本医疗保障的一种强制性保险制度。1998年，《关于建立城镇职工基本医疗保险制度的决定》颁布，城镇职工医疗保险制度逐步建立。从资金来源看，我国基本医疗保险费由公司和个人共同负担，公司缴费率一般为其职工工资总额的6%，个人缴费率一般为本人工资的2%。从给付条件与标准来看，我国基本医疗保险基金同样分为统筹基金和个人账户基金两个部分，一般两者的支付范围不同。门诊和小病医疗费用一般从个人账户中支付，不足部分由个人支付；住院或大病费用则主要由统筹基金支付，起付标准原则上控制在当地职工年平均工资的10%左右，最高支付限额原则上控制在当地职工年平均工资的4倍左右。起付标准以下的医疗费用，从个人账户中支付或由个人自付。起付标准以上、最高支付限额以下的医疗费用，主要从统筹基金中支付，个人也要负担一定比例。超过最高支付限额的医疗费用，可以通过商业医疗保险等途径解决。

（3）再就业保险。它是指员工非自愿失业的情况下，按照规定的时间、条件和标准给付保险金的一种强制性保险制度。我国1999年颁布的《失业保险条例》规定，城镇企业、事业单位按照本单位工资总额的2%缴纳再就业保险费，职工按照本人工资的1%缴纳再就业保险费，招用的农民合同制工人本人不缴纳再就业保险费。从给付条件来看，我国再就业保险给付必须符合三个条件：其一，按照规定参加再就业保险，所在单位和本人已按照规定履行缴费义务满1年的；其二，非因本人意愿中断就业的；其三，已办理再就业登记，并有求职要求的。从结付时间来看，再就业人员前所在单位和本人按照规定累计缴费时间满1年不足5年的，领取再就业保险金的期限最长为12个月；累计缴费时间满5年不足10年的，领取再就业保险金的期限最长为18个月；累计缴费时间在10年以上的，领取再就业保险金的期限最长为24个月。

重新就业后，再次再就业的，缴费时间重新计算。再次再就业领取再就业保险金的期限可以与前次再就业应领取而尚未领取的再就业保险金的期限合并计算，但是最长不得超过24个月。从给付标准来看，再就业保险金的标准，按照低于当地最低工资标准，高于城市居民最低生活保障标准的水平，由省、自治区、直辖市人民政府确定。

（4）工伤保险。它是指劳动者在就业期间，由于意外事故或职业性质造成疾病、伤残或死亡时，按照规定给付医疗费用和保险金的一种强制性保险制度。2003年4月27日，国务院颁布了《工伤保险条例》，对工伤保险基金、工伤认定、劳动能力鉴定、工伤保险待遇、工伤保险监督管理及相关法律责任等进行了规范，工伤保险制度进一步完善。2010年12月8日国务院第136次常务会议通过了国务院关于修改《工伤保险条例》的决定，并于2011年1月1日起施行。国务院决定对《工伤保险条例》作了许多修改，对中华人民共和国境内的组织、事业单位、社会团体、民办非企业单位、基金会、律师事务所、会计师事务所等组织的职工和个体工商户的雇工，均有依照本条例的规定享受工伤保险待遇的权利。

（5）生育保险。它是指对因怀孕和生育而暂时丧失劳动能力的妇女，按规定公司应给付医疗费用、生育期间的工资收入以及生育休假福利等。1994年底，原劳动部就颁发了《公司职工生育保险试行办法》，1995年，又颁布了《关于贯彻实施<中国妇女发展纲要>的通知》，对生育保险进行了规范。从资金来源看，目前，我国生育保险按属地实行社会统筹，生育保险根据"以支定收，收支基本平衡"的原则筹集资金，由公司按照其工资总额的一定比例向社会保险经办机构缴纳生育保险费，建立生育保险基金。生育保险费的提取比例由当地人民政府根据计划内生育人数和生育津贴、生育医疗费等项费用确定，并可根据费用支出情况适时调整，但最高不得超过工资总额的1%。公司缴纳的生育保险费作为期间费用处理，列入公司管理费用。职工个人不缴纳生育保险费。从保险待遇看，女职工生育按照法律法规的规定享受产假；产假期间的生育津贴按照本公司上年度职工月平均工资计发，由生育保险基金支付；女职工生育的检查费、接生费、手术费、住院费和药费由生育保险基金支付。超出规定的医疗服务费和药费（含自费药品和营养药品的药费）由职工个人负担。

2. 法定休假

我国目前法定休假福利包括以下几种。

（1）公休假日。它是指对劳动者工作一周后的休息时间的规定。我国目前劳动者每周的公休假日为2天。我国《劳动法》第44条规定有下列情形之一的，用人单位应当按照下列标准支付高于劳动者正常工作时间工资的工资报酬：

① 安排劳动者延长工作时间的，支付不低于工资的150%的工资报酬；

② 休息日安排劳动者工作又不能安排补休的，支付不低于工资的200%的工资报酬；

③ 法定休假日安排劳动者工作的，支付不低于工资的300%的工资报酬。

第45条规定国家实行带薪年休假制度。劳动者连续工作一年以上的，享受带薪年休假。具体办法由国务院规定。

(2) 法定休假日。由国家法律规定的法定节日休假。我国目前法定休假日包括元旦、春节、国际劳动节、端午节、中秋节、国庆节和法律法规规定的其他休假节日。我国《劳动法》第44条规定,法定休假日安排劳动者工作的,支付不低于工资的300%的工资报酬。

(3) 带薪年休假。我国《劳动法》第45条规定,国家实行带薪年休假制度。劳动者连续工作一年以上的,享受带薪年休假。

(二)公司自愿性福利

它是指公司在法定福利的基础上,自主为其成员及其家属提供的额外的保障金额和服务。公司自愿性福利没有强制性,公司可以根据自己的实际情况,灵活地进行选择。公司的自愿性福利项目非常多,这里简要介绍以下几种。

1. 公司年金

公司年金是我国养老保险体系的第二支柱,是公司及其职工在依法参加基本养老保险的基础上,自愿建立的企业补充养老保险制度。根据《企业年金试行办法》规定,公司年金基金应实行完全积累,采用个人账户方式进行管理。具体来说包括以下两点。

(1) 资金来源。公司年金所需费用由公司和职工个人共同缴纳。公司缴费每年不超过本公司上年度职工工资总额的1/12,公司和职工个人缴费合计一般不超过本公司上年度职工工资总额的1/6。个人账户基金由公司缴费、职工个人缴费及公司年金基金投资运营收益构成。

(2) 给付条件和方式。职工在达到国家规定的退休年龄时,可以从本人公司年金个人账户中一次或定期领取公司年金。职工末达到国家规定的退休年龄的,不得从个人账户中提前提取资金。出境定居人员的公司年金个人账户资金,可根据本人要求一次性支付给本人;职工或退休人员死亡后,其公司年金个人账户余额由其指定的受益人或法定继承人一次性领取。

2. 团体人寿保险

它是指公司向商业保险公司投保,为员工提供人寿保险。团体人寿保险通常适用于公司全体员工,而不论个人的健康状况如何。多数情况下,公司会支付全部的基本保险费,而附加的人寿保险费用则由员工自己支付。团体购买的形式,实际上使员工能够以较低的费率购买到相同的保险。

3. 公司补充医疗保险

它是指公司向商业保险公司集体投保,为其员工提供基本医疗保险更高水平的医疗保障。在员工或家庭成员生病或发生意外事故时,保险公司会部分或全部赔偿其损失,从而降低员工的医疗风险。这一保险形式同样适用于公司全体员工。

4. 员工服务

指公司为了满足员工工作、生活的需要而提供的各种服务,包括咨询服务、儿童看护服务、学生教育、老年护理服务、饮食服务、卫生洗浴等。

二、员工福利计划与管理

(一)福利的影响因素分析

1. 外部因素

影响公司福利计划制订的外部因素主要包括以下三点。

(1) 政府的法律法规。政府对于劳动者所应享受的基本福利从法律角度进行了规定，如社会保险、法定休假、产假等。任何公司在制订福利计划时，必须遵守国家和当地政府的规定。

(2) 劳动力市场的标准。虽然公司在自愿性福利计划的制订上有完全的选择自由，但是，为了保证公司薪酬制度在劳动力市场上的竞争力，从而吸引和留住优秀人才，公司必须考虑区域劳动力市场的平均福利情况，特别是其竞争对手所提供的福利项目及福利水平等。从福利水平来看，公司提供的福利水平不能低于市场平均水平；从福利项目的选择来看，如果劳动力市场上大部分竞争者都提供了某一福利项目，则本公司也必须提供这一福利。

(3) 工会。在许多市场经济国家，工会作为劳动者的同盟，集体谈判能力是很强的。而福利则常常是工会的关键性目标之一。因此，公司在制订福利计划时，还需要考虑到工会的影响。

2. 公司内部因素

影响福利计划制订的公司内部因素主要包括以下三点。

(1) 公司战略。不同的公司战略，要求不同的福利制度与其相匹配。就成长型战略来看，如果公司选择的是成长战略，则其薪酬计划的重点在于可变薪酬部分，直接激励员工不断创新，相应地，会尽量减少在员工福利方面的投入。而如果公司选择的是稳定型战略，则其基本薪酬和福利在薪酬构成中的比例会比较大，以吸引和稳定现有员工。

(2) 公司管理者的经营理念。管理者如果认为人对于公司来说就是劳动力成本，应该尽量节省，则其员工福利水平不会很高；管理者如果认为人对于公司来说是资源，就应该尽量满足员工的需求以激励其工作积极性，则公司的福利项目就会更加丰富，福利水平也就相对较高。

(3) 员工偏好。对于不同的人，由于年龄、收入、环境和家庭等方面的诸多原因，其需求是不一样的。对于福利项目，不同的人，其偏好程度也是不一样的。如年轻人一般收入较低，因此喜欢现金收入多于福利；而对于年龄较大的人来说，则比较关心退休福利。因此，公司在设计福利计划时，应该考虑到不同年龄段员工的需要，尽量提供其偏好的福利，以提高员工福利项目的有效性。

(二)福利方案的设计

福利方案的设计，是指公司在综合考虑福利的影响因素的基础上，对员工福利进行规划。一般来说，福利方案的设计包括以下几个方面的内容。

1. 确定福利目标

不同的福利目标，决定了实现这一目标的福利内容、福利水平等也会不同。如果公司的福利目标是保障员工的生活水平，则公司福利的内容更多采取实物和服务的方式，福利水平参考当地的生活水平确定；如果公司福利的目标是为了吸引和留住优秀人才，则福利的内容就要参考劳动力市场特别是竞争对手所提供的福利项目，福利水平则要高于市场平均水平。

2. 进行福利调查

福利调查一般包括两个部分的内容：一是劳动力市场福利状况的调查，包括福利项目、福利覆盖范围、福利水平等信息；二是公司内部员工福利需求的调查。只有了解员工的不同需求，才能有针对性地提供相应的福利计划。

3. 进行福利规划

在了解市场福利状况和公司内部福利需求状况以后，就可以进行福利规划了。当然，在规划时，还需要考虑其他各方面的影响因素，如政府法律法规的规定、公司的福利目标和公司的财务状况等。福利规划主要包括三个方面的内容：首先，选择适合公司的福利项目及了解各个福利项目的覆盖范围；其次，对福利成本进行核算，包括总福利成本、各个福利项目的成本和不同员工群体的福利成本等；最后，制订具体的福利实施计划，包括福利项目的实施程序、员工缴费的比例及缴费方式、福利发放的条件及时间等。

4. 福利方案的再设计

在公司福利方案实施的过程中，人力资源部门需要进行相应的跟踪调查发现公司福利方案在实施中发现的问题，从而在公司福利方案的实施阶段中不断进行改进和完善，得到广大员工的支持。

（三）福利管理

福利管理是指为了保证福利目标的顺利实现，公司对福利方案的实施进行控制和调整的过程。主要包括以下几个方面的内容。

1. 福利的宣传和沟通

调查显示，许多公司员工对于公司提供了哪些福利、公司所付出的福利成本到底是多少等问题大都并不了解，这也是导致公司福利有效性低的一个重要原因。因此，在公司福利管理的过程中，要加强宣传和沟通，使公司员工对其享受到的福利水平及福利待遇的市场价值有充分的了解，从而才可以对其行为产生有效的激励。

在福利宣传方面，公司可以通过编写和印发福利手册，向员工详细介绍公司所提供的福利的基本内容、享受福利待遇的条件、福利发放的标准、福利费用的承担等问题；公司人力资源部门可以通过公司广播、网站、宣传栏向员工公布与福利相关的信息，包括公司福利项目的增加情况、某一时期内公司福利待遇发放情况、特定福利项目对员工的价值以及公司的福利成本等。

在福利沟通方面，公司可以在公司内部的网站上开辟专门的福利板块。一方面，公司可以发布福利信息；另一方面，员工也可以就有关的问题在网络上利用 QQ、飞信、Email 等方式进行咨询和建议，从而保持福利沟通的畅通。同时，对于具体的福利问题，公司还可以举办福利讨论会,了解员工的意见和建议,并及时进行处理。

2. 处理福利申请

有一些福利项目特别是需要员工分担一部分福利费用的自愿性福利,需要员工向公司提出申请。这就需要对福利申请进行审查和处理。在这一过程中,特别需要注意的问题是:要做好与申请被拒绝的员工的沟通。公司必须向不符合条件的员工解释他不能够享受该项福利的原因,以免造成不必要的误会。

3. 福利的监控

在市场竞争中,福利领域的变化很快,相关的法律法规、劳动力市场福利状况、员工的偏好等,经常发生变化。因此公司要密切关注福利的变化情况,要及时的利用政策,进行相应的调整,这样才可以保证本公司福利的竞争性。

三、员工福利项目的优化设计

(一)福利存在问题分析

1. 福利成本高且增长快

经济周期常常被认为是有害的,消除经济周期能够提高一国的社会福利水平。Lucas(1987 年)最先定量研究了这个问题,得出的结论却是即使消除所有的经济波动,社会福利水平也不会有明显的改善,因此政府不必关注经济波动。但采用中国省一级居民消费数据经济周期福利成本,远远大于 Lucas(1987 年)的估计结果,中国各省、直辖市、自治区经济周期福利成本的平均值是 Lucas(1987 年)估计结果的 113 倍,这为 Lucas(1987 年)低估经济周期福利成本的观点提供了来自中国的经验证据。20 世纪 50 年代至 80 年代,福利成本节节上升,福利成本过高成为大部分公司面临的一个重要问题。据统计,在 1955 年至 1975 年 20 年中,美国员工福利以几乎是员工工资或消费价格指数 4 倍的速度增长。相比较来说,1963 年至 1987 年期间,福利成本的增长速度有所下降,但仍然是工资增长速度的 2 倍。相应的,福利开支占工资的比例,也从 1959 年的 24.7% 上升到 1995 年的 42%。

2. 福利的有效性低

相对于福利的高成本,其回报性却又不能让雇主感到满意。一方面,公司为员工福利付出了越来越高的成本;另一方面,员工却将福利看成是其应得的权利,而且,由于通货膨胀、医疗成本等的上升,员工所获得的福利待遇又没有太大的变化,因此员工也不会对公司心存感激。这样,福利对于员工的激励效应也就不会很大。福利成为薪酬构成中有效性最低的部分。

3. 福利制度针对性和灵活性低

相对来说,福利制度比较固定和死板。大多数福利计划,对所有的员工都是一样的。但是,不同的人由于年龄、收入和家庭状况等的不同,对福利的需求也不同。这样,就可能出现这样的情况:一方面,公司提供的福利对于一些员工来说没有价值;另一方面,少数员工有很高需求的福利项目而公司又没有提供。

4. 公司和员工对福利的认识混乱

从公司方面的发展来看，很多公司都是跟随市场情况，被动地制订对员工的福利方案，而对员工为什么要提供这些福利项目，这些福利项目是否适合本公司的实际情况，这些项目的成本应该如何分担，这些项目在多大程度上是否满足了员工的需要等问题却并不是很清楚。从员工方面来看，员工只知道自己有福利的需求，公司也应该提供一定的福利。但是，公司应该为自己提供哪些福利，这些福利项目的福利待遇应该是什么水平等，员工自己并不清楚。同时，很多员工对于目前公司为自己提供的福利项目种类、适用范围、福利水平等，也都不了解。此外，员工对于自己所享受的福利项目的价值，公司为这些福利项目所付出的成本等，更是不清楚。这样，福利方案对于员工的激励性就不会很大。要改变这一状态必须统一公司和员工对福利的认识，树立公司兴、员工富；公司衰、员工穷的理念。把公司和员工的利益统一在共同的目标中。

（二）福利项目的优化设计

针对员工福利存在的以上问题，公司对于福利方案的制订以及实施，纷纷进行改革的尝试。

1. 优化福利项目且严格控制福利成本

其主要有以下方式：设置享受福利的等待期，如新员工开始时可能会被排除在福利保障之外，直到其试用期满；要求员工承担一部分福利购买的费用，对福利待遇的享受进行限制，如规定某一限额，限额以下的支出由员工自己承担，超过这一限额才能享受福利，或规定享受福利的上限等；对不同的员工区别对待，一方面降低总福利成本，另一方面也提高福利的激励性；严格控制福利的管理成本，如将福利管理外包，在获得专业化服务的同时，也可以分享咨询管理公司的规模效应。

2. 实行弹性福利计划

该福利计划又称自助餐式的福利计划、自助食堂计划等，指在公司设定福利范围内，由员工自主选择福利项目的福利模式。一般来说，员工的自主选择权会受到以下两个方面的制约：一是公司制定的福利总成本约束线；二是无论在哪种福利组合中，都必须包括一些非选择项目，如法定社会保险等。从目前的实践来看，弹性福利计划主要有以下几种类型。

（1）附加型弹性福利。指在现有的福利项目之外，公司再提供一些福利项目供员工自主进行选择，员工在既定的金额范围内，可以选择增加新的福利项目，也可以选择提高原有福利项目的水平。例如，公司原来的福利方案包括社会保险、住房资助计划、补充人寿保险和补充医疗保险等。公司实行附加型弹性福利计划，则会在原有福利的基础上，再提供补充养老保险、教育资助等福利项目。员工既可以选择增加教育资助等福利，也可以选择提高其补充医疗保险等的水平。

（2）核心加选择型弹性福利。这一弹性福利计划由两部分组成：核心福利项目和弹性选择福利项目。核心福利项目是公司规定其所有员工必须选择的基本福利项目，而弹性选择项目则包括所有可以自主选择的福利项目。每一自主选择福利项目都附有其购买价格,员工在其限额之内,可以对这些福利项目进行自由组合。

(3) 支用账户式弹性福利。这是一种弹性福利计划,员工每年可以从其税前收入中拨出一定数额的款项,形成自己的"支用账户",并以此账户去购买公司给定的各种福利项目。由于这种福利可以税前列支,因此对员工很有吸引力。当然,为了保证专款专用,公司一般都规定账户中的金额必须在本年度用完。本年度没有用完的金额,员工既不能以现金支取,也不能留到来年使用。同时,已经确定认购福利的款项也不得挪作他用。

(4) 福利"套餐"。在这种弹性福利计划中,公司会提供多种固定的福利组合,每一组合所包含的福利项目不一样,其福利水平也不一样,员工只能自由选择某一福利组合,而不能自己选择福利项目进行组合。

(5) 选择型弹性福利。在这种弹性福利计划中,公司提供几种项目不等、水平不同的福利组合,作为原有福利计划的替代品,供员工自主选择。这些福利组合的价值,有的高于原有的福利计划,有的低于公司原有的福利计划。如果员工选择的福利组合价值高于原有福利计划,则可以获得其中的差额,但员工需对所得的差额纳税;如果员工选择公司的福利价值低于原有福利计划,则员工需要补足这一差额。

弹性福利计划将福利计划从一个固定的福利方案转变为固定的资金投入方案,这样使得公司能够根据自身的具体情况来控制福利成本;同时,员工可以根据自己的偏好选择福利项目,福利计划更有灵活性和针对性,员工的需求得到满足,则其工作积极性就会更高。此外,由于弹性福利项目一般都标注了金额,员工对于福利的价值以及公司为其付出的成本更加了解,员工也会由于对公司心存感激而更加努力工作。但是,弹性福利计划也有其缺陷:其一,在弹性福利计划下,每一位员工的福利组合都不一样,而且还会经常发生变化,这样对于公司来说,福利管理的难度加大、管理成本也会上升;其二,由于员工缺乏专业知识和技能,其对福利组合的选择可能不符合现实情况的需要,或不符合长远利益,这样,就会影响到员工所享受到的福利水平;其三,会遭遇"逆向选择"问题,因为如果每年都有选择的权利,那么员工会根据自己风险的变化,选择对自己最有利的福利组合,这样相对于公司的预算,福利成本可能会高出很多,达不到节约成本的目的;其四,由于员工是自主选择,一些福利项目便很难形成"规模效应"。

范例:员工薪酬管理制度(见表 8-9)

表 8-9 员工薪酬管理制度

<table>
<tr><td rowspan="2">制　度</td><td colspan="3" rowspan="2">员工薪酬管理制度</td><td>受控状态</td><td></td></tr>
<tr><td>编　号</td><td></td></tr>
<tr><td>执行部门</td><td></td><td>监督部门</td><td></td><td>考证部门</td><td></td></tr>
<tr><td colspan="6">

第一章 总则

第一条 目的

为规范公司及各成员企业薪酬管理,充分发挥薪酬体系的激励作用,特制定本制度。

第二条 制定原则

① 竞争原则:公司保证薪酬水平具有相对市场竞争力。

② 公平原则:使公司内部不同职务序列、不同部门、不同职位员工之间的薪酬相对公平合理。

③ 激励原则:公司根据员工的贡献,决定员工的薪酬。

第三条 适用范围

本公司所有员工。

第二章 薪酬构成

公司薪酬设计按人力资源的不同类型,实行分类管理,着重体现岗位(或职位)价值和个人贡献。鼓励员工长期为公司服务,共同致力于公司的不断成长或可持续发展,同时共享公司发展所带来的成果。

第四条 公司正式员工薪酬构成

① 公司高层薪酬构成=基本年薪+年终效益奖+股权激励+福利

② 员工薪酬构成=岗位工资+绩效工资+工龄工资+各种福利+津贴或补贴+奖金

第五条 试用期员工薪酬构成

公司一般员工试用期为1~6个月不等,具体时间长短根据所在岗位而定。

员工试用期工资为转正后工资的70%~80%,试用期内不享受正式员工所发放的各类补贴。

第三章 工资系列

第六条 公司根据不同职务,将公司的工资划分为行政管理、技术、生产、营销、后勤五类工资系列。员工工资系列适用范围如表A.1所示。

表 A.1 工资系列适用范围

工资系列	适用范围
行政管理系列	公司高层领导
技术系列	产品研发部、技术工程部所有员工(各部门经理除外)
生产系列	生产部门、质量管理部门、采购部门所有员工(各部门经理除外)
营销系列	市场部、销售部所有员工
后勤系列	一般勤杂人员如司机、保安、保洁员等

</td></tr>
</table>

第四章　公司高层管理人员薪酬标准的确定

第七条　基本年薪是公司高层管理人员的一个稳定的收入来源,他是由个人资历和职位所决定的。该部分薪酬应占高层管理人员全部薪酬的30%～40%。

第八条　高层管理人员的薪酬水平由薪酬委员会决定,确定的依据是上一年度公司总体经营业绩以及对外市场薪酬调查数据的分析。

第九条　年终效益奖

年终效益奖是对高层管理人员经营业绩的一种短期激励,一般以货币的形式于年底支付,该部分应占高层管理人员全部薪酬的15%～25%。

第十条　股权激励

这是非常重要的一种激励手段。股权激励主要有股票期权、虚拟股票和限制性股票等方式。

第五章　公司一般员工工资标准的确定

第十一条　岗位工资

岗位工资主要是根据该岗位在公司中的重要成都来确定工资标准。公司实行岗位等级工资制,根据各岗位所承担工作的特性及对员工要求能力的不同,将岗位化分为不同的级别。

第十二条　绩效工资

绩效工资根据公司经营效益和员工个人工作绩效计发。公司将员工绩效考核结果分为五个等级,绩效考核标准划分如表A.2所示。

表A.2　绩效考核标准划分

等级	S	A	B	C	D
说明	优秀	良	好	一般	差

绩效工资分为月度绩效工资和年度绩效奖金两种。

月度绩效工资:员工的月度绩效工资同岗位工资一起按月发放,月度绩效工资的发放额度依据员工绩效考核结果确定。

年度绩效奖金:公司根据年度经营情况和员工一年的绩效考核成本,决定员工年度奖金的发放额度。

第十三条　工龄工资

工龄工资是对员工长期为公司服务所给予的一种补偿。其计算方法为从员工正式进入公司之日算起,工作每满一年可得工龄工资10元;工龄工资实行累进计算,满10年不再增加。按月发放。

第十四条　奖金

奖金是对做出重大贡献或成绩优异的集体或个人给予的奖励。

第六章　员工福利

福利是在基本工资和绩效工资以外,为解决员工后顾之忧所提供的一种保障。

第十五条　社会保险

社会保险是公司按照国家和地方相关法律规定为员工缴纳的养老、再就业、医疗、工伤和生育保险。

第十六条　法定节假日

公司按照《劳动法》和其他相关法律规定为员工提供相关假期。法定假期共 11 天,具体如下。

元旦(1 月 1 日)　1 天

春节　3 天

清明节(4 月 5 日)　1 天

劳动节(5 月 1 日)　1 天

端午节(农历五月初五)　1 天

中秋节(农历八月十五)　1 天

国庆节　3 天

第十七条　带薪节假

员工在公司工作满一年可享受 x 个工作日的带薪休假,以后在公司每增加一年可增加 x 个工作日的带薪休假,但最多不超过 x 个工作日。

第十八条　其他带薪休假

公司视员工个人情况,让员工享有婚假、丧假、产假和哺乳假等带薪假。

第十九条　津贴或补贴

① 住房补贴

公司为员工提供宿舍,因公司原因而未能享受公司宿舍的员工,公司为其提供每月 * * * 元的住房补贴。

② 加班津贴

凡在工作时间以外出勤便为加班,主要指休息日、法定休假日加班以及八小时工作日的延长作业时间。

加班时间必须经主管认可,加点、加班时间不足半小时的不予计算。其加班津贴计算标准如表 A.3 所示。

表 A.3　加班津贴支付标准

加班时间	加班津贴
工作日加班	每小时加点工资 = 正常工作时间每小时工资 ×150% 支付
休息日加班	每小时加点工资 = 正常工作时间每小时工资 ×200% 支付
法定节假日加班	每小时加点工资 = 正常工作时间每小时工资 ×300% 支付

③ 学历津贴与职务津贴

为鼓励公司员工不断学习,提高工作技能,特设立此津贴项目,其标准如表 A.4 所示。

表 A.4　学历津贴与职务津贴支付标准

津贴类型		支付标准
学历津贴	本科	×××元
	硕士	×××元
	博士及以上	×××元
职务津贴	初级	×××元
	中级	×××元
	高级	×××元

④ 午餐补助

公司为每一位正式员工提供×元/每天的午餐补助。

第七章　附则

第二十条　本制度由公司人力资源部制定，经总经理核定后实施，修改时亦同。

案例分析

雅芳的薪酬福利

为了吸引和保留优秀人才，雅芳公司提供的薪酬福利在劳动力市场是具有竞争力的。公司依据国家和政府政策的要求，顺应公司内部和外部的环境变化，进行了评估、检讨和调整，确保公司的福利薪酬水平具有竞争力。雅芳坚信：只有维持竞争力的福利薪酬，才能吸引、保留、鼓励和奖赏高绩效的员工，充分发挥雅芳人的力量。

1. 薪酬

公司每年都进行薪酬调查，根据劳动力市场和外部环境的情况，并结合公司的经营情况、员工个人的绩效进行检讨，以使雅芳员工的薪酬具有相当的竞争力。

2. 社会保险

（1）退休养老保险：雅芳根据各地的要求为各地员工在当地向社会劳动保险公司办理社会劳动保险，公司缴纳的部分养老保险及员工个人负担的全部养老保险金会全部进入员工个人账户，以确保员工退休后得到一定的退休金保障。

（2）雅芳遵守各地政府法规的规定为员工办理医疗、工伤、生育、再就业等其他社会保险项目。

3. 全球雅芳公务出差保险

这是全球雅芳员工享有的一项福利计划，全部保险费由雅芳承担。当员工在为雅芳公务出差时自动受保,如果员工在公务期间发生意外事故,此保险计划将根据员工的受伤或损失程度为员工的受益人提供最高不超过五年年薪的公务出差保险补偿。

4. 医疗福利

雅芳会按政府要求及外部环境变化,及时调整员工医疗政策以确保雅芳员工的医疗福利符合政策规定,并在市场上具有相当的竞争力。

5. 假期

(1) 法定假假日:所有雅芳的员工将有权享受每年10天的法定假假日。

(2) 公司年假:雅芳的正式员工根据其服务年限,每年享受一定工作日的员工年假。

(3) 探亲假:凡符合国家规定可享受探亲假的正式员工可获探亲假。员工可在探亲假和公司年假中选择,但不可以在同一年内享受两种假期。

(4) 病假:根据正式员工在雅芳的服务年限及公司政策,员工享受全薪及部分薪酬病假。

(5) 婚假、丧假、产假等:根据国家有关政策与法规规定,正式员工享有婚假、丧假、产假。

(6) 公司其他假日:员工除享有国家规定的10天的法定节假日外,公司额外给予春节、中秋节、圣诞节等假期。

6. 购物折扣

全体雅芳员工在购买供个人和家庭使用的雅芳产品时可享有低于顾客的优惠。

7. 员工服务奖

雅芳将鼓励并表彰长期服务于雅芳,并为雅芳的成功做出贡献的员工的忠诚和奉献精神,公司将会在雅芳服务5年(及5年的倍数)的所有员工颁发员工服务奖。

8. 其他福利

雅芳分享新婚员工的快乐,并为生育第一个孩子的员工发放适当的奖金,遇到员工生日,部门同事也会为其庆贺。

讨论题

通过学习此案例你得到什么启示?

模拟训练

制定模拟的A电脑公司的薪酬制度

将全班分成四组,每组选出一位组长,先请各组同学选3~5人到学校所在区域的电脑公司调查他们的薪酬制度,了解当地的薪酬水平,确定有哪些值得推广的做法,又存在哪些地方做的不好、需要改进的地方。然后在班级进行交流。再请各组分别为模拟的A电脑公司制定管理干部、管理职员、维修技术人员和销售人员的基本工资,然后在班级讲解交流,最后由老师点评。该训练的目的是让同学掌握薪酬的制度方法。

如果做的优秀,可以写出调查报告,提出建设性意见,在报刊上发表,供人力资源部门在决策时参考。

本章知识点

1. 薪酬的含义、构成与作用;2. 薪酬管理的含义、内容和原则;3. 战略性薪酬管理的内涵与建立步骤;4. 薪酬体系的具体内容与设计步骤;5. 个人可变薪酬计划与群体可变薪酬计划;6. 短期可变薪酬计划与长期可变薪酬计划;7. 员工福利。

思考题

1. 薪酬的概念与构成?
2. 我国常见的薪酬制度有哪些?2006 年工资改革后对公司工资制度的影响?
3. 薪酬管理的基本原则包括那些?
4. 计时工资有什么管理特点?
5. 计件工资的构成要素有哪些?
6. 计件工资的优点是什么?
7. 在实施计件工资时要注意哪些主要形式?
8. 奖金和津贴有什么不同?在实践中各有哪些主要形式?
9. 福利类型有哪些?企业年薪和自助式福利是什么?
10. 薪酬激励计划有哪些?
11. 某公司员工的岗位工资标准是 3 000 元,6 月他加班 12 小时,缺勤一天,如果不考虑扣减个人所得税和各项保险,请回答他应得的工资是多少?
12. 某市基本养老保险企业缴费率是 19%,个人是 7%;医疗保险企业缴费率是 10%,个人是元;再就业保险缴费费率是 1.5%,个人是 0.5%;某公司 10 名员工,其中月工资5 000元的 1 名,月工资 3 000 元的 3 名,月工资 2 000 元的 4 名,月工资 1 000 元的 2 名,请问该公司四项保险共需缴纳多少保险费?每个员工应该缴纳多少保险费?

参 考 文 献

[1]曹振杰.人力资源培训与开发教程[M].北京:人民邮电出版社,2006.
[2]陈京民,韩松.人力资源规划[M].上海:上海交通大学出版社,2006.
[3]杜林致.职业生涯管理[M].上海:上海交通大学出版社,2006.
[4]冯宪.薪酬管理[M].杭州:浙江大学出版社,2005.
[5]盖勇,马勇.薪酬管理[M].济南:山东人民出版社,2004.
[6]盖勇,孙平.人力资源战略与组织结构设计[M].济南:山东人民出版社,2004.
[7]金延平.人员培训与开发[M].大连:东北财经大学出版社,2006.
[8]李莉.薪酬管理[M].北京:中国人民大学出版社,2004.
[9]林药.绩效管理[M].西安:西安交通大学出版社,2006.
[8]龙平.如何选拔顶尖销售人才[M].北京:北京大学出版社,2006.
[9]陈永秀,雷静华.人力资源开发与管理[M].北京:北京理工大学出版社,2006.
[10]罗哲,沙治慧.人力资源开发与管理[M].四川:四川大学出版社,2007.
[11]王林雪.人力资源管理概论[M].西安:西安交通大学出版社,2006.
[12]徐芳.培训与开发理论及技术[M].上海:复旦大学出版社,2005.
[13]杨林.人力资源开发与管理[M].北京:科学出版社,2004.
[14]赵曙明.绩效管理与评估[M].北京:高等教育出版社,2004.
[15]赵永乐.招聘与面试[M].上海:上海交通大学出版社,2006.
[16]于秀芝.人力资源管理[M].北京:经济管理出版社,2002.
[17]马士斌.生涯管理[M].北京:人民日报出版社,2001.
[18]史蒂芬·P·罗宾斯.管理学[M].7版.北京:中国人民大学版社,2006.
[19]张莹.如何进行职业生涯规划与管理[M].北京:北京大学出版社,2004.
[20]孙金利.薪酬管理[M].天津:天津教育出版社,2005.
[21]徐斌.薪酬福利设计与管理[M].北京:中国劳动社会保障出版社,2006.
[22]董克用.人力资源管理概论[M].北京:中国人民大学出版社,2009.
[23]林笛,胡利利.绩效管理[M].西安:西安交通大学出版社,2006.
[24]孙建敏.人力资源管理[M].北京:高等教育出版社,2004.

[25]张德. 人力资源开发与管理[M]. 北京:清华大学出版社,2001.
[26]朱丹. 人力资源管理教程[M]. 上海,上海财经大学出版社,2001.
[27]陆国泰. 人力资源管理[M]. 北京:高等教育出版社,2001.
[28]李俊海. 企业战略性人力资源规划模型的研究与应用[D]. 重庆:重庆大学,2006.
[29]何仲凯. 优化人力资源管理体系[N]. 中华合作时报,2011-6-10(C03).
[30]罗伯特·巴克沃. 绩效评估[M]. 北京:机械工业出版社,2005.
[31]萧鸣政. 人力资源管理[M]. 北京:中央广播电视大学出版社,2001.
[32]顾琴轩. 绩效管理[M]. 上海:上海交通大学出版社,2006.